JN226267

Information Theory

情報理論

情報量〜誤り訂正がよくわかる

相河 聡 著

森北出版株式会社

はじめに

　人は他者と情報をやりとりすることにより社会を形成する．情報化社会とよばれて久しく，ICT（information and communication technology）の進展に伴い，従来とは桁違いの情報が人々の暮らしの周辺を行き交っている．いまや，スマートフォンなどは生活に欠かせないツールとなっている．

　本書はそのなかで技術的な面から情報をとらえるための基礎となる情報理論を扱う．また，デジタル化された情報である符号について，情報源符号化・通信路符号化・誤り訂正の基礎を解説する．著者が日頃担当する大学工学部 2～3 年生の講義における教科書としての利用を想定して執筆したものであり，できるだけ，図を用いて直観的に理解できるようにすることを心掛けてみたつもりである．

　まず序章で，第 1，2 章を学ぶ準備として情報とその伝達に関する基本的概念とモデル化を示している．そのうえで，第 1 章で情報の定量的な扱いと，情報源符号化について説明する．さらに，第 2 章で通信路符号化・誤り訂正符号について説明する．これにより，情報通信系の工学部の講義として，情報と符号の理論についての基本を学習できるようにしている．いずれも入門的なもののみであり，さらなる発展は他書にゆずる．

　また，本書を読むにあたって必要となる言葉の定義と記号の一覧を次ページ以降にまとめている．必要に応じて確認してほしい．

本書を読むにあたって

ここでは，情報理論を学ぶうえで必要となるいくつかの言葉の定義をまとめる．

試行（trial）：同じ条件で繰り返し行うことができる実験・観測（例：サイコロをふる）．

全事象（whole event）：試行によって起こり得るすべての結果の集合（例：$\Omega = \{1, 2, 3, 4, 5, 6\}$）．**標本空間**（sample space）ともよばれる．これの要素を，**標本点**とよぶ（例：1, 2, ..., 6）．

事象（event）：全事象の部分集合．要素である標本点が 1 個である根元事象（例：$\{1\}$, $\{2\}$, ..., $\{6\}$）のほかに，ϕ（空集合），Ω（全事象），複数標本点の事象（例：$\{偶数\} = \{2, 4, 6\}$）がある．

生起確率（occurrence probability）：試行の結果，ある事象が起こる確率．

記号（symbol）：ある事象を別の事象（言語・文字など）に対応させたもの．記号化により意味をもち，情報伝達や思考の媒体となる．

アルファベット（alphabet）：記号すべての集合．

情報（information）：新しい知識を増やし，あいまいさを減らすもの．記号化して伝達することができる．

符号（code）：0/1 のビット列であるデジタル符号．
　　　　　・符号化の規約
　　　　　・符号化されたビット列
　　　のいずれの意味でも用いられる．

通報（message）：送信者が伝えたい情報．

語（word）：記号に対応し，送信される可能性のあるもの．

符号語（code word）：記号に対応している符号．

非符号語（non-code word）：記号に対応していない符号．

規約（rule）：情報の伝達において，事象 → 記号 → 符号 → 信号と変換する対応関係や手順について，送り手と受け手で定めた約束．

信号（signal）：情報伝達のために記号・符号に対応させた伝送媒体における物理量．

変数記号一覧

変数フォント：a, b, c

ベクトルフォント：$\boldsymbol{a}$, $\boldsymbol{b}$, $\boldsymbol{c}$

行列フォント：$\boldsymbol{A}$, $\boldsymbol{B}$, $\boldsymbol{C}$

$p(x)$	確率	t	誤り訂正能力
X	確率変数	$w_H(\boldsymbol{c})$	ハミング重み $w_H(\boldsymbol{c}) = \sum\limits_{i=1}^{n} c_i$
$p(X, Y)$	結合確率	$\boldsymbol{a}$, $A(x)$	情報源ベクトル，多項式
$p(X\,|\,Y)$	条件付き確率	$\boldsymbol{c}$, $C(x)$	送信符号語ベクトル，多項式
I	情報量	$\boldsymbol{e}$, $E(x)$	誤りパターンベクトル，多項式
$I(X;Y)$	相互情報量	$\boldsymbol{c}'$, $C'(x)$	受信符号ベクトル，多項式
H	エントロピー	$\boldsymbol{s}$, $S(x)$	シンドロームベクトル，多項式
H_b	事前エントロピー	$\hat{\boldsymbol{e}}$, $\hat{E}(x)$	復号パターンベクトル，多項式
H_a	事後エントロピー	$\hat{\boldsymbol{c}}$, $\hat{C}(x)$	復号ベクトル，多項式
	* 本書では事前に b（before），	$\boldsymbol{G}$, $G(x)$	生成行列，多項式
	事後に a（after）の添字を用いる	$\boldsymbol{H}$	パリティ検査行列
$\mathscr{H}_f(p)$	エントロピー関数	mod	剰余演算子
	$\mathscr{H}_f(p) = -p \log_2 p$	α	生成多項式の根
	$\qquad - (1-p) \log_2(1-p)$	$\boldsymbol{I}$	単位行列
$H_{\max}$	最大エントロピー	$\mathrm{GF}(2^b)$	拡大ガロア体
h	相対エントロピー $h = H/H_{\max}$	T	単位時間周期
r	冗長度 $r = 1 - h$	ν	畳み込み符号のシフトレジスタ段数
L	平均符号長	K	拘束長 $K = \nu + 1$
$H(\boldsymbol{X})$	エントロピーレート	A_i	情報系列
C	通信路容量	C_i	送信符号系列
ℓ	バースト誤りの平均長	E_i	誤り系列
n	符号長	C'_i	受信符号系列
k	情報ビット長	$\hat{A}_i$	復号系列
η	符号化率 $\eta = k/n$	d_{free}	最小自由距離
ρ	符号の冗長度 $\rho = 1 - \eta$	s_t	状態数
d_H	ハミング距離	ℓ_p	パスメモリ長
	$d_H(\boldsymbol{a}, \boldsymbol{b}) = \sum\limits_{i=1}^{n} (a_i \oplus b_i)$	M_p	パスメモリの記憶ビット数
		bits	情報量および2元符号の長さの単位
$d_{\min}$	最小ハミング距離		* 数が1以下であるときは bit，
			0または1より大きいときは bits

目　次

序　章

第 1 章　情報量と情報源符号化

序　章

第1講 情報理論の工学的意味

情報とは人に新しい知識を与え，あいまいさを減らすものである．この情報は記号化して伝達することができる．さらに，この記号を {0, 1} の二元符号に符号化するデジタル通信技術の発展に伴い，情報化社会はわれわれの生活を豊かにしている．本講では，本書の導入部として情報と通信を考えるうえでの基本的なモデルを示し，アナログ・デジタル，記号・符号・信号について，それらの意味を説明する．さらに，次講以降で詳しく述べる情報の量とあいまいさについて，その考え方の基本を簡単に紹介する．

1.1 情報の発生と伝達

人はその周囲の環境の中にあり，視覚などの五感を通して感じ取り，記憶する．**図 1.1** にモデル化するように，目は人に多くの情報を与え，そのなかで人は関心のあるものを選択し，その情報をシンボル・記号として記憶する．記号にはいくつかの種類があるが，言語はその代表的なものである．また，記憶させた情報を組み合わせて演算することにより，新たな価値のある情報を得ることができる．記憶や演算を高速，大容量に行うための電気的な仕組みがコンピュータである．

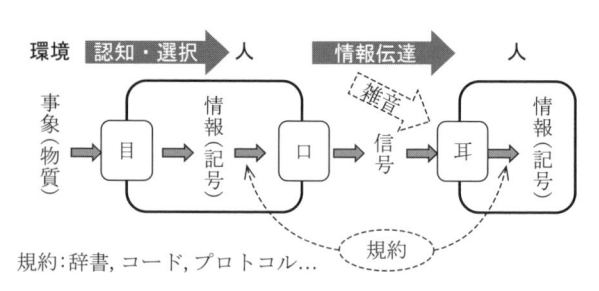

図 1.1 情報の発生と伝達のモデル

一方，人は記号化して記憶された情報を他者に伝達することができる．これにより他者は，直接見聞きしていないものでも，人を介して，現場に行って得たのと同じように情報を得ることが可能となる．

伝達の際，周囲の環境をメディア（媒体）として情報を伝える．もっとも身近な方

法としては，音声による伝達がある．図にあるように人は情報を言葉にし，さらに音声にして伝える．他者はこれを耳で聞き，言葉として情報を得る．音声は空気の振動であり，情報が載せられた物理的信号である．

信号（signal）には異なる特徴をもつ多くの種類があり，伝達する内容や情報を送る人と受ける人の距離などによって使い分けられる．音声は，近くの人にすぐに伝達するためにはもっとも簡単な方法である．しかし，音はすぐ消えるため，同時に話ができない場合には文字による記録が使われる．記録は記憶を補うとともに，手紙のように，遠くの人に情報を伝えることもできる．一方，相手が遠くにいる場合には電話も使われる．これは，ケーブルや電波などの媒体に信号を載せて伝送する方法である．

これらの伝達の各手法においては規約（rule）も重要である．規約とは，記号から信号に変換する際の変換の約束である．身近なものとしては，たがいに共通の言語がある．工学分野では，情報がいったん物理的な信号に変換された後の機械的な媒体の部分を主に扱う．人間のモデルである図 1.1 を機械におきかえると，目はセンサ，口と耳は送信機と受信機となる．ここで，設計者が正しく送信機と受信機に同じ規約を与えることで，正しい伝達ができる．

1.2　情報と通信のモデル

1.1 節で情報の発生と伝達のモデルを示したが，情報の伝達に関して最初に系統だってまとめられた論文として，1948 年に米国ベル研究所のシャノン（Claude Elwood Shannon）による *"A Mathematical Theory of Communication"* がある．この論文の最初の図を図 **1.2** に示す．

情報源（information source）からの**通報**（message）を宛先（destination）に伝達

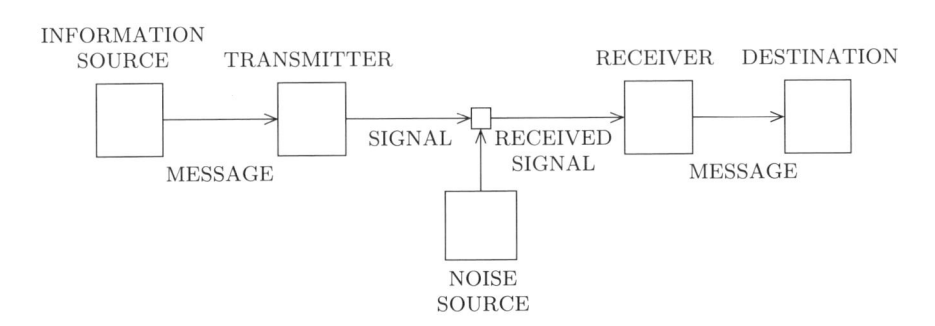

図 1.2　シャノンによりモデル化された通信システム
(C. E. Shannon, "A Mathematical Theory of Information", The Bell System Technical Journal, vol. 27, pp. 379–423, 632–656 (1948), Fig. 1: Schematic diagram of a general communication system)

するため，通信路を介する．通信路上では**信号**（signal）が伝送されることで，情報源と宛先が結ばれる．通報は送信機（transmitter）で信号に変換される．信号は，電波や電気信号あるいは音声信号など物理的なものである．通信路において，雑音源（noise source）からの雑音が受信機（receiver）の受信信号（received signal）に付加される．受信機では，送信機と同じ規約に従った変換方法で受信信号を通報に変換する．

　送信された信号は，通信路を経由する際に，周囲で起こる物理的事象に影響を受けて変質して受信される．このモデルでは，この原因を総称して**雑音**（noise）とよんでいる．主な変質の原因としては次のものがある．

- 減衰（attenuation）：信号の形は変わらないが，遠くになるに従って信号が弱くなること．
- 歪み（distortion）：伝送媒体の影響で信号の形が変わること．反射によるエコーなどがその例である．
- 干渉（interference）：ほかの信号が混入すること．
- ランダム雑音（random noise）：無関係でランダムな信号．

　受信された通報は，送信された通報と同一のものになるとは限らない．0 または 1 に符号化して伝送するデジタル信号の場合は，0 が 1 に，1 が 0 として受信されることもあり，それらは誤りとして扱われる．

　通報は送信者が送りたい情報であり，伝達するために記号化されている．通信路を経由させるために，記号は信号に変換される．信号はさまざまな目的から，何回かほかの形式に変換される．たとえば，携帯電話の例を挙げると，**図1.3** に示すように，人の口から発せられた音声信号はマイクロフォンで電気信号に変換される．この段階ではアナログ信号であるが，A/D（Analog to Digital）変換で利便性のためデジタル信号

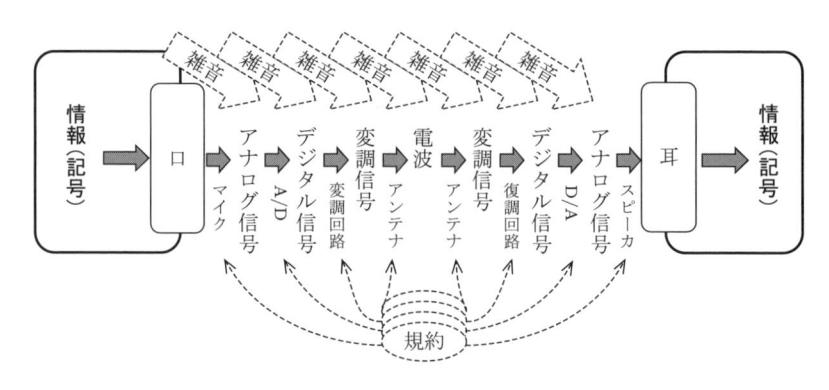

図 1.3　携帯電話における信号の変換

に変換される．アナログ信号は連続する時間において値をもち，その値も連続的に変化する．これに対してデジタル信号は，整数のように離散的な値が，離散的な時間ごとに変化する．この値は0，1よりなる2進数で表すことができる．デジタル信号はいくつかの目的で，0と1の信号の並び方の規則で変換される．この変換は本書の主テーマである符号化に相当する．次に，携帯電話では信号を変調する．変調とは，ほかの信号からの混信を受けないようにそれぞれに割り当てられた周波数の信号に情報を載せる変換のことである．さらに，アンテナで放射することで信号を電波に変更する．このときの一つひとつの変換に規約がある．また，どのような信号の形態であっても，周囲から雑音が加わり変質する．それぞれの変質は小さなものであっても，その変質は蓄積されて最終的に伝送された信号に影響を与え，誤った情報として伝達される場合がある．

なお，情報は人から人のH2H（human to human）が基本だが，コンピュータなどの機械による情報の送受としてM2M（machine to machine）あるいはH2M，M2Hも用いられる．

1.3　アナログとデジタル

前節の図1.3におけるA/D変換で，信号は利便性のためデジタル化されることを述べた．ここでは，デジタル化の目的としてマルチメディア化を示す．

情報はさまざまな記号で伝達され，人と人とのコミュニケーションが行われる．情報を伝達する記号の主なものとしては，音声・動画・文字などが挙げられる．これらの情報は記号ごとにそれぞれに適したメディア（媒体）により伝送されてきた．たとえば図 **1.4**

図1.4　アナログ信号とメディア

に示すように，音声には電話，動画にはテレビ，文字には手紙などがある．それぞれに利点，欠点があり，必要に応じて使い分けられる．また，長い歴史のなかで，それぞれ通信・放送・郵便のネットワークが重要な社会インフラとして構築されてきた．

電話は双方向性，即時性（リアルタイム性）が特徴である．テレビは片方向であり，印刷による新聞などとともに，多くの人への同報性があるマスコミュニケーションとよばれ，社会的影響が大きい．手紙は記録性があり，受信側が読みたいときに繰り返し読め，物的証拠として扱うことができるなどの利点がある．

通信・放送・郵便などそれぞれのネットワークは，個別の企業・団体によって運営されてきた．そのなかで，たとえば，電話回線を用いたファクシミリで記録性のある紙媒体の伝送をリアルタイムに行うなど，各運営者はそれぞれの利点を伸ばし欠点を補う工夫を続けてきた．しかし，それぞれの伝送媒体がもともとの記号を伝送するために最適化されているため，従来のアナログ方式では限界があった．

これらの複数メディアを統括する通信手段として現れたのが，マルチメディアという考え方である．**図 1.5** に示すように，音声・動画・文字など異なる記号による情報を統括するために，すべての記号を符号に変換するのが特徴である．すなわち，記号→符号→信号という変換がなされる．符号とは 0 と 1 のみで表される情報の表現形式である．いったん符号化されれば，もとの情報が何であれ，同じ方法で変調などの変換が可能になり，共通の伝送媒体で伝送可能となる．

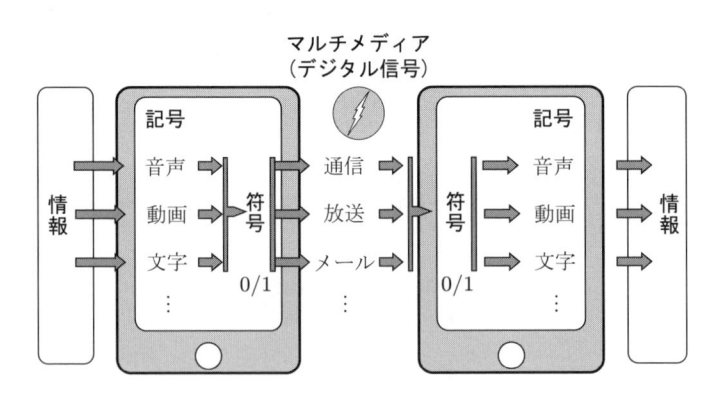

図 1.5　デジタル信号とマルチメディア

たとえば，スマートフォンはマイク・スピーカといった音声のための入出力装置，動画入力のためのカメラ，動画や文字などの視覚情報を出力して文字入力もできるディスプレイなど複数のヒューマンマシンインターフェースをもち，異なる形式で記号化された情報を入出力できる．それらの情報はすべて符号化されて通信されるので，もとの情報の記号によらず変調などには共通の方式を用いることができる．このように

マルチメディア化することで，一つのスマートフォンで，電話のような一対一のリアルタイム通信や，電子メールなどの記録できる情報も扱える．また，ブログや SNS あるいは動画サイトなどのサーバにアップロードすることで，従来は放送などのマスメディアのみが行っていた不特定多数の受信者への送信も可能となっている．

　情報はもともと言葉などの離散化された文字列などで記号化された形式で記憶されている．しかし，人が目・口・耳などで情報を入出力する際の信号は，時間に伴い刻々と値が連続的に変わるアナログ信号である．

　これをすべて 0/1 のデジタル信号に変換するのが離散化である．これには**図 1.6** に示すように，時間の離散化である標本化と，値の離散化である量子化がある．連続的な信号を離散的な信号に変化させるため，必ずその際に信号が歪む．この歪みによって情報が誤って伝達されないためには，できるだけ細かく離散化する必要がある．そのためには，デジタル信号の量が飛躍的に大きくなる．さらに，ネットワーク社会の進展に伴い情報量は増し，動画などの情報はさらに高精細，大画面となり情報量が増す．このような大容量のデジタル信号を伝送するための通信技術が発達しているが，これらはコンピュータなどの情報処理技術，LSI などのデバイス技術の発展にも支えられている．

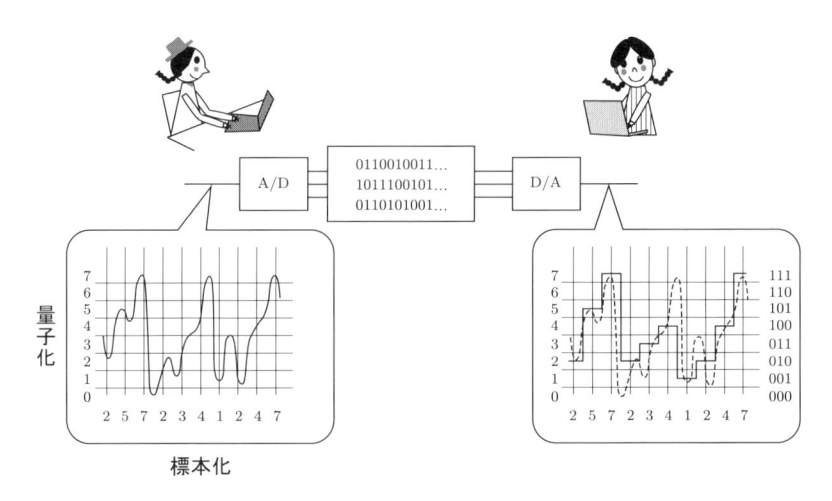

図 1.6　アナログ信号とデジタル信号の変換

　なお，デジタル信号といっても，実際に媒体中を伝送するのは物理的なアナログの信号となる．たとえば，0 という符号を 0 V，1 という符号を 1 V の電圧の電気信号に対応させる．したがって，雑音が加わることで，送信側で 0 V が受信側で 0.1 V になる，あるいは 1 V が 0.9 V になるようなことは起こる．しかし，これらの雑音の蓄積が中間の閾値 0.5 V を超えなければ誤りにならない．逆に，これを超えると誤りとなる．

1.4　情報源符号化・通信路符号化

　デジタル信号を扱う際に，0/1 の並び方の規約である符号の決め方によって，種々の効果がある．符号化とこれの逆変換である復号は，図 1.2 に示したシャノンが提唱したモデルのなかでは送信機・受信機が行う．さらに詳しくみると，**図 1.7** のように情報源は符号化され，変調されて通信路を通して受信側へ伝送される．その際に付加される雑音により，符号誤りが発生する．符号誤りとは，0 または 1 で送信されたデジタル信号が，受信側で逆に 1 または 0 で受信されることである．

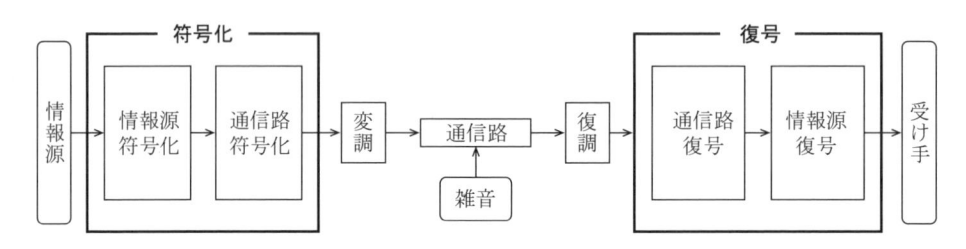

図 1.7　通信路と符号化

　ここで，符号化は**情報源符号化**（source coding）と**通信路符号化**（channel coding）に分けられる．情報源符号化には，文字・音声・画像といった情報源それぞれに対応した符号化が必要になる．この情報源符号化は，情報源をできるだけ効率よく符号化できるものが良い符号とされる．つまり，同じ画像を同じような高精細で伝達するために必要となるデジタル信号の量・ビット数が小さいほどよい．情報源の特徴によって，最適な符号は異なる．

　一方，通信路符号化は通信路・伝送路で発生する符号誤りを減らすための符号である．送信信号に通信路符号化のための信号を加えることにより，受信側で誤りを検出・訂正することができる．通信路とそこで発生する雑音の特性によって，最適な符号が選ばれる．

　このほか，符号化には暗号化がある．これは送信側と受信側で約束された鍵を用いて符号化された符号を送り，受信側で復号することで，鍵を得ていない第三者による解読を防ぐという，通信のセキュリティに欠かせない技術である．

　これらの符号化に関する符号理論は，情報理論のなかでも重要な分野である．情報理論は，この符号理論とともに情報量の定量化が主な内容になる．本書では，第 1 章で情報の定量的な扱いと情報源符号化を，第 2 章で通信路符号化について述べる．

1.5 記号・符号・信号

ここで，情報や記号に関する言葉を紹介する．慣れるまで使いづらいかもしれないが，情報を定量的に扱い，基本概念を理解するために知っておく必要がある．

たとえば，サイコロを振って出た目（1～6）について注目する場合を考える．サイコロを振ることを**試行**という．その結果，出た目は偶然によって決まる．ある試行に対して起こり得るすべての結果の集合を，**全事象**（whole event）あるいは標本空間とよぶ．たとえばサイコロを1回振ったときの目ならば，全事象は $\Omega = \{1, 2, 3, 4, 5, 6\}$ と表すことができる．全事象・標本空間の要素を標本点とよぶ．

また，全事象の部分集合を**事象**（event）とよぶ．部分集合であるので，空集合 ϕ や全事象 Ω も事象である．そのほか，要素が複数のものでは，{偶数} $= \{2, 4, 6\}$ などう事象である．とくに，要素である標本点が1個であるものを根元事象とよぶ．サイコロの目の場合は，$\{1\}, \{2\}, \{3\}, \{4\}, \{5\}, \{6\}$ が根元事象である．

試行の結果，ある事象の起こる確率を**生起確率**（occurrence probability）とよぶ．サイコロの場合，根元事象である $\{1\}$ の生起確率は 1/6 であり，{偶数} の生起確率は 1/2 である．

ある事象を情報として認識し，記憶したり伝達するために，その情報を**記号**（symbol）で表現する．**表1.1** に示すように，記号にはさまざまな形態があり，アイコンとして画像イメージで記憶する場合もあれば，言葉・単語として記憶する場合もある．サイコロであれば，$\{1, 2, 3, 4, 5, 6\}$ の記号で全事象に対応させて記憶することができる．ここで，この $\{1, 2, 3, 4, 5, 6\}$ などの記号すべての集合は**アルファベット**（alphabet）とよばれる．自然言語のなかでは {one, two, three, four, five, six} などの単語に対応させることもある．これらの単語は文字の集まりで示され，文字全体の集合 {a, b, c, ⋯ z} がアルファベットになる．

また，各記号を $\{0, 1\}$ で表すこともできる．たとえば，アルファベット $\{1, 2, 3, 4, 5, 6\}$ を $\{001, 010, 011, 100, 101, 110\}$ と対応させる．このように $\{0, 1\}$ のデジタルの

表1.1　記号の形態

事象 注：写真も記号	（アイコン） 記号	（2元情報源） アルファベット	（言語） 記号	（言語） アルファベット
		○	うら	あいう ⋮
		×	おもて	わをん

ビット列で表されるものを，**符号**（code）という．符号という用語は，符号化の規則を意味する場合と，符号化されたビット列を意味する場合があるので注意が必要である．

次に，人が情報を他者に伝えたい場合，伝えたい情報を**通報**（message）とよぶ．そして，通報に対応する**語**（word）を選び，伝達を試みる．語は複数のアルファベットの集合で表される．送信される可能性のある語は，なんらかの通報に対応する意味を有するものである．たとえば，6個あるサイコロの目を符号 {001, 010, 011, 100, 101, 110} に対応させて伝達する場合，送信される可能性がある符号は上記の6個で，000 や 111 が送信されることはない．この6個の符号のように意味があるものを**符号語**（code word），000 や 111 のように対応する通報・事象がなく送信される可能性のないものを**非符号語**（non-code word）とよぶ．

デジタル通信における情報伝達においては，送りたい情報である通報に対応する記号を符号に変化させ，これを通信路上で対応する信号に変換する．ここで行われる変換は規約に従う．規約には，符号化・復号や通信路の変調・復調などが含まれる．

1.6　あいまいさと情報の量

図 1.8 (a) の人はカップの中にコインが1枚あることを知っていて，それが {表} であるか {裏} であるかに興味がある．それぞれの生起確率は {表} 50%，{裏} 50% で，どちらかわからないあいまいな状態である．これを知るためには，図 (b) のように実際にカップを開いて見てみればよい．これにより，新たにコインについて {表} という情報を得る．この段階で表裏の確率は {表} 100%，{裏} 0% と確定し，あいまいさはなくなる．このとき得た情報の量は，なくなったあいまいさの量に等しいと考える．

次に，**図 1.9** では情報の伝達を考える．図 (a) の2人はカップの中にある1枚のコ

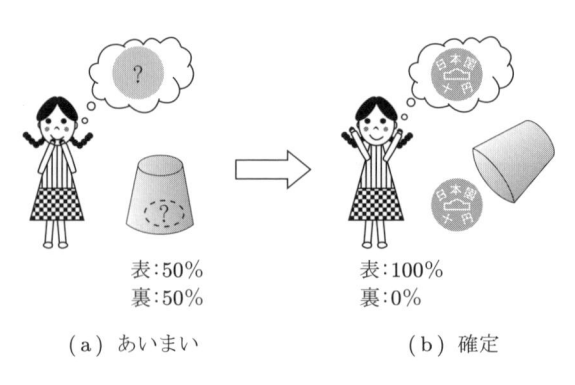

（a）あいまい　　　　　　　　（b）確定

図 1.8　あいまいな状態と確定した状態 1

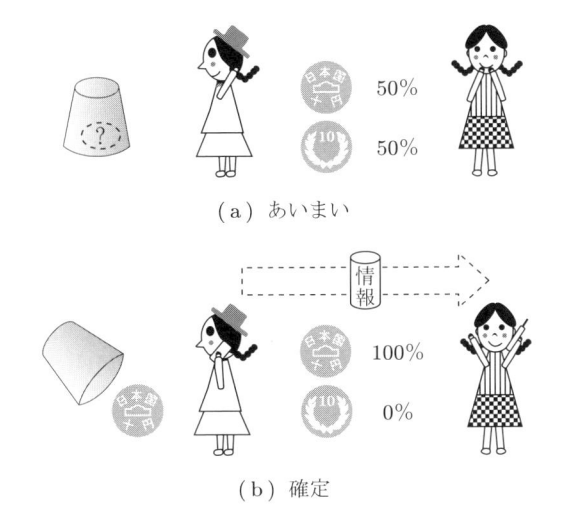

（a）あいまい

（b）確定

図 1.9　あいまいな状態と確定した状態 2

インが表か裏かわからないあいまいな状態である．図 1.8 と同様に，図 1.9 (b) ではこれを知るために，左の人は実際にカップを開いて情報を得て，あいまいさはなくなった．カップを開いて {表} か {裏} かを知った左側の人は，この情報をなんらかの方法で右側の人に伝達する．これにより，右側の人は実際のコインを見ることなく，コインが {表} だという知識を得る．

　この情報の伝達では実際のコインを使う必要はなく，事象 {表}{裏} に対応するなんらかの信号をあらかじめ送り手と受け手の間で決めておき，この記号を伝達手段に適した信号にして送ればよい．この信号は音声でも手紙でもよい．さらに音声であれば，電気信号に変換して電話などで遠くに送ることもできる．

　情報を伝達する際に，2 人の間でたとえば事象 {表} は 1，{裏} は 0 という符号に対応させるとあらかじめ約束しておけば，1 か 0 かを知らせることで {表} か {裏} かの情報が伝達できる．

　以上のように，情報とは人に新しい知識を与え，あいまいさを減らすものである．

　次に，図 1.10 のように，A，B の 2 人と x，y，z の本を考える．本の情報はすべて異なり，その情報量をそれぞれ I とする．A は x，y という 2 冊の本をもっているので，情報量は $2I$ となる．一方，B は 1 冊の本をもっている．ここで，A は x のコピーを B に渡す．A が渡した情報の量，B がもらった情報の量はいくらと考えるべきか．

　A が渡した本は 1 冊であるから，情報量は I と考えるのが自然だろう．ただし，A のもっている情報量は $2I$ のままで変わらない．これは情報の特徴で，自分の情報を減らすことなしに，他者の情報を増やすことができる．これは放送など一対多の情報伝

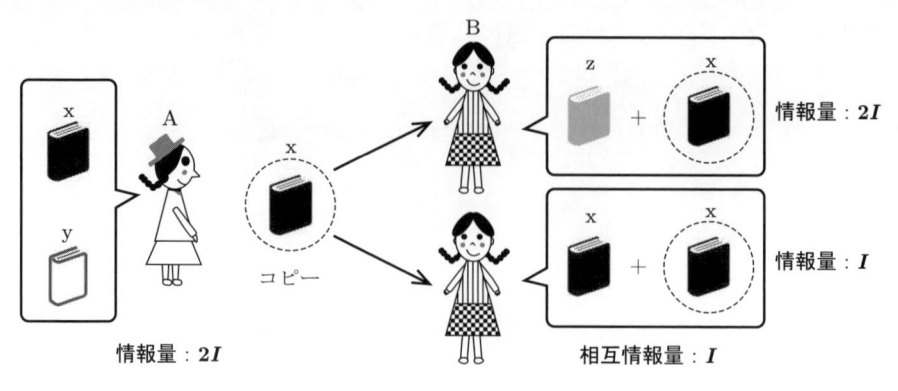

図 1.10　情報の量の基本的な考え方

達の場合でも同様である．

　一方 B は，情報量 I の本を 1 冊もっている状態で A から x を受け取る．もし，こ
れをもらう前にもっていた本が z であれば x と z の情報をもつことになり，情報量は
$2I$ となる．したがって，もらった情報量は I となる．これに対して，先にもっていた
本がもらった本 x と同じ内容であった場合は，同じ本を 2 冊もつことになり，情報量
としては I のままで増えない．このように，渡された情報が同じでも，受け取る側の
状況により増える情報量は異なる．

　ここまではそれぞれの本の内容がまったく同じかまったく異なる場合で考えたが，x
と z が似た内容であった場合はどうなるであろうか．B は先に z を読んで得た情報に
加えて x を読むことでさらに情報は増えるが，z ですでに知っていたこともあるので，
増える情報量は I よりは小さくなる．このように，情報の増加量は，x と z の内容が
どの程度一致しているかに依存する．

　次章では，ここまで考えてきた情報の量を工学的に扱うため，定量化する方法につ
いて述べる．

第1章
情報量と情報源符号化

第 2 講　自己情報量とエントロピー

　本講では情報を工学的に扱うために，情報量の定量化について説明する．情報とは人に新しい知識を与え，あいまいさを減らすものである．情報量の定量化は確率・統計をベースとして体系づけられる．生起確率が低い事象に関する情報ほど，情報量が大きいと考える．また，独立した情報はそれらの量を加算させることができるように，情報量は定義されている．これらは基本的に人の感覚に合い，一般的に納得できるものであろう．また，エントロピー（平均情報量）の考え方を示す．知識を得る前と後，すなわち事前と事後のあいまいさをエントロピーで表すことができる．ある情報量の情報が与えられると，その量と同じだけのあいまいさが減少する．本講ではこの関係を示す．

2.1　情報量の定量化

　情報を定量的に扱うために，**情報量**（information content）の単位が必要となる．この単位として，情報工学の基礎を築いた研究者の名前からシャノン [Sh] を用いる場合もあるが，本書ではもっとも一般的に使われるビット [bit] を用いる．bit は binary digit（2 進数の桁）の略を語源とする．なお，$0 < x \leqq 1$ の場合は単数形の x [bit]，0 を含むそれ以外の値 y の場合は複数形の y [bits] とする．ビットは『情報量の単位』だけでなく，『二元符号の長さの単位』としても使われるので，どちらの意味で使われているか注意が必要である．

　これは，水の量と水を入れる容器の容量で考えるとわかりやすい．たとえば 1 リットルという単位は，1 リットルの水の量を表す場合と，ちょうど 1 リットルまでの水を入れることのできる容器の容量を表す場合がある．このように，リットルという単位は量と容量の両方に用いられる．

　同じように，ビットは二元符号の長さの単位 [bit] としても情報量の単位としても扱われ，x [bits] の情報量の情報は x [bits] の長さの二元符号で表すことができる．容器の容量を超える水を入れようとすると溢れるのと同様に，x [bits] を超える情報量の情報は，x [bits] の符号長の二元符号で表すことはできない．

　そこでまず，基準となる情報量 1 bit を決める必要がある．もっとも単純な場合として，1 枚のコインが表か裏かという情報を考える．それぞれ 50％ ずつの生起確率の二つ

の事象とこれらに対応する記号 {表} と {裏} があるという前提で，どちらであるかを示す情報の量を 1 bit とする．ここで {表} を符号 (1)，{裏} を符号 (0) に対応させれば，この情報は 1 bit の長さの二元符号で表すことができる．次に，2 枚の異なるコイン A と B があったとする．それぞれのコインに関する情報は 1 bit ずつなので，その両方の情報は加算されて 2 bits となるのが自然な考え方だろう．両方のコインの表裏についての情報では，A, B の各コインについて {表表}，{表裏}，{裏表}，{裏裏} の四つの記号があり，これを 2 bits の長さの二元符号 (11)，(10)，(01)，(00) に対応させることができる．生起確率の等しい記号が n 個あるとし，$n = 2$ ならば 1 bit，$n = 4$ ならば 2 bits の情報量となる．

この考え方を拡張すると，生起確率の等しい n 個の記号があるとき，情報量 I は

$$I = \log_2 n \,[\text{bits}] \tag{2.1}$$

となる．

この考え方なら，記号の数 n が 2^i（i は整数）でないとき，I は整数でなくなる．たとえば，英数字（a, b, c, ... z, 0, 1, ... 9）は 36 個の記号からなるアルファベットであるが，これがすべて同じ生起確率であるならば，その情報量 I は

$$I = \log_2 36 \fallingdotseq 5.17 \,\text{bits}$$

となる．図 2.1 に示すように，5 bits の二元符号は 32 個しかない．これでは 36 個の英数字を表すことはできず，6 bits 以上の二元符号が必要となる．6 bits の二元符号は 64 個あるので，英数字に対応させられない符号が 28（$= 64 - 36$）個余ることになる．

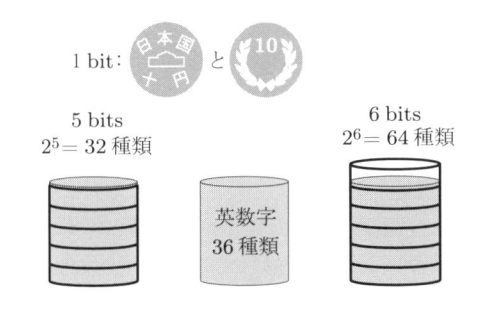

図 2.1　情報の量

ここで，第 1 講の図 1.8，図 1.9 を再び考える．図 1.8，図 1.9 いずれの場合においても，情報を得る前と得た後をそれぞれ事前・事後とよぶ．そして，事前・事後のそれぞれにおいて，コインが {表} であるか {裏} であるかの確率を**事前確率**（prior probability），**事後確率**（posterior probability）とよぶ．これらの図の場合，事前確率は {表} {裏} とも 50% となる．また，事後確率は {表} が 100%，{裏} が 0% となる．このときの情報量は，上記のとおり 1 bit とする．あわせて，情報を得る前のあいまいさを 1 bit とする．1 bit の情報量の情報で，1 bit のあいまいさがなくなったことになる．

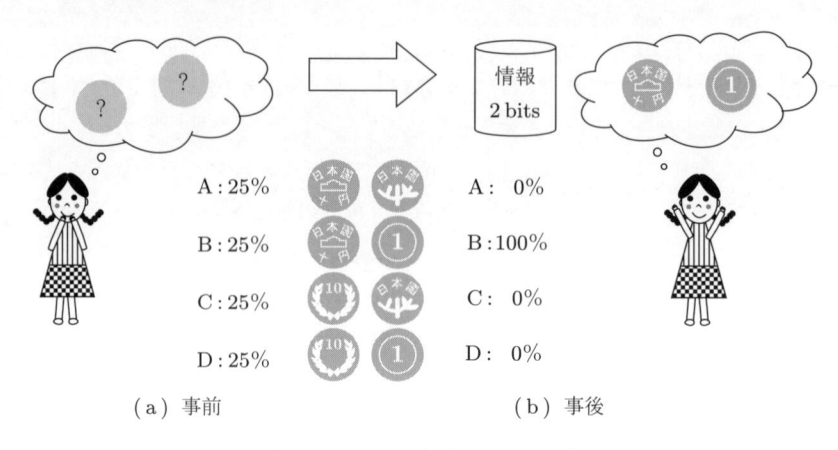

（a）事前 　　　　　　　　　　　　（b）事後

図 2.2　2 bits の場合の事前と事後

　次に，異なるコインが 2 枚ある場合について考える．図 2.2 のように，10 円玉と 1 円玉それぞれの表裏によって，全事象に対応する記号は 4 個である．情報を得る前は 4 個の記号はどれも同じ 25% の生起確率になる．それぞれの記号は，2 bits の二元符号 (00), (01), (10), (11) に対応させることができる．このときの情報量は 2 bits と考える．そして情報を得た後，たとえばこの図のように 10 円玉が表で 1 円玉が裏と知ることができ，あいまいさがなくなる．このとき，事後確率は {10 円玉が表で 1 円玉が裏} が 100% で，そのほかは 0% となる．

　式 (2.1) で示したように，n 個の記号の生起確率がすべて同じである場合，このうちどの記号であるかを知るための情報量 I は

$$I = \log_2 n$$

となるため，n 個ある記号の生起確率 p を用いると，$p = 1/n$ となるので，

$$I = -\log_2 p \tag{2.2}$$

となる．

　ここで，それぞれのコインの情報量と，2 枚合わせた情報量について考える．10 円玉の表裏についての情報量は 1 bit，同じく 1 円玉の情報量も 1 bit である．この二つ両方に関する表裏の情報量は，二つの情報量を足して 2 bits となる．このように，**情報量の加法性**という特徴がある．ただし，これは 10 円玉と 1 円玉それぞれの裏表に関係がなく，独立である場合にかぎる．この場合，10 円玉と 1 円玉の表裏についての事象を**独立事象**とよぶ．10 円玉が表であると 1 円玉も表になりやすいというような場合は，そうならない．前講で述べたように，それぞれ情報量 I の本が 2 冊ある場合，2 冊がまったく独立であれば全体の情報量は $2I$ になり，まったく同じ本なら全体の情報量は I になるというのと同様である．

　確率で考えると，10 円玉が表である確率が $p_1 = 1/2$，1 円玉が表である確率も $p_2 = 1/2$ の場合，この二つの結合確率すなわち 10 円玉が表でかつ 1 円玉が表である確率は，$p = p_1 p_2 = (1/2) \times (1/2) = 1/4$ となる．このように，独立事象の場合，結合確率はそれぞれの確率の積になる．

　さらにこれを拡張し，異なるコインが m 枚あったとすると，すべてのコインの表裏に関する事象は $n = 2^m$ あり，各事象の確率は $p = 2^{-m}$ となる．情報量 I は

$$I = -\log_2 p = m$$

となる．

　ここまでは記号の個数 n が 2^m の場合であったが，そうでないときを考える．たとえば，図 **2.3** のサイコロの場合については記号の数は $n = 6$ であり，それぞれの確率は等しく $p = 1/6$ である．これをそのまま式 (2.2) に当てはめると，サイコロの目に関する情報量は

$$I = -\log_2 \frac{1}{6} \fallingdotseq 2.58 \,\text{bits}$$

となる．このように，情報量の値は整数とはかぎらない．また，bit を単位とする情報量と二元符号の長さの関係は，上記のように水の量と水を入れる容器の容量のような関係であることから，各記号に対応させる二元符号には情報量以上のビット数の長さが必要となる．一つの二元符号の長さが整数であることから，2.58 bits の情報量があるサイコロの目に関する情報は，3 bits 以上の符号長の二元符号が必要となる．たとえば図にあるように，3 bits の符号長の符号を用意し，サイコロの目の全事象 $\{1, 2, 3, 4, 5, 6\}$ に対する 6 個の記号をそれぞれ符号語 (001), (010), (011), (100), (101), (110) に対応させることができる．6 個の記号に対して 3 bits の二元符号は 8 個あるので，この場合，(000) と (111) は対応する記号がない非符号語である．

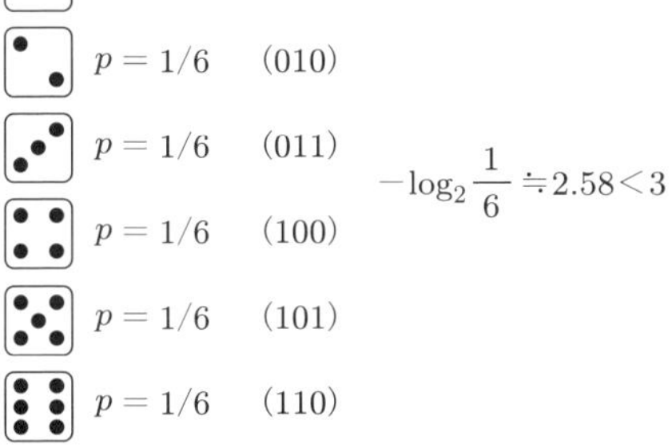

$$-\log_2 \frac{1}{6} \fallingdotseq 2.58 < 3$$

図 2.3　サイコロの場合

サイコロの目に対応する 6 個の符号語のいずれかが送られるとき，受信側が (000) か (111) を受けたとすると，伝送路でなんらかの誤りがあったことになる．

ここまでは，それぞれの記号に対応する符号の長さを等しくした場合で考えてきた．しかし，記号ごとに符号長を変えることも可能である．すなわち，符号には**固定長符号** (fixed length code) と**可変長符号** (variable length code) がある．固定長符号の例としては，ASCII 符号などがある．これは 7 bits の二元符号を，a～Z の小文字大文字と数字を含むアルファベットに割り当てた符号である．たとえば，**表 2.1** に示すように，ABC ならば『100000110000101000011』となる．処理が容易という長所がある．

表2.1　固定長符号と可変長符号

固定長符号	処理しやすい ASCII 符号など 100000110000101000011　（ABC）
可変長符号	高効率化できる モールス符号など ・－　－・・・　－・－・（ABC）

一方，可変長符号は，記号ごとに対応する符号の長さが一定ではない．よく知られているものにモールス符号がある．これは二元符号ではなく，長音，短音，無音の組合せでできている．可変長符号では個々の記号に対する符号の切れ目がわかる必要があり，無音はこの切れ目を示すコンマ（,）の役割をする．たとえば，ABC ならば『・－　－・・・　－・－・』となる．この符号は発生頻度の多い記号には短い符号を，少ない記号には長い符号を割り当てる．たとえば，E（発生順位 1 位）には『・』，T（2 位）には『－』，A（3 位）には『・－』という短い符号を割り当て，Z（26 位）には『－－・・』，Q（25 位）には『－－・－』という長い符号を割り当てている．文章を送る際には短い符号が多く発生し，全体として符号の長さが短くなるという長所がある．

例題 2.1　トランプのジョーカーを除く 52 枚からカードを選ぶ．
① 1 枚選び，そのカードがハートであることの情報量 I_h はいくらか．
② 1 枚選び，そのカードがエースであることの情報量 I_a はいくらか．
③ 1 枚選び，そのカードがハートのエースであることの情報量 I_{ah} はいくらか．
④ 2 枚選び，ともにハートであることの情報量 I_{h2} はいくらか．

解答　① ハートである確率は $p_h = 1/4$ であることから，$I_h = -\log_2(1/4) = 2\,\text{bits}$ となる．
② エースである確率は $p_a = 1/13$ であることから，$I_a = -\log_2(1/13) \fallingdotseq 3.7\,\text{bits}$ となる．
③ ハートのエースである確率は $p_{ah} = 1/52$ であることから，$I_{ah} = -\log_2(1/52) \fallingdotseq 5.7\,\text{bits}$ となる．1 枚のカードにおいて，『ハートであるか』と『エースであるか』は独立であり，$I_{ah} = I_h + I_a$ となることがわかる．

④ 2 枚ともハートである確率は $p_{h2} = (13/52) \times (12/51) = 1/17$ であることから，$I_{h2} \fallingdotseq$ 4.1 bits となる．2 枚のカードは独立ではなく，I_{h2} は $2I_h$ にはならない．

2.2 自己情報量と平均情報量（エントロピー）

ここまでは n 個の記号がすべて同じ生起確率 $p = 1/n$ の場合について考えてきたが，それぞれの確率が異なる場合を考えてみる．たとえば，図 **2.4** のように天気の全事象が $\{晴, 雨, 曇, 雪\}$ であったとしても，それぞれ事象の生起確率は異なる．このようなとき，天気の情報量はどうなるであろうか．

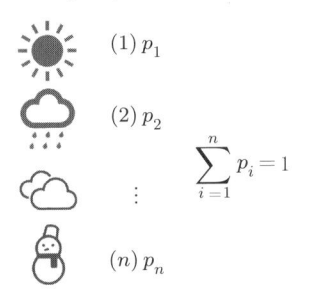

$(1)\, p_1$

$(2)\, p_2$

$\vdots$

$(n)\, p_n$

$$\sum_{i=1}^{n} p_i = 1$$

図 2.4 生起確率が異なる場合

全事象に対応する n 個の記号それぞれの生起確率を $p_1, p_2, \ldots, p_n$ と表すと

$$\sum_{i=1}^{n} p_i = 1$$

となる．これまでの考え方 $I = -\log_2 p$ に対して，この場合の記号の生起確率はそれぞれ異なるので，それぞれの情報量は

$$I_i = -\log_2 p_i$$

となる．この I_i は天気の情報量ではなく，晴，雨，曇，雪に対応するそれぞれ個別の記号 i $(i = 1, 2, 3, 4)$ の情報量となる．晴れの確率が p_1 であるならば，晴れの情報量は

$$I_1 = -\log_2 p_1$$

となる．これを **自己情報量**（self information）とよぶ．晴，雨，曇，雪の記号それぞれに自己情報量がある．この式からわかるように，確率 p_i が小さい事象 i ほど自己情報量 I_i は大きくなる．

この考え方は直観的にもわかりやすく，たとえばアタリの確率が非常に小さい宝くじで当たったという情報は，ハズレの情報に比べて大きな情報量をもつ情報だといえる．あるいは，すでに知っていることで事後確率 100% のことについてもう一度情報をもらったとしても，その情報は

$$I_i = -\log_2 1 = 0$$

で情報量はゼロであることからもわかるであろう.

　それぞれの記号の自己情報量が与えられたが,天気全体の情報量はどのように考えるべきであろうか.これは全記号の自己情報量の平均とする.ただし,$I_1 \sim I_n$ の単純平均ではなく,**加重平均**を使う.

　加重平均とは,それぞれの値に重みをつけて平均値を定める方法である.たとえば,図 **2.5** にあるように,それぞれ 1 個 40 円のミカンと 50 円のリンゴ,60 円の柿があったとするとき,果物 1 個あたりの値段は果物の個数で重みをつけて平均することで求められる.この場合はそれぞれ 5 個,6 個,9 個なので

$$(5 \times 40 + 6 \times 50 + 9 \times 60) \div (5 + 6 + 9) = 52 \, \text{円}$$

となる.

40 円　　　　　　　50 円　　　　　　　60 円

図 2.5　値段が異なる果物

　この加重平均の考え方で自己情報量の平均をとったものが**平均情報量**であり,エントロピー(entropy)とよばれる.単位は [bits] であるが,記号(symbol)ごとの平均であることから,[bits/symbol] が使われることもある.

　自己情報量 I_i を,確率 p_i を重みとして加重平均する.平均する際の分母は全確率の和 1 であるので書かれない.したがって,平均情報量すなわちエントロピー H は表 **2.2** のように

$$H = p_1 I_1 + p_2 I_2 + p_3 I_3 + \cdots + p_n I_n$$
$$= -\sum_{i=1}^{n} p_i \log_2 p_i \, [\text{bits}] \tag{2.3}$$

となる.

表 2.2　平均情報量(エントロピー)

記号	確率	自己情報量	平均情報量(エントロピー)
1	p_1	$I_1 = -\log_2 p_1$	
2	p_2	$I_2 = -\log_2 p_2$	$H = \sum_{i=1}^{n} p_i I_i \, [\text{bits}]$
$\vdots$	$\vdots$	$\vdots$	
n	p_n	$I_n = -\log_2 p_n$	

情報量 I の情報を符号化するには符号長 I 以上の二元符号が必要であるが，同じように，平均情報量（エントロピー）H の情報を符号化するには H 以上の平均符号長の符号が必要となる．ここで，**平均符号長 L** とは，可変長符号において記号 i の符号長 L_i を記号 i の生起確率 p_i で重み付けた加重平均

$$L = \sum_{i=1}^{n} p_i L_i \, [\text{bits}] \tag{2.4}$$

である．

例題 2.2 2枚の同じコインを投げる試行を行い，その結果としての表裏について考える．図 **2.6** に示すように，記号は A（表裏），B（裏裏），C（表表）の3個で，生起確率はそれぞれ 50%，25%，25% となる．このときのコイン投げの試行に関するエントロピーを求めよ．また，平均符号長が最短となるように各記号を符号化せよ．

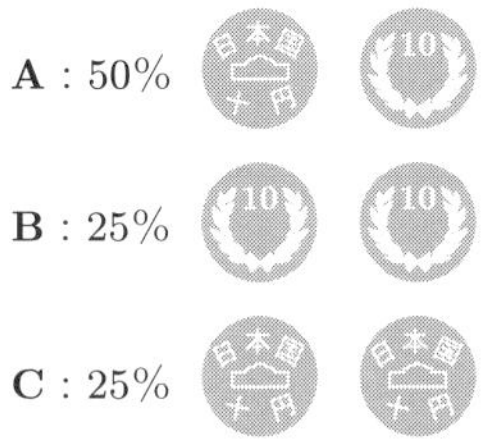

A : 50%

B : 25%

C : 25%

図 2.6 同じコイン 2 枚の場合

解答 記号 A, B, C の生起確率は異なり，それぞれ $p_A = 0.5$, $p_B = 0.25$, $p_C = 0.25$ となるので，自己情報量 $I_i = -\log_2 p_i$ も異なり，$I_A = 1\,\text{bit}$, $I_B = 2\,\text{bits}$, $I_C = 2\,\text{bits}$ となる．

次に，エントロピーを計算すると

$$H = p_A I_A + p_B I_B + p_C I_C = 0.5 \times 1 + 0.25 \times 2 + 0.25 \times 2 = 1.5\,\text{bits}$$

となる．したがって，平均符号長 1.5 bits より短い符号で符号化はできない．固定長符号の場合，全記号が3個であるので，3個の符号が必要で 1 bit では足りず，2 bits の固定長符号となる．たとえば A, B, C に対して (01), (00), (11) を対応させることができる．

この2枚のコインを 100 回投げて，その表裏を符号化すれば，(01) が 50 回，(00) が 25 回，(11) が 25 回となることが期待でき，平均符号長は 2 bits となる．

これに対して，可変長符号 (0), (10), (11) を A, B, C に対応させた場合を考える．生起確率が高く自己情報量の小さい記号に短い符号長の符号を対応させることで，平均符号長を短くすることができる．この場合は自己情報量 I_A, I_B, I_C がいずれも整数であり，各記号の自己情報量と符号長を同じにしている．

たとえば，コインを 100 回投げた結果が ACBABAACA $\cdots$ の場合，対応する符号は 0111001000110 $\cdots$ となる．

100 回中 50 回が A で 1 bit，25 回が B で 2 bits，25 回が C で 2 bits となり，100 の記号の情報を送るのに 150 bits で，記号あたりの平均符号長は 1.5 bits となる．

この値はエントロピーと等しく，これより短い符号はない．このように，もっとも短い符号を**最適符号**（compact code）とよぶ．

2.3   事前・事後エントロピー

　情報を得る前後のエントロピーと情報量について考える．例として，図 **2.7** のように，（10円玉と1円玉の）2枚のコインの表裏について考えてみよう．情報を得る事前の状態 (a) では記号 A（表表），B（表裏），C（裏表），D（裏裏）について事前確率はすべて 1/4 であり，情報を得る前のエントロピーである**事前エントロピー** H_b は

$$H_b = p_\mathrm{A} I_\mathrm{A} + p_\mathrm{B} I_\mathrm{B} + p_\mathrm{C} I_\mathrm{C} + p_\mathrm{D} I_\mathrm{D}$$
$$= \frac{1}{4} \cdot 2 + \frac{1}{4} \cdot 2 + \frac{1}{4} \cdot 2 + \frac{1}{4} \cdot 2 = 2$$

となる．すなわち，情報を得る前のあいまいさは 2 bits となる．一方，正確に情報を得た事後の状態 (b) では，実際のコインが B（10円玉が表で1円玉が裏）であることがわかり，事後確率は $p_\mathrm{A} = 0$, $p_\mathrm{B} = 1$, $p_\mathrm{C} = 0$, $p_\mathrm{D} = 0$ となる．したがって，情報を得た後の**事後エントロピー** H_a は

$$H_a = -\sum_{i=1}^{n} p_i \log_2 p_i$$
$$= -0 \log_2 0 - 1 \log_2 1 - 0 \log_2 0 - 0 \log_2 0$$
$$= 0$$

となる．ただし，この計算のなかで $0 \log_2 0$ は 0 としている．

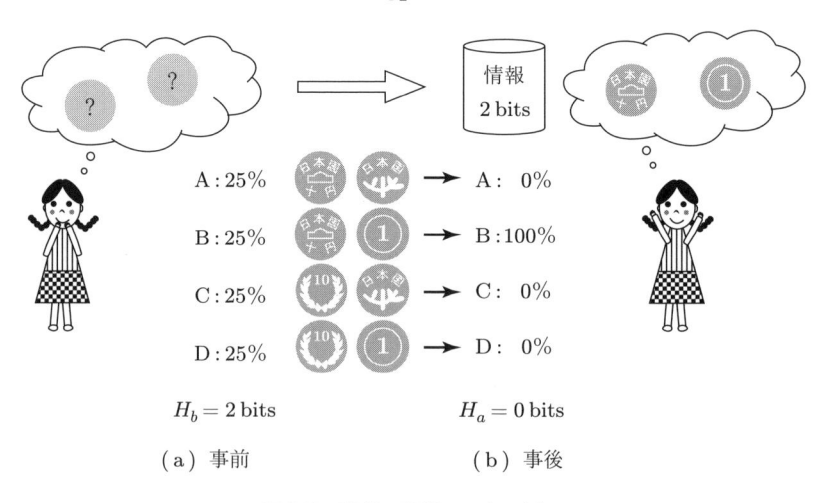

$$H_b = 2\,\mathrm{bits} \qquad\qquad H_a = 0\,\mathrm{bits}$$

（a）事前　　　　　　　　　（b）事後

図 2.7　事前・事後エントロピー

　このように，ある事象について知識がないため確定できず，あいまいさが大きい場合（図 (a)）のエントロピーは大きくなる．そして，情報により知識を得てあいまいさが小さくなったときのエントロピーは小さくなり，どの事象かが確定されてエントロ

ピーが 0 bits のとき，あいまいさがなくなった状態となる（図 (b)）.

　事前・事後の二つの状態におけるエントロピー差が情報によってもたらされたことになる．したがって，情報量 I の情報を得る前後の事前エントロピー H_b と事後エントロピー H_a の間には

$$I = H_b - H_a \tag{2.5}$$

の関係が成り立つ．知識が増えるということは，あいまいさが減ることである．あいまいさの量はエントロピーで示すことができる．情報を得る前の事前エントロピーは全事象それぞれの生起確率で決まる．そして，情報により知識が増してあいまいさが減った後のあいまいさが事後エントロピーとなる．事前と事後のエントロピーの差分が情報によって減ったあいまいさであり，式 (2.5) のように，その情報のもつ情報量である．

> **例題 2.3**　図 **2.8** のように，10 円玉と 1 円玉の 2 枚のコインのうち，10 円玉の表裏についての情報を得たとする．事前・事後のエントロピーから得た情報の情報量を求めよ.

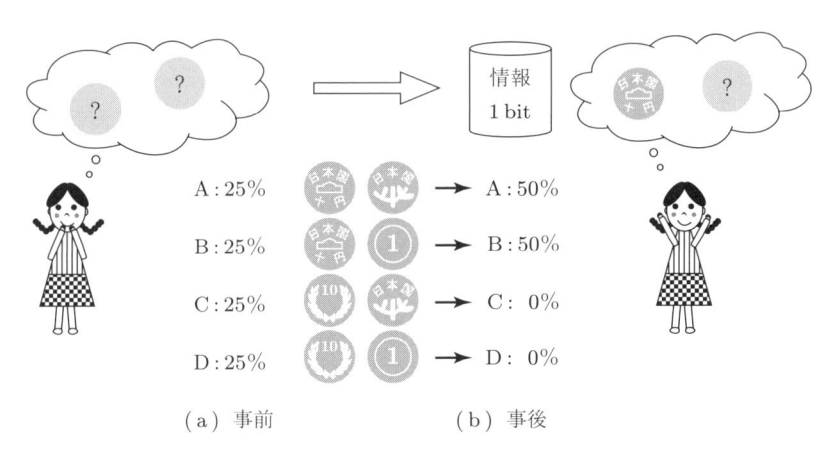

（a）事前　　　　　　　　（b）事後

図 2.8　情報の一部を知った場合

> **解答**　4 個の記号の事前確率がそれぞれ 25% なので，事前エントロピーは $H_b = 2\,\text{bits}$ である．事後確率は A，B はそれぞれ 50%，C，D は 0% なので，事後エントロピー H_a は
>
> $$\begin{aligned} H_a &= -\sum_{i=1}^{n} p_i \log_2 p_i \\ &= -\frac{1}{2}\log_2\frac{1}{2} - \frac{1}{2}\log_2\frac{1}{2} - 0\log_2 0 - 0\log_2 0 \\ &= \frac{1}{2} + \frac{1}{2} - 0 - 0 = 1 \end{aligned}$$

から 1 bit となる．これより
$$I = H_b - H_a = 1$$
であり，得られた 10 円玉の表裏に関する情報量は 1 bit である．

2.4　エントロピー関数

　ここまで，それぞれ生起確率の異なる複数の記号がある場合のエントロピーを考えた．そこで，生起確率とエントロピーの関係に注目し，記号が二つだけの場合について考える．たとえば，例を単純にするために天気を晴れと雨だけに分類し，それらの生起確率 p_1, p_2 とエントロピーの関係を求める．記号は {晴} と {雨} の二つですべてであり，$p_1 + p_2 = 1$ となるので，$p_1 = p$, $p_2 = 1 - p$ とする．したがって，それぞれの自己情報量は
$$I_1 = -\log_2 p$$
$$I_2 = -\log_2(1 - p)$$
エントロピーは
$$\mathscr{H}_f(p) = -\sum_{i=1}^{2} p_i \log_2 p_i$$
$$= -p\log_2 p - (1 - p)\log_2(1 - p) \tag{2.6}$$
となり，p のみの関数となる．この関数 $\mathscr{H}_f(p)$ をエントロピー関数とよぶ．確率 p は 0 から 1 の値をとり，それに従い $\mathscr{H}_f(p)$ も 0 から 1 の値をとる．

　生起確率 p とエントロピー関数 $\mathscr{H}_f(p)$ の関係は図 2.9 のようになる．この図の意味するところを考えてみよう．記号が 2 個の場合，1 bit の符号でその事象に関する情報を伝達することができる．このときのエントロピー H は各記号の生起確率 p, $1 - p$

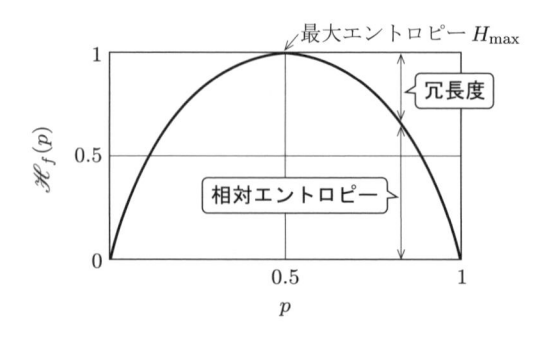

図 2.9　生起確率とエントロピー関数の関係

によって決まる $\mathscr{H}_f(p)$ となる．$p = 0.5$ のとき，$\mathscr{H}_f(p)$ は図の最大値 1 となる．すべての符号が等確率のとき，エントロピーはもっとも大きくなる．この値は**最大エントロピー** $H_{\max}$ とよばれ，1 bit の符号の場合は $H_{\max} = 1$ bit である．最大エントロピー $H_{\max}$ の符号に対して，実際の確率で決まるエントロピー H の比 $h = H/H_{\max}$ を**相対エントロピー**とよぶ．残りの $r = 1 - h$ を**冗長度**（redundancy）とよぶ．

■ **例題 2.4**　サイコロを 1 回振る試行における結果を符号化するときの，相対エントロピーおよび冗長度を求めよ．

解答　この試行の全事象は 6 個であり，それぞれに対応する記号を符号化するには 3 bits の符号が必要となる．3 bits の符号は 8 個あるが，これがすべて同じ生起確率であるとしたときの最大エントロピー $H_{\max}$ は 3 bits となる．

これに対して，6 個の事象に割り当てられた符号の生起確率は 1/6 である．したがって，エントロピー H は

$$H = -\log_2 \frac{1}{6} = 2.58$$

となる．以上より，相対エントロピーは $h = 2.58/3 = 0.86$，冗長度は $r = 1 - h = 0.14$ となる．

冗長度は符号化の効率のみを考える場合は無駄であり，できるだけ小さくすることが求められる．しかし，この冗長度はほかの目的に使われる場合がある．たとえば，なんらかのネット上のサービスで個人に ID を振り分ける場合，26 個ある英文字が 7 文字あれば $26^7 \fallingdotseq 80$ 億となり，世界の人口約 71 億を超え，十分となる．覚えづらいランダムに見える文字列でよければこれでよいが，使いやすい ID を付けたいのであれば，冗長度をもたせたもっと長い ID が必要となる．同様に，われわれが普段使っている自然言語のなかにも冗長度がある．

このように，冗長度は単に無駄ではなく，これをほかの目的に使うことができる．本書の第 2 章の通信路符号化では，この冗長度を誤り検出・訂正符号に用いることで符号の信頼性を向上させている．

=======　演　習　問　題　=======

2.1　ある SNS では文字数制限があり，最大文字数は言語によらず，英語でも日本語でも 140 字である．ともに 140 字のメッセージを送るとして，英語の場合と日本語の場合でどちらのほうが多くの情報量を送ることができると思うかを示せ．ただし，ここでは文法の違いは考慮しない．また，その理由を情報量の考え方を使って，140 字以内で説明せよ．

2.2 チーム X とチーム Y はこれまで 256 試合行っており,チーム X は 128 勝 100 敗 28 引き分けである.チーム X の勝利の自己情報量 I_X,チーム X の勝敗に関するエントロピー $H(X)$,チーム Y の勝敗に関するエントロピー $H(Y)$ を求めよ.

2.3 ある催しが何曜日に行われるかについて,予備知識がない状態でのあいまいさは何 bits になるか.次に,この催しが平日に行われるという情報 A を得た.情報を聞いた後でのあいまいさは何 bits か.また,このとき得た情報 A の情報量はいくらか.

さらに,『月曜に開催される』という情報 B があったとき,その情報 B の情報量はいくらか.情報 A を聞いた前と後についてそれぞれ求めよ.

第 3 講　通信路のモデル

　{0, 1} の二元符号にデジタル化された記号は，いったんデジタル通信路を介して送信側から受信側へ送られる．通信路内部での信号の形態にかかわりなく，通信路の入出力は記号に対応する符号であり，この入出力のみに着目した通信路にモデル化することができる．本講では，入力記号と出力記号の関係をモデル化した通信路モデルについて述べる．出力記号は通信路での誤りにより影響を受ける．もっとも単純な誤りがない二元対称通信路から始め，多元通信路，消失通信路などに拡張する．なお，通信路がどれだけの量の情報を伝達できるかを示す通信路容量は，次講の相互情報量のなかで説明する．

3.1　通信路モデルの考え方

　第 1 講で述べたように，情報は送り手から受け手に伝達することができる．送り手と受け手の間には情報を伝達するための媒体が必要である．これを**通信路**（channel）とよぶ．送り手は，記号化している情報を通信路の信号に変換させる必要がある．信号は電気的なものであれば，時間的に変化する電圧などがある．

　デジタル通信路の場合には，**図 3.1** に示すように，情報はいったん {0, 1} の二元符号に変換される．この符号がデジタル通信路を介して受け手に届けられる．デジタル通信路においても，物理的現象である信号は実際にはアナログの物理量をもち，通信路の内部でさまざまな変換が行われる．しかし，内部にかかわりなく，通信路の入出力は符号であり，この入出力のみに着目して通信路をモデル化することができる．モデル化においては，単純なものから順に次のように一般化していく．

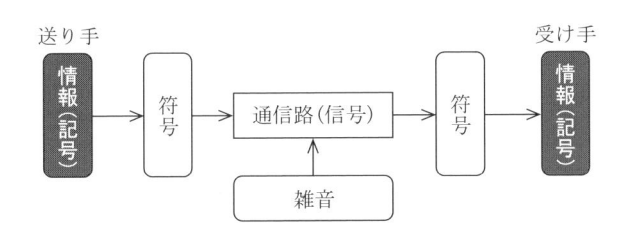

図 3.1　デジタル通信路の基本モデル

① もっとも単純には，符号 0 を入力すれば 0 が，1 を入力すれば 1 が出力される通信路が考えられる．

② 通信路中の信号には雑音が加わる．その結果，受信信号から得た符号に誤りが発生することがある．誤りとは，1 が送信されたにもかかわらず 0 が受信される，または 0 が 1 として受信される場合である．ここで，誤りの発生する確率もモデル化のなかで与えられる．

③ 0, 1 の符号の発生確率は 50% ずつの均等とはかぎらず，情報源によって異なる場合がある．

④ 記号が 2 個より多い場合，2 bits 以上で符号を構成する必要がある．通信路をモデル化する場合に入出力符号が多くなる．

⑤ 記号が s 個あり，これを n [bits] の符号にするには $2^n \geqq s$ である必要がある．このため，受信符号は誤りによって記号に対応しない $(2^n - s)$ 個の符号を受信する可能性がある．

⑥ 通信路の内部の連続的なアナログ物理量を A/D（analog to digital）変換回路で判定して離散的なデジタル信号にする際に，アナログ値が中間的な値であるなどの理由であえて判定しない場合がある．この場合の結果を**消失**（erasure）とよび，そのような場合の通信路を**消失通信路**とよぶ．

以降，これらの通信路のモデル化を進めていく．

3.2 　二元通信路モデル

3.1 節で挙げた例のうち，①〜③は送信する記号や対応する符号が 2 個であり，通信路の入出力とも $\{0, 1\}$ に含まれる**二元通信路**である．**図 3.2** は，4 個の二元通信路を示している．左から通信路に符号が入力され，右へ出力される．このような図を**通信路線図**とよぶ．図で A は雑音のない場合の通信路で，通信路に符号 0 が入力されると必ず 0 が出力され，入力 1 には 1 が出力される．誤りがなく，出力端子から入力端子がそのまま見える理想的な通信路である．さらにこの A の例では，符号 0 と 1 はそれぞれ 50% ずつの生起確率の場合を示している．したがって，送信される情報量は 1 bit であり，受信される情報量も 1 bit となり，通信路で 1 bit の情報が伝送されたことになる．

B は通信路に誤りがある場合の通信路である．符号誤り率を p とする．符号 0 を送った場合，確率 p で 1 として受信され，確率 $(1 - p)$ で 0 として受信される．符号 1 を送信した場合の誤り率も同様に p である．これを条件付き確率で表すと，次のようになる．

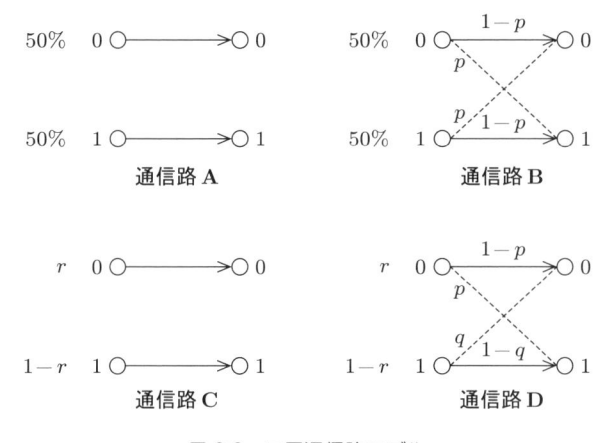

図 3.2　二元通信路モデル

$$P(1\,|\,0) = P(0\,|\,1) = p$$
$$P(1\,|\,1) = P(0\,|\,0) = 1 - p$$

ここで，$P(x\,|\,y)$ は符号 y を送信した場合に符号 x を受信する確率を示す．この図では，送信符号が 0 である確率も 1 である確率も 50% であり，受信符号も同様に 0, 1 とも等確率である．このような通信路を**二元対称通信路**（binary symmetric channel）とよぶ．この場合，送信側は 1 bit の情報を送信している．受信側も 50% ずつの確率で 0 または 1 を受信するため，1 bit の情報量をもつことになる．しかし，誤りがあるため送信情報と受信情報はまったく同じということではない．送信情報量のうちの一部が受信されたと考えるべきである．ここで，送信された情報量のうちどれだけの情報量が受信されたかを定量的に示す方法として，相互情報量という考え方がある．相互情報量については次講にまとめる．

　C は送信符号の 0, 1 の発生確率が異なる場合である．0 が送信される確率が r であり，1 が送信される確率は $1 - r$ である．したがって，送信情報のエントロピーは

$$\mathscr{H}_f(r) = -r \log_2 r - (1 - r) \log_2 (1 - r) \leqq 1$$

となる．通信路 C は雑音がなく誤りがない例であるから，受信側でも同じ $\mathscr{H}_f(r)$ の情報量が受信される．したがって，この通信路で伝送される情報量は $\mathscr{H}_f(r)$ である．

　このように，伝送される情報量は，通信路での誤り率や送信する情報のエントロピーによって変わる．

　さらに一般化した二元通信路 D を考えることができる．ここでは，0, 1 の発生確率が異なるとともに，誤り率も送信符号が 0 の場合と 1 の場合で異なるため，二元非対称通信路となる．

3.3　多元通信路

ここまで二元通信路で考えてきたが，さらにこれを拡張した**多元通信路**について考える．図 **3.3** のように記号が n 個（$n \geqq 3$）ある場合，これに対応する符号も n 個必要となる．この記号を二元符号化するには，$k\,[\mathrm{bits}]$ 以上の符号長の符号が必要となる．ここで，$2^k \geqq n$ となる．受信側では通信路出力を m 個の符号のうちの一つに判定する．受信する符号のビット数は k なので，$2^k \geqq m$ となる．受信の際に誤りの発生により，送信される n 個の符号以外の符号に判断される場合があるため，$n \leqq m$ となる．

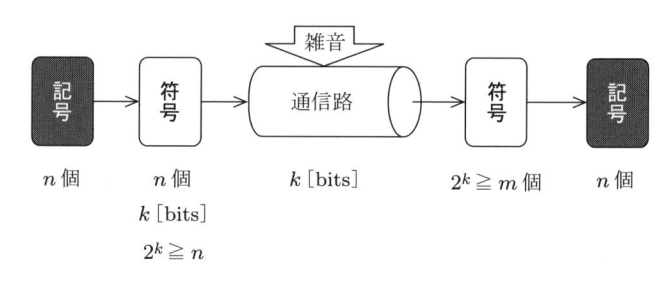

図 3.3　多元通信路のモデル

このように，送信側の符号の個数 n と受信側の符号の個数 m は一致しないことも考えられる．そこで，一般化された通信路のモデルを示す通信路線図を，図 **3.4** のように示す．ここで，n 個ある通信路入力を $x_1, x_2, \ldots, x_n$，m 個ある通信路出力を $y_1, y_2, \ldots, y_m$ とする．通信路入力が $x_i\ (i = 1, 2, \ldots, n)$ のときに出力が $y_j\ (j = 1, 2, \ldots, m)$ となる確率を $p_{ij} = P(y_j \,|\, x_i)$ としている．

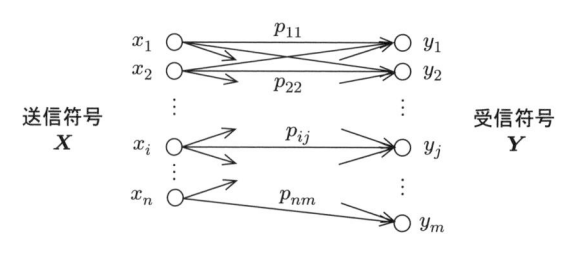

図 3.4　多元通信路の通信線路図

例題 3.1　サイコロの目に関する情報を符号化したものを通信路に通した場合の通信路線図を示せ．

解答 サイコロの目がなにかという情報をメッセージとして送りたい場合，全事象は 6 である．それぞれを 1, 2, 3, 4, 5, 6 と記号化する．さらに，これを符号とするには 3 bits 以上の符号長が必要であり，たとえば (001), (010), (011), (100), (101), (110) に符号化する．通信路では符号を信号にして送信するが，伝送中に加わる雑音により，信号から符号に復号する際に誤りが起こる場合がある．受信側は 3 bits の符号を受信するが，(000), (111) といったサイコロの目に対応していない符号を得る場合もある．したがって，送信符号は 6 個でも受信符号は 8 個となる．通信路線図は**図 3.5** のようになる．

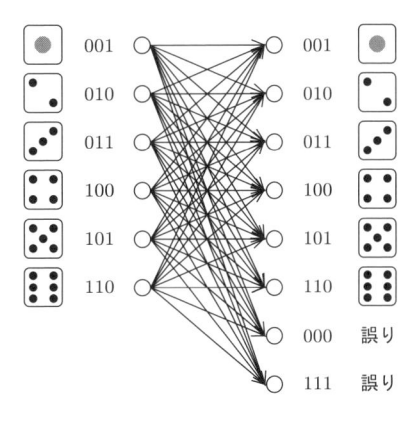

図 3.5　サイコロの場合の通信線路図

3.4 消失通信路

通信路出力からは符号が出力されるが，通信路途中の信号は連続的な物理量であるアナログ値である．これを，出力手前の A/D 変換において 0, 1 のデジタル信号に判定して出力する．その際に信号の取り得るアナログ値の中間値を閾値として，閾値より大きい場合は 1，小さい場合は 0 に判定される．しかし，閾値に近い値である場合には，誤って判定される確率が高くなる．

そこで，**図 3.6** のように，判定の際に一定の条件を満たすものはあえて 0, 1 の判定を行わず，消失として扱う**消失通信路**がある．この場合の通信路線図は**図 3.7** のようになる．図で e は，A/D 変換入力値が閾値に近いため消失とした場合を表す．このような通信路では，前後の正しく復号された符号から消失された符号を推定する**消失訂正**という手法が用いられることもある．

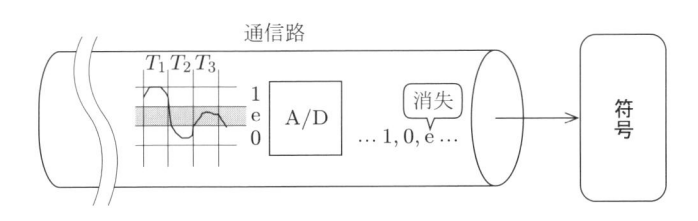

図 3.6　消失通信路

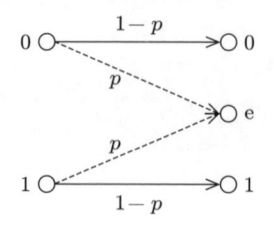

図 3.7　消失通信線路図

演 習 問 題

3.1　図 **3.8** に示すように，0 または 1 の元が入出力される二元通信路がある．0, 1 が入力された ときの誤り率はそれぞれ p_0, p_1 である．0, 1 の生起確率は入力において r, $1-r$, 出力では s, $1-s$ とする．ここで，$\boldsymbol{r}=(r,1-r)$, $\boldsymbol{s}=(s,1-s)$ としたとき，$\boldsymbol{r}$, $\boldsymbol{s}$ の関係をベクトル行列の関係で示せ．この行列を**通信路行列**とよぶ．

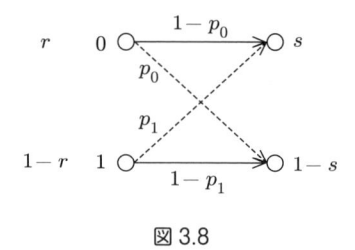

図 3.8

3.2　二つの通信路 P, Q がある．P は二元対称通信路であり，Q は消失通信路である．二つの通信路を**図 3.9** のようにつなげた通信路の通信路行列を示せ．

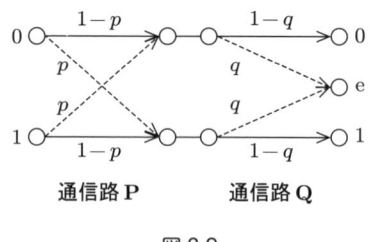

図 3.9

第 4 講　相互情報量

　本講では，情報あるいはあいまいさをもつ二者間における相互情報量について説明する．相互情報量は，一方がもつ情報量のうち，他者が同じくもつ情報の量として定義される．これは結合確率・条件付き確率を用いて定量化できる．情報は伝達することにより送受信した二者が同じくもつことが可能であるが，伝達の際に誤りが生じる場合がある．そこで，誤りによって，送受信者間の情報に違いが起こる場合，すべての情報量が伝達されず，減少したととらえることができる．そこで，送信側が送った情報量，受け取れた情報量，誤りのために減った情報量と，これによって残ったあいまいさを相互情報量の考え方を用いて定量化する．さらに前講でモデル化した通信路に対して，その通信路がどれだけの情報を伝達できるかを示す通信路容量について，相互情報量の考え方を使って説明する．

4.1　相互情報量の考え方

　ここまで，自己情報量，平均情報量（エントロピー）について説明してきたが，次に**相互情報量**（mutual information）について説明する．確率変数を用いて定式化する前に，本節では相互情報量を定性的に説明する．相互情報量の基本的な意味は，一つの物事に関係して両方が同じくもっている情報の量となる．

　概念的に理解するため，簡単な例として**図 4.1** を示す．1 冊の本にはそれぞれ 1 冊分の情報量があり，A, B, C, D の 4 冊にはまったく異なる情報が含まれている．X, Y

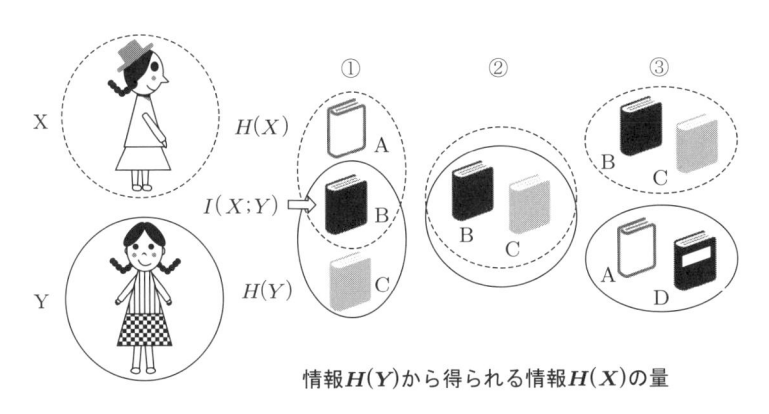

情報 $H(Y)$ から得られる情報 $H(X)$ の量

図 4.1　二つの情報の重なりと相互情報量

の2人はそれぞれ，破線または実線で囲まれた2冊分の情報をもち，その量は $H(X)$，$H(Y)$ である．Xが本AとB，Yが本BとCをもつとき（図の①），両方がもっている情報は本Bが該当する．XとYがともに本B, Cをもつとき（図の②），両方がもっている情報は本BとCが該当する．また，Xが本BとC，Yが本AとDをもつとき（図の③），両方がもっている情報はない．

X, Yはそれぞれ2冊の本をもつが，2人がともに同じくもっている情報の量が相互情報量で，$I(X;Y)$ で表される．自己情報量は I，平均情報量は $H(X)$，相互情報量は $I(X;Y)$ のように，I や H が慣習的に使い分けられるが，いずれも情報量あるいはその裏返しのあいまいさに関するものである．

言い方を変えると，相互情報量 $I(X;Y)$ は情報量 $H(X)$ のうちで，$H(Y)$ から得られる情報の量を表す．

相互情報量の使い方にはいくつかある．その一つとして，通信路での誤りにより低減した受信情報の情報量を表すこともできる．たとえば，**図 4.2** で送信側である左の人が，ある情報が記載された本を受信側である右の人に渡したとする．そのとき，1冊分の情報量の情報が渡されることになるが，途中で本が劣化し，一部が読めなくなったとする．その場合，1冊分の情報量をすべて受け取ることができず，情報量が減少したと考える．ここで受信側が受け取れた情報量は送信側と共有できているので，その量が相互情報量となる．したがって，送信側がもっていた情報量と相互情報量の差が，劣化によって失われた情報量となる．

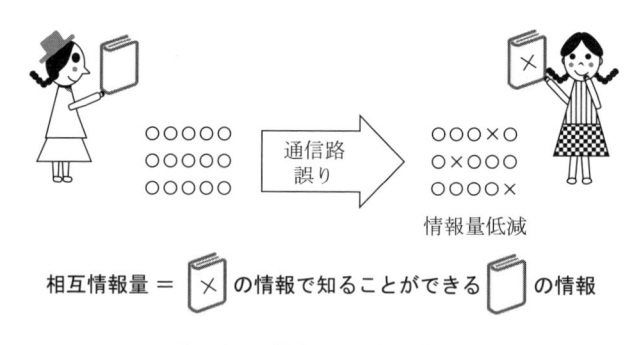

図 4.2　通信路誤りと相互情報量

実際のデジタル通信路でも，符号が誤って受信される場合がある．この誤りによって失われる情報量があるが，それでも受信される情報量が相互情報量となる．相互情報量は送信側の情報と受信側の情報をビットごとに比較し，その不一致率を使って求めることができる．この不一致は通信路での誤りによって起こるので，相互情報量は符号誤り率に影響を受ける．

4.2 相互情報量の定義

　次に，相互情報量を定量的に示す．たとえば，白黒写真（二値画像）を考えてみよう．二値画像の各ピクセルは細かく見ると小さな白または黒のどちらかであり，灰色の濃淡はそれらの密度で表されている．ここで，白と黒をそれぞれ 0 または 1 に対応させれば，符号化したビット列で表現できる．一つの記号として写真があり，n [bits] の符号で表されるとする．各ビットがそれぞれ 1/2 の生起確率で白または黒であるならば，写真の情報量は n [bits] になる．2 枚の写真があり，それぞれを 0 または 1 からなるビット列で表したものを $a_1, a_2, \ldots, a_i, \ldots, a_n$ および $b_1, b_2, \ldots, b_i, \ldots, b_n$ とする．このとき，2 枚の写真の不一致率 r は

$$r = \sum_{i=1}^{n} \frac{a_i \oplus b_i}{n} \tag{4.1}$$

となる．ここで $\oplus$ は**排他的論理和**（exclusive or）を表す演算子で，$0 \oplus 0 = 0$, $0 \oplus 1 = 1$, $1 \oplus 0 = 1$, $1 \oplus 1 = 0$ である．元画像と比較して，**図 4.3** (a) のように同じ写真どうしの場合，元画像と図 (a) では式 (4.1) より $r_\mathrm{a} = 0$ となる．各写真の情報量が n [bits] であるのに対して，相互情報量も n [bits] となる．送信側が送った写真が誤りなく受信側に届いた場合がこれに当たり，受信側の写真の情報で送信側の写真の情報量がすべて得られたことになる．元画像に比較して一部に誤りがある図 (b) の写真の場合は，$r_\mathrm{b} \neq 0$ となる．これにより，相互情報量は n より小さいものになる．通信路でのビット誤り率 p が r_b となる．一方，図 (c) のように白黒が反転している写真もある．この場合は，図 (c) の写真から元画像の写真の情報がすべて得られる．これは，完全に反

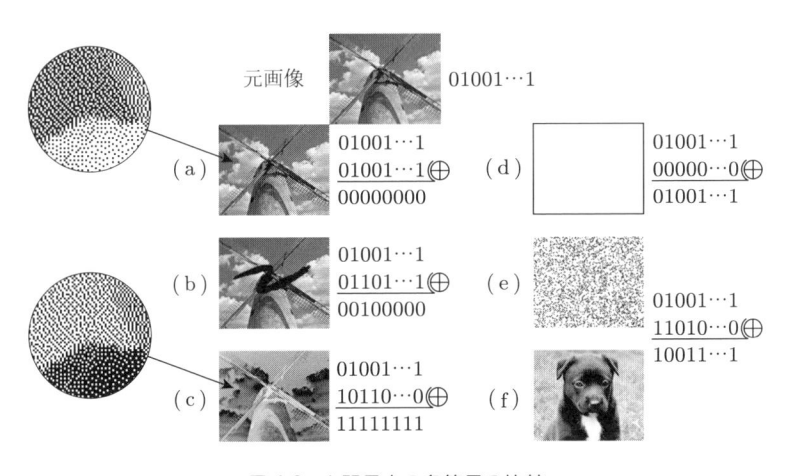

図 4.3　1 記号内の各符号の比較

転している写真フィルムのネガからもとの写真が得られるのと同様である．したがってこの場合，不一致率は $r_c = 1$ だが相互情報量は n となる．では，まったくもとの情報が得られないのはどんな場合であろうか．図 (a) の白黒比率が 50% ずつであるとする．このとき，図 (d) のように全符号が 0 の白紙，図 (e) のランダムな 0 または 1 の画像，図 (f) のまったく関係のない写真は不一致率はおおよそ 0.5 になる．このような場合，もとの写真の情報をまったく得ることができないため，相互情報量は 0 となる．

以上から，二つの情報 X，Y の間の相互情報量は『情報 X から得られる情報 Y の情報量』であり，それぞれの間の不一致率によることがわかる．

相互情報量を定式化する前に，二つの事柄の確率について扱う条件付き確率について復習する．表4.1で箱の中には 40 枚の札があり，それぞれに四つの絵のいずれかが描かれている．その内訳は○（白丸），△（白三角），●（黒丸），▲（黒三角）が表 (a) にある数だけある．そのうち 1 枚を選ぶとき，注目した事象の生起確率を検討する．まず丸であるか三角であるかの形 X に着目し，事象 {丸} ＝ {○, ●} を x_0，{三角} ＝ {△, ▲} を x_1 として確率 $P(X)$ を考える．このとき，x_0, x_1 を選択する確率 $P(x_0)$, $P(x_1)$ はそれぞれ

$$P(x_0) = \frac{19}{40}, \quad P(x_1) = \frac{21}{40}$$

である．ここで，結合確率 $P(X, Y)$ について考える．選択したものが x_0 {丸} でかつ y_0 {白}，すなわち○である確率を $P(x_0, y_0)$ とすると，次のようになる．

$$P(x_0, y_0) = \frac{9}{40}, \quad P(x_0, y_1) = \frac{10}{40}$$
$$P(x_1, y_0) = \frac{8}{40}, \quad P(x_1, y_1) = \frac{13}{40}$$

これを表 (b) に示す．

次に，Y を条件として X の条件付き確率 $P(X|Y)$ を考える．選択したものが y_0（白）であった条件のもとで，これが x_0（丸）である確率を $P(x_0|y_0)$ とする．17 枚の白のなかから 9 枚ある白丸○を選択する確率であるので，

表 4.1　結合確率と条件付き確率

（a）札の数

		Y	
		y_0(白) 17	y_1(黒) 23
X	x_0(丸) 19	○ 9	● 10
	x_1(三角) 21	△ 8	▲ 13

（b）結合確率

$P(X,Y)$		Y	
		y_0(白)	y_1(黒)
X	x_0(丸)	$\frac{9}{40}$	$\frac{10}{40}$
	x_1(三角)	$\frac{8}{40}$	$\frac{13}{40}$

（c）条件付き確率

$P(X|Y)$		Y	
		y_0(白)	y_1(黒)
X	x_0(丸)	$\frac{9}{17}$	$\frac{10}{23}$
	x_1(三角)	$\frac{8}{17}$	$\frac{13}{23}$

$$P(x_0 \mid y_0) = \frac{9}{17} = \frac{9/40}{17/40} = \frac{P(x_0, y_0)}{P(y_0)}$$

となる．このような条件付き確率 $P(X \mid Y)$ は，結合確率 $P(X, Y)$ を使って

$$P(X \mid Y) = \frac{P(X, Y)}{P(Y)}$$

で表される．これらは表 (c) にまとめられる．この条件付き確率は，X と Y が独立か従属かで異なる．たとえば，10 円玉と 1 円玉を同時に 1 枚ずつ投げてその表裏を見たとき，10 円玉 X の x_0（表），x_1（裏）と 1 円玉 Y の y_0（表），y_1（裏）はまったく独立であり，$P(x_0, y_0) = P(x_1, y_0) = P(x_0, y_1) = P(x_1, y_1) = 1/4$ である．

　これに対して，図 1.9 で左の人が実際に見た 10 円玉の表裏の情報を右の人に情報として伝達した場合について考えてみよう．左の人が見た 10 円玉 X は x_0（表）か x_1（裏），右の人が受け取った情報 Y は y_0（表）か y_1（裏）のいずれかである．しかし，実際の X と受信情報 Y は従属の関係にあり，実際の 10 円玉 X が x_0（表）の場合に受信情報 Y は必ず y_0（表）となり，結合確率は**表 4.2** のようになることを前提としていた．これを 2.3 節で説明した事前・事後エントロピーで考えると，事後エントロピーは Y を得た後で，Y を条件とする条件付きでの X の確率を，事後確率としている．条件付き確率は**表 4.3** のように $P(x_0 \mid y_0) = 1$，$P(x_1 \mid y_0) = 0$ であり，この値をエントロピー関数に代入して，事後エントロピーは $\mathscr{H}_f(1) = \mathscr{H}_f(0) = 0$ bits となり，あいまいさがなくなっている．事前確率は $P(x_0) = P(x_1) = 0.5$ から事前エントロピーは $\mathscr{H}_f(0.5) = 1$ bit で，もとの情報を得る前の状態であいまいさが 1 bit である．

　その差分 $\mathscr{H}_f(0.5) - \mathscr{H}_f(1) = 1$ bit が受信情報 Y によって得られる実際の表・裏 X の情報量である．

表 4.2　結合確率

結合確率 $P(X,Y)$		情報Y	
		y_0 日本国 1円 50%	y_1 10 50%
実際 X	x_0 日本国 1円 50%	50%	0%
	x_1 10 50%	0%	50%

表 4.3　条件付き確率

条件付き 確率 $P(X\mid Y)$		情報Y	
		y_0 日本国 1円 50%	y_1 10 50%
実際 X	x_0 日本国 1円 50%	100%	0%
	x_1 10 50%	0%	100%

　これに対して，もし情報を伝達する際になんらかの原因で情報に誤りが発生した場合はどうなるだろうか．**表 4.4** は情報伝達の途中で 8 回に 1 回の確率で誤りが発生する場合について示している．10 円玉は 50% の生起確率で {表} となり，左の人はそれを知って右の人に情報として x_0（表）を伝える．右の人に届く受信情報が y_0（表）である

表 4.4　誤りがある場合の条件付き確率

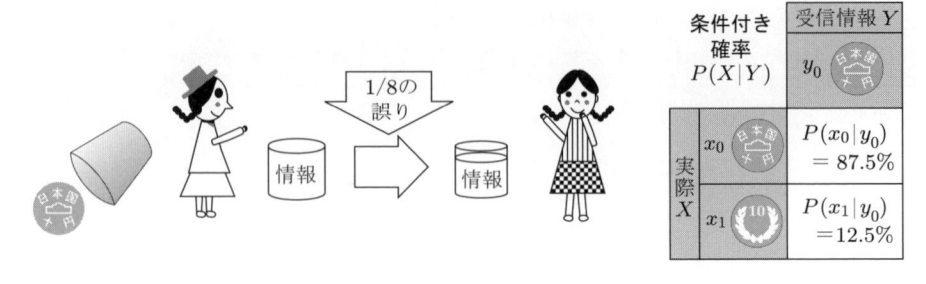

条件付き確率 $P(X\|Y)$		受信情報 Y
		y_0
実際 X	x_0	$P(x_0\|y_0)$ = 87.5%
	x_1	$P(x_1\|y_0)$ = 12.5%

という条件付きで 7/8，すなわち 87.5% の確率で実際の 10 円玉は x_0（表），12.5% の確率で x_1（裏）となる．

　そこでこれまでの考え方を，そのままこの表の条件付き確率を当てはめて事後エントロピーを算出してみよう．

$$\text{事前確率}：P(x_0) = P(x_1) = 0.5$$

$$\text{事前エントロピー}：H(X) = \mathscr{H}_f(0.5) = 1\,\text{bit}$$

$$\text{事後確率（条件付き確率）}：P(x_0\,|\,y_0) = 0.875,\ P(x_1\,|\,y_0) = 0.125$$

$$\text{事後エントロピー}：H(X\,|\,Y) = \mathscr{H}_f(0.875) = \mathscr{H}_f(0.125) = 0.54\,\text{bit}$$

　ここで，事前エントロピー $H(X)$ は実際の 10 円玉の表裏に関するエントロピーであり，これを知っている左側の人が送る情報の情報量となる．一方で，事前の段階での右側の人にとって，この $H(X)$ は表・裏に関するあいまいさに相当する．これに対して事後では，右側の人は情報 Y を受け取っているが，誤りがあるために X についてのあいまいさが完全にはなくならない．すなわち，Y という条件付きの X についてのあいまいさが $H(X\,|\,Y)$ だけ残る．そのあいまいさの量は通信路で失われた情報量

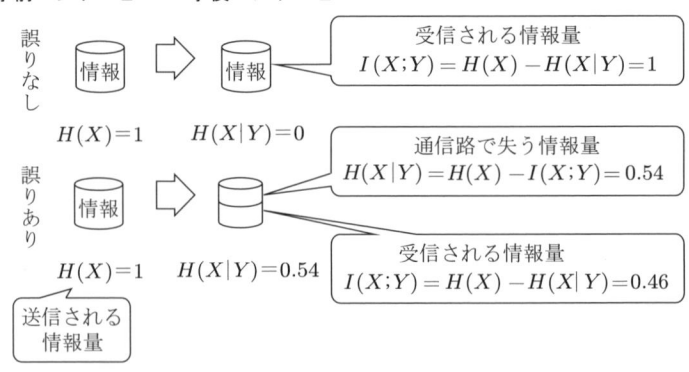

図 4.4　誤りがある場合の事前・事後エントロピーの関係

と考えることができ，この量を表す事後エントロピーは $0.54\,\mathrm{bit}$ となる．事前・事後のエントロピーの差分である $H(X) - H(X\,|\,Y)$ は，誤りがある受信情報 Y によって右側の人が得た実際の表・裏 X に関する情報量となる．この情報量は送った側の情報のうち受けた側に届いた情報の情報量である．すなわちこれは，結果的に送信側と受信側で相互に共有できた相互情報量

$$I(X;Y) = H(X) - H(X\,|\,Y) \tag{4.2}$$

となる．この関係を図 **4.4** に示す．

　相互情報量の本来の考え方は，図 **4.5** (a) のように両者が相互に共有している情報の量であるが，図 (b) のように情報の伝達で得られた情報の量を表すこともできる．

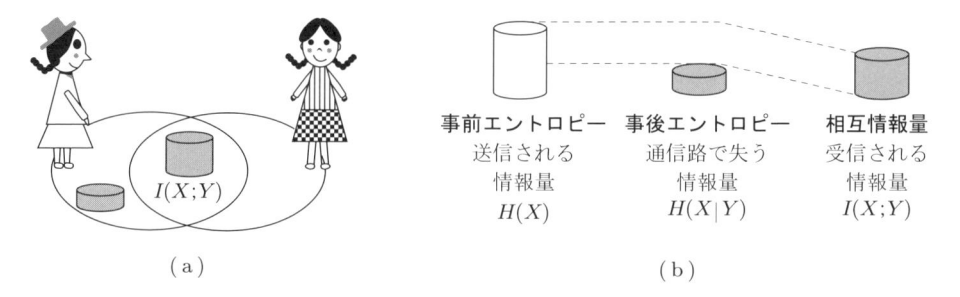

（a）

事前エントロピー　事後エントロピー　相互情報量
送信される　　　通信路で失う　　受信される
情報量　　　　　情報量　　　　情報量
$H(X)$　　　　　$H(X\,|\,Y)$　　　$I(X;Y)$

（b）

図 4.5　事前・事後エントロピーと相互情報量

例題 4.1　図 3.2 の通信路 B に示す二つの記号の生起確率が等しい二元通信路について，誤り率 p と相互情報量 $I(X;Y)$ の関係を求めよ．

解答　二元対称通信路の場合の相互情報量 $I(X;Y)$ の関係は，条件付き確率から次のように求められる．

$$I(X;Y) = H(X) - H(X\,|\,Y)$$

$$H(X) = \mathscr{H}_f(P(x_0)) = \mathscr{H}_f(P(x_1)) = \mathscr{H}_f(0.5) = 1$$

$$H(X\,|\,Y) = \mathscr{H}_f(P(x_0\,|\,y_0)) = \mathscr{H}_f(P(x_1\,|\,y_0)) = \mathscr{H}_f(P(x_0\,|\,y_1)) = \mathscr{H}_f(P(x_1\,|\,y_1))$$

$$= \mathscr{H}_f(p) = -p\log_2 p - (1-p)\log_2(1-p)$$

より，$I(X;Y) = 1 - \mathscr{H}_f(p)$．

　この関係は，図 **4.6** で示されるように，$p=0$ の場合でも $p=1$ の場合でも $I(X;Y)=1$ となり，$p=0.5$ の場合に $I(X;Y)=0$ となる．$p=0$ の場合は誤りなく情報が得られるので，送られた情報すべてが受け取られる．誤り率が 0 から増加するに従って $I(X;Y)$ が小さくなり，得られる情報量が減少することは理解しや

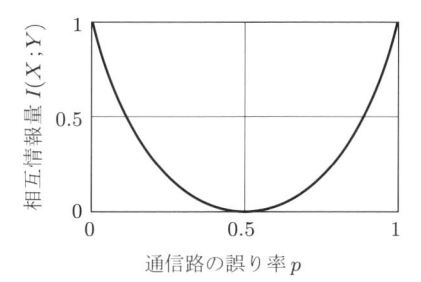

図 4.6　誤り率と相互情報量

> すい．そして，$p=0.5$ の場合は，送られた情報とは関係ないまったくランダムな情報が受信された場合と同じで，$I(X;Y)=0$ となる．一方，$p=1$ の場合でも $I(X;Y)=1$ となる．これは図4.3(c)で説明した写真のネガに相当する．すなわち，すべての点で必ず 0，1 あるいは白黒が反転するものが与えられれば，もとの情報を再現できるのである．

4.3　通信路入出力間の相互情報量

図3.2の通信路 D として例にあげた一般化された二元通信路における入出力間の相互情報量を求める．ここで，符号0が受信される確率 $P(y_0)$ は，0が送信されて誤りなく受信される場合と，1が送信されながら誤りがあり0が受信される場合の2通りがあるため，$P(y_0) = r(1-p) + (1-r)q$ となる．0が送信される確率は $P(x_0) = r$ であり，送信信号のエントロピー $H(X)$ は

$$H(X) = \mathscr{H}_f(P(x_0))$$

受信側のエントロピー $H(Y)$ は

$$H(Y) = \mathscr{H}_f(P(y_0))$$

となる．このことから，送信側のエントロピー $H(X)$ と受信側のエントロピー $H(Y)$ は異なる値となることがわかる．

ここで，この二元通信路のエントロピーについて考える．表4.5 は X, Y の結合確率，条件付き確率を表したものである．結合確率 $P(x_i, y_j)$ を p_{ij} とおいている．ただし，i, j は0または1である．表中で，太線で囲んだ部分の確率を合計すると1となる．

X のエントロピー $H(X)$ は，定義から x_0, x_1 の自己情報量 $-\log_2 P(x_0), -\log_2 P(x_1)$ を確率 $P(x_0)$，$P(x_1)$ で重みを付けた平均であり，

$$\begin{aligned} H(X) &= -\sum_{i=0}^{1} P(x_i) \log_2 P(x_i) \\ &= -P(x_0) \log_2 P(x_0) - P(x_1) \log_2 P(x_1) \end{aligned} \tag{4.3}$$

となる．この考え方をそのまま結合確率 $P(X, Y)$ に適用した結合エントロピー $H(X, Y)$ は

$$\begin{aligned} H(X, Y) &= -\sum_{i=0}^{1} \sum_{j=0}^{1} P(x_i, y_j) \log_2 P(x_i, y_j) \\ &= -P(x_0, y_0) \log_2 P(x_0, y_0) - P(x_1, y_0) \log_2 P(x_1, y_0) \\ &\quad - P(x_0, y_1) \log_2 P(x_0, y_1) - P(x_1, y_1) \log_2 P(x_1, y_1) \end{aligned} \tag{4.4}$$

となる．なお，$\sum_{i=0}^{1} \sum_{j=0}^{1} P(x_i, y_j) = 1$ であり，四つの自己情報量の重み付け平均となっている．

表 4.5 二元通信路の結合確率と条件付き確率

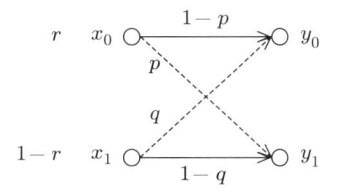

(a) 結合確率 $P(X, Y)$

		Y		
		y_0	y_1	
X	x_0	$P(x_0, y_0) = p_{00} = r(1-p)$	$P(x_0, y_1) = p_{01} = rp$	$P(x_0) = p_{00} + p_{01}$
	x_1	$P(x_1, y_0) = p_{10} = (1-r)q$	$P(x_1, y_1) = p_{11} = (1-r)(1-q)$	$P(x_1) = p_{10} + p_{11}$
		$P(y_0) = p_{00} + p_{10}$	$P(y_1) = p_{01} + p_{11}$	

(b) 条件付き確率 $P(X \mid Y)$

		Y	
		y_0	y_1
X	x_0	$P(x_0 \mid y_0) = \dfrac{p_{00}}{p_{00} + p_{10}}$	$P(x_0 \mid y_1) = \dfrac{p_{01}}{p_{01} + p_{11}}$
	x_1	$P(x_1 \mid y_0) = \dfrac{p_{10}}{p_{00} + p_{10}}$	$P(x_1 \mid y_1) = \dfrac{p_{11}}{p_{01} + p_{11}}$
		$P(y_0) = p_{00} + p_{10}$	$P(y_1) = p_{01} + p_{11}$

　条件付き確率から求められる条件付きエントロピー $H(X \mid Y)$ を考えるために表を見ると，太線で囲んだ部分でそれぞれエントロピーが計算できる．y_0 の条件で，$P(x_0 \mid y_0)$ と $P(x_1 \mid y_0)$ から

$$H(X \mid y_0) = -P(x_0 \mid y_0) \log_2 P(x_0 \mid y_0) - P(x_1 \mid y_0) \log_2 P(x_1 \mid y_0)$$

同様に，

$$H(X \mid y_1) = -P(x_0 \mid y_1) \log_2 P(x_0 \mid y_1) - P(x_1 \mid y_1) \log_2 P(x_1 \mid y_1)$$

となる．この二つのエントロピー $H(X \mid y_0)$，$H(X \mid y_1)$ を確率 $P(y_0)$，$P(y_1)$ で重み付け平均したものが条件付きエントロピー $H(X \mid Y)$ となる．すなわち，次のようになる．

$$\begin{aligned}
H(X \mid Y) &= P(y_0)H(X \mid y_0) + P(y_1)H(X \mid y_1) \\
&= -\sum_{j=0}^{1} P(y_j) \left\{ \sum_{i=0}^{1} P(x_i \mid y_j) \log_2 P(x_i \mid y_j) \right\} \\
&= -\sum_{i=0}^{1} \sum_{j=0}^{1} P(y_j) P(x_i \mid y_j) \log_2 P(x_i \mid y_j)
\end{aligned}$$

$$= -\sum_{i=0}^{1}\sum_{j=0}^{1} P(x_i, y_j) \log_2 P(x_i \,|\, y_j) \tag{4.5}$$

二元通信路入出力間の相互情報量 $I(X;Y)$ は，式 (4.2) の $I(X;Y) = H(X) - H(X\,|\,Y)$ により求めることができる．

例題 4.2　{晴}，{雨} の 2 通りしかない天気予報で，実際の天気 X と予報 Y について考えてみよ．図 **4.7** (a) に示すように予報 {晴} の生起確率が r，{雨} の生起確率が $1-r$ であるのに対して，予報 {晴} であるのに予報が外れる確率を p，予報 {雨} であるのに予報が外れる確率を q とする．天気予報を得た後の実際の天気のエントロピーはいくらか．

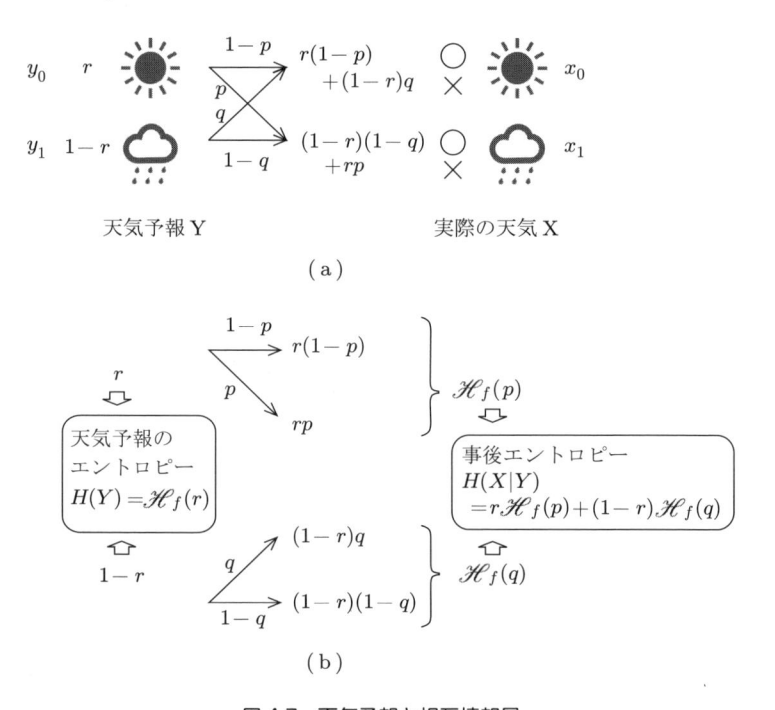

図 4.7　天気予報と相互情報量

解答　天気予報 {晴} の生起確率は r である．

　一方，実際の天気 {晴} の生起確率は，予報が当たり実際に晴れる確率 $r(1-p)$ と，予報は {雨} だったが予報が外れて実際には {晴} である確率 $(1-r)q$ の和である．これを予報が {晴} の場合と {雨} の場合に分けると，図 (b) のようになる．予報が {晴} であるとき，p の確率で誤る．この値をエントロピー関数に代入すると $\mathscr{H}_f(p)$ となる．同様に，予報が {雨} の場合については q の確率で誤るので $\mathscr{H}_f(q)$ となる．これを r，$1-r$ で重み付け平均をとったものが事後エントロピー $H(X\,|\,Y)$ で，次のように表される．

$$H(X \mid Y) = r\mathscr{H}_f(p) + (1-r)\mathscr{H}_f(q) \tag{4.6}$$

これは天気予報 Y を得た後の実際の天気 X に関する事後エントロピーであり，天気予報を得ているという条件付きでの実際の天気の条件付き確率から得られる条件付きエントロピーとして計算できる．

式 (4.6) は $r = P(y_0)$，$p = P(x_1 \mid y_0)$，$q = P(x_0 \mid y_1)$ を代入し，$1 - P(x_1 \mid y_0) = P(x_0 \mid y_0)$，$P(y_0)P(x_1 \mid y_0) = P(x_1, y_0)$ より

$$\begin{aligned}
H(X \mid Y) =& -P(y_0)\{P(x_1 \mid y_0)\log_2 P(x_1 \mid y_0) - (1 - P(x_1 \mid y_0))\log_2(1 - P(x_1 \mid y_0))\} \\
& -P(y_1)\{P(x_0 \mid y_1)\log_2 P(x_0 \mid y_1) - (1 - P(x_0 \mid y_1))\log_2(1 - P(x_0 \mid y_1))\} \\
=& -P(x_1, y_0)\log_2 P(x_1 \mid y_0) - P(x_0, y_0)\log_2 P(x_0 \mid y_0) \\
& -P(x_0, y_1)\log_2 P(x_0 \mid y_1) - P(x_1, y_1)\log_2 P(x_1 \mid y_1)
\end{aligned}$$

となり，式 (4.5) と同じ形となる．

ここで，エントロピー $H(X)$，$H(Y)$，結合エントロピー $H(X, Y)$，条件付きエントロピー $H(X \mid Y)$，$H(Y \mid X)$，相互情報量 $I(X; Y)$ の関係は次式のように求まる．

$$\begin{aligned}
H(X, Y) =& -\sum_{i=0}^{1}\sum_{j=0}^{1} P(x_i, y_j)\log_2 P(x_i, y_j) \\
=& -\sum_{i=0}^{1}\sum_{j=0}^{1} P(x_i, y_j)\log_2\{P(x_i)P(y_j \mid x_i)\} \\
=& -\sum_{i=0}^{1}\sum_{j=0}^{1} P(x_i, y_j)\{\log_2 P(x_i) + \log_2 P(y_j \mid x_i)\} \\
=& -\sum_{i=0}^{1}\sum_{j=0}^{1} P(x_i, y_j)\log_2 P(x_i) - \sum_{i=0}^{1}\sum_{j=0}^{1} P(x_i, y_j)\log_2 P(y_j \mid x_i) \\
=& H(X) + H(Y \mid X) \quad \left(\sum_{j=0}^{1} P(x_i, y_j) = P(x_i) \text{ より}\right)
\end{aligned}$$

これは図 4.8 のように整理できる．

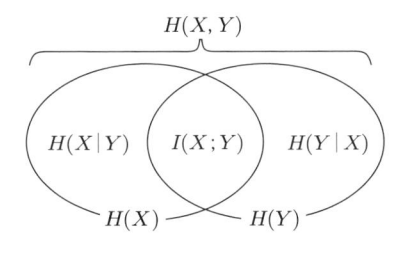

図 4.8　結合・条件付きエントロピーと相互情報量

さらに，記号数を二元にかぎらない範囲まで拡張するために，$\sum$ の添え字の上限を省略すると次のようになる．

$$H(X) = -\sum_i P(x_i) \log_2 P(x_i)$$

$$H(Y) = -\sum_j P(y_j) \log_2 P(y_j)$$

$$H(X,Y) = H(Y,X) = -\sum_j \sum_i P(x_i, y_j) \log_2 P(x_i, y_j)$$

$$= H(X) + H(Y \,|\, X) = H(X \,|\, Y) + I(X;Y) + H(Y \,|\, X)$$

$$H(X \,|\, Y) = -\sum_j \sum_i P(x_i, y_j) \log_2 P(x_i \,|\, y_j)$$

$$H(Y \,|\, X) = -\sum_j \sum_i P(x_i, y_j) \log_2 P(y_j \,|\, x_i)$$

$$I(X;Y) = I(Y;X) = H(X) - H(X \,|\, Y)$$

さらに，図 3.4 に示した多元通信路に拡張する．図のように，通信路入力である送信符号数は n，受信符号数は m として相互情報量を定式化しておく．

$$I(X;Y) = H(X) - H(X \,|\, Y)$$

$$= \sum_{i=1}^{n} \sum_{j=1}^{m} P(x_i, y_j) \log_2 P(x_i \,|\, y_j) - \sum_{i=1}^{n} \sum_{j=1}^{m} P(x_i, y_j) \log_2 P(x_i)$$

$$= \sum_{i=1}^{n} \sum_{j=1}^{m} P(x_i, y_j) \left\{ -\log_2 P(x_i) - (-\log_2 P(x_i \,|\, y_j)) \right\}$$

4.4　通信路容量

　送信される情報量が事前エントロピー $H(X)$ で，誤りがある通信路を介して情報が受信された結果，送受間の相互情報量が $I(X;Y)$ であったとき，$I(X;Y)$ の情報量の情報が通信路を介して伝達されたことになる．この相互情報量は，誤り率などの通信路の特性と，送信される情報のエントロピーによって決まる．一方，通信路そのものがどの程度の情報量を伝達できるかを示す**通信路容量**（channel capacity）を定義するには，送信される情報のエントロピーによらず，通信路のみの特性から求める必要がある．そこで，各記号の生起確率 p_i を変化させたときに最大となる相互情報量を，その通信路の通信路容量 C と定義する．すなわち

$$C = \max_{p_i} I(X;Y) \, [\text{bits}] \tag{4.7}$$

となる．

例題 4.3 図 **4.9** に示す二元通信路の通信路容量を求めよ．

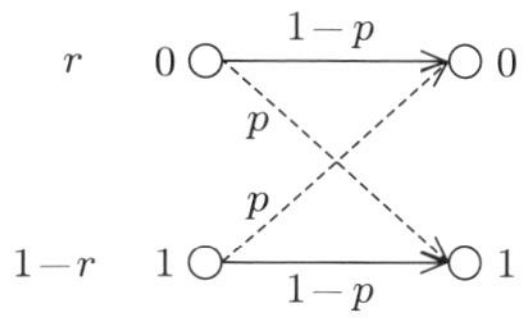

図 4.9

解答 この通信路での相互情報量 $I(X;Y)$ は

$$I(X;Y) = H(X) - H(X\,|\,Y)$$

$$H(X) = \mathscr{H}_f(r)$$

$$\begin{aligned} H(X\,|\,Y) = &-P(0,0)\log_2 P(0\,|\,0) \\ &- P(1,0)\log_2 P(1\,|\,0) \\ &- P(0,1)\log_2 P(0\,|\,1) - P(1,1)\log_2 P(1\,|\,1) \end{aligned}$$

である．ここで，

$$\begin{aligned} H(X\,|\,Y) = &-r(1-p)\log_2 \frac{r(1-p)}{r(1-p)+(1-r)p} \\ &- (1-r)p\log_2 \frac{(1-r)p}{r(1-p)+(1-r)p} \\ &- rp\log_2 \frac{rp}{rp+(1-r)(1-p)} \\ &- (1-r)(1-p)\log_2 \frac{(1-r)(1-p)}{rp+(1-r)(1-p)} \\ = &-r(1-p)\log_2 r(1-p) + r(1-p)\log_2(r-2rp+p) \\ &- (1-r)p\log(1-r)p + (1-r)p\log_2(r-2rp+p) \\ &- rp\log_2(rp) + rp\log_2\{1-(r-2rp+p)\} \\ &- (1-r)(1-p)\log_2(1-r-p+rp) \\ &+ (1-r)(1-p)\log_2\{1-(r-2rp+p)\} \end{aligned}$$

第 2, 4, 6, 8 項の和は，

$$\begin{aligned} &r(1-p)\log_2(r-2rp+p) + (1-r)p\log_2(r-2rp+p) \\ &\quad + rp\log_2\{1-(r-2rp+p)\} + (1-r)(1-p)\log_2\{1-(r-2rp+p)\} \\ &\quad = (r-2rp+p)\log_2(r-2rp+p) \\ &\qquad + \{1-(r-2rp+p)\}\log_2\{1-(r-2rp+p)\} \\ &\quad = -\mathscr{H}_f(r-2rp+p) \end{aligned}$$

第 1, 3, 5, 7 項の和は

$$\begin{aligned} &-r(1-p)\log_2 r - r(1-p)\log_2(1-p) - (1-r)p\log_2 p - (1-r)p\log_2(1-r) \\ &\quad - rp\log_2 r - rp\log_2 p - (1-r)(1-p)\log_2(1-r)(1-p) \\ &\quad = -r\log_2 r - (1-r)\log_2(1-r) - p\log_2 p - (1-p)\log_2(1-p) \\ &\quad = \mathscr{H}_f(r) + \mathscr{H}_f(p) \end{aligned}$$

したがって，

$$I(X;Y) = \mathscr{H}_f(r-2rp+p) - \mathscr{H}_f(p) \tag{4.8}$$

となり，$r = 1/2$ のときに第 1 項は $\mathscr{H}_f(1/2) = 1$ で最大となる．

このことから，通信路容量 C は

$$C = 1 - \mathscr{H}_f(p) \tag{4.9}$$

となる．2元通信路は送信記号の生起確率が 0, 1 それぞれ同確率 1/2 のとき最大の情報を転送でき，この場合の相互情報量が通信路容量 C となる．通信路容量 C は誤り率 p の関数である．誤り率 $p = 0$ のときに $C = 1\,\mathrm{bit}$ となる．p が大きくなるに従って C は小さくなり，$p = 1/2$ のときに $C = 0\,\mathrm{bits}$ となる．

通信路の評価には，単位時間あたりの通信路容量が使われる場合が多い．ここまで説明してきた通信路容量は一つの記号で伝送できる情報量であるが，実際の通信路では記号は時間的に順次送られる．そこで，一つの記号を伝送するのにかかる時間 $\tau\,[\mathrm{s}]$ で割った値 $C/\tau\,[\mathrm{bits/s}]$ が単位時間あたりの通信路容量となる．時間あたりの通信路容量の単位は bps（bits per second の略）とも記述される．

━━━━━━ 演　習　問　題 ━━━━━━

4.1　演習問題 2.2 で例にあげたチーム X とチーム Y はこれまで 256 試合行っており，チーム X は 128 勝 100 敗 28 引き分けである．演習問題 2.2 ではチーム X，チーム Y の勝敗に関するエントロピー $H(X)$, $H(Y)$ を求めたが，ここでは，相互情報量 $I(X;Y)$ を求めよ．また，相互情報量がその値になる理由を文章で説明せよ．

4.2　X, Y に対して $P(X,Y)$ が**表 4.6** のとおりであるとき，$H(X)$, $H(Y)$, $H(X,Y)$, $H(X\,|\,Y)$, $H(Y\,|\,X)$, $I(X;Y)$ を求めよ．

表 4.6

Y ＼ X	1	2
1	1/8	1/8
2	1/8	1/8
3	1/4	1/4

4.3　実際の天気 X が晴れである事象を x_0，雨である事象を x_1，天気予報 Y が晴れである事象を y_0，雨である事象を y_1 とするとき，**表 4.7** の (1), (2) を埋めよ．また，(3) 実際の天気

表 4.7

		実際の天気 X		
		x_0（晴）	x_1（雨）	
天気予報 Y	y_0（晴）	$p(x_0, y_0) = 1/2$	$p(x_1, y_0) = 1/16$	$p(y_0) = 9/16$
	y_1（雨）	$p(x_0, y_1) = 1/8$	$p(x_1, y_1) = 5/16$	$p(y_1) = 7/16$
		$p(x_0) = 5/8$	$p(x_1) = \boxed{(1)}$	

		実際の天気 X	
		x_0（晴）	x_1（雨）
天気予報 Y	y_0（晴）	$p(x_0\,|\,y_0) = \boxed{(2)}$	$p(x_1\,|\,y_0) = 1/9$
	y_1（雨）	$p(x_0\,|\,y_1) = 2/7$	$p(x_1\,|\,y_1) = 5/7$

のエントロピー $H(X)$, (4) 天気予報のエントロピー $H(Y)$, (5) 天気予報が晴れ y_0 の場合の実際の天気のエントロピー $H(X\,|\,y_0)$, (6) 事後エントロピー $H(X\,|\,Y)$, (7) 実際の天気と天気予報の相互情報量 $I(X;Y)$ をそれぞれ求めよ.

4.4 実際の天気 X において, 0.7 の確率で晴れ, 0.3 の確率で雨が降ったとする. これに対して, 必ず当たる天気予報 Y とまったく情報が得られない天気予報 Z を考える. 結合確率, 条件付き確率について表 **4.8** の空欄を埋めよ. さらに, 実際の天気 X の情報量 $H(X)$, 相互情報量 $I(X;Y)$, $I(X;Z)$ を求めよ.

表 4.8

$P(X,Y)$	y_0(晴)	y_1(雨)
x_0(晴)		
x_1(雨)		

$P(X,Z)$	z_0(晴)	z_1(雨)
x_0(晴)		
x_1(雨)		

$H(X)=$
$I(X;Y)=$
$I(X;Z)=$

$P(X\,|\,Y)$	y_0(晴)	y_1(雨)
x_0(晴)		
x_1(雨)		

$P(X\,|\,Z)$	z_0(晴)	z_1(雨)
x_0(晴)		
x_1(雨)		

第 5 講　記憶のある情報源

　　毎日の天気やコイン投げの試行結果など，ある種の情報は繰り返し発生する．その際に，コイン投げは前後の試行に関係なく毎回 1/2 の確率で表裏が決まる．ところが，天気についてはある日が雨であればその翌日は雨である確率が高くなる．このように，一つひとつの情報源記号の間に相関がある情報を，記憶のある情報源とよぶ．この場合，ある事象とその次の事象がたがいに独立でないため，それら複数の記号をまとめた記号の生起確率は個々の記号の結合確率と一致せず，条件付き確率で表す必要がある．本講では，記憶のある情報源をモデル化したマルコフ過程について説明し，複数の試行をまとめた記号のエントロピーを試行数で割ったエントロピーレートを紹介する．

5.1　記号間の相関

　　ここまでは一つひとつの事象についての情報量を検討してきた．コインが {表} か {裏} か，天気が {晴} か {雨} か，その発生確率が 50% ずつであればその 1 回の試行結果についての情報量は 1 bit である．では，試行が連続して行われたとき，2 回以上の試行結果に関する情報量はどうなるであろうか．

　　表 5.1 (a) のように 10 円玉を連続して投げる試行を考えよう．n 回投げ，その裏表を並べれば 2^n 個の結果があり得て，それぞれの生起確率はすべて等しく 2^{-n} となる．したがって，n 回分の裏表の情報量はエントロピー $H(X)$ として次のように表される．

$$H(X) = -\log_2 2^{-n} = n$$

表 5.1　連続する試行と結果の独立性

	試行 1	試行 2	試行 3	試行 4　…
(a)				
	10月25日	10月26日	10月27日	10月28日
(b)				

このように，n 回の試行結果は $n\,[\text{bits}]$ の符号で示すことができる．ただし，1 回の試行結果の情報量 I に対して，n 回の試行結果の情報量が nI であるのは，このコイン投げのようにそれぞれの試行結果が独立で，前回の表・裏が次の表・裏にまったく影響を与えない場合である．独立でない場合には，「2^n 個の結果があり得て，それぞれの生起確率はすべて等しく 2^{-n}」という条件が成り立たない．

たとえば，表 (b) の天気の場合について考えよう．1 年 366 日のうち 183 日が晴れで 183 日が雨であったとしよう．ランダムに選んだある日の天気が雨である確率は 50% となる．したがって，ある 1 日の天気の情報量，エントロピーは 1 bit である．しかし，連続する 2 日の天気はどうであろうか．季節や気圧配置のため，晴れや雨の日は連続する傾向がある．したがって，前日の天気は翌日の天気に影響する．この 2 日の天気は独立ではない．10 円玉の表裏では $P(\text{表},\text{表})$，$P(\text{表},\text{裏})$，$P(\text{裏},\text{表})$，$P(\text{裏},\text{裏})$ はすべて 25% であるが，$P(\text{晴},\text{晴})$，$P(\text{雨},\text{雨})$ は $P(\text{晴},\text{雨})$，$P(\text{雨},\text{晴})$ より大きくなる．確率に偏りが生じればエントロピーは小さくなる．これは連続する n 日間の天気についても同様で，ある 1 日の天気の情報量 I であったとしても，n 日分の天気の情報量は nI より小さくなる．

このように記号間の相関がある情報を「**記憶のある情報源**」「**マルコフ情報源**（Markov information source）」とよぶ．

5.2 マルコフ過程

同じ試行を連続的に繰り返すことを考える．第 i 回目の試行の結果を 0 または 1 に符号化したものを x_i とする．記憶のある情報源は，x_{i-1} が 0 か 1 かで $P(x_i)$ が変わるのが特徴である．このように時間とともに変化する確率変数をもつ確率過程のうち，一つ前の情報のみに影響を受けるものを**マルコフ過程**とよぶ．1 日ごとの天気の生起確率が前日の天気によって変わる様子を例に，この状態の変化を**図 5.1** の状態遷移図で表す．ここで，丸で示された二つの状態がある．状態 0 は一つ前の x_{i-1} が 0 であった状態であり，状態 1 は x_{i-1} が 1 であった状態である．各状態によって $P(x_i)$ が違う．単純な例で考えてみよう．

晴れの翌日は 90% の確率で晴れ，雨の翌日は 90% で雨だとしよう．晴れを 0，雨を 1 と

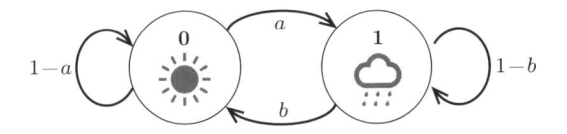

図 5.1　マルコフ過程の状態遷移図

符号化する．$x_{i-1}=0$ の状態では $P(x_i=0\,|\,x_{i-1}=0)=0.9$, $P(x_i=1\,|\,x_{i-1}=0)=0.1$ となり，$x_{i-1}=1$ の状態では $P(x_i=0\,|\,x_{i-1}=1)=0.1$, $P(x_i=1\,|\,x_{i-1}=1)=0.9$ と条件付き確率で表すことができる．したがって，状態 0 においては $a=P(x_i=1\,|\,x_{i-1}=0)=0.1$ の確率で状態 1 に遷移し，$1-a=P(x_i=0\,|\,x_{i-1}=0)=0.9$ の確率で状態 0 のままとなる．この遷移の確率が状態遷移の矢印に示されている．

さて，ランダムにある日 i を見たとき，この前日が晴れであったか雨であったか，すなわち状態 s_i が 0 か 1 であるかの確率を $P(s_i)$ とすると，$P(s_i=0)=P(x_{i-1}=0)$, $P(s_i=1)=P(x_{i-1}=1)$ となる．前日の天気 x_{i-1} がわからない場合では，どの日についてもどちらの状態であるかの確率は変わらず $P(s_i)=P(s_{i-1})$ となる．ここで，$P(s_i=0)=P(s_{i-1}=0)=w$ とおく．

$s_i=0$ であるのは，$s_{i-1}=0$ で前日が $x_{i-1}=0$ であった場合と $s_{i-1}=1$ で前日が $x_{i-1}=0$ であった場合があるので，$P(s_i=0)=(1-a)w+b(1-w)=w$ となる．このことから

$$P(s_i=0)=w=\frac{b}{a+b}$$
$$P(s_i=1)=1-w=\frac{a}{a+b}$$

(5.1)

となる．たとえば，晴れの翌日は 90% で晴れ，雨の翌日は 90% で雨という例では，無作為（ランダム）に選んだある日が晴れである確率 $P(x_i=0)=P(x_{i-1}=0)$ は $a=b=0.1$ より，$P(s_i=0)=b/(a+b)=0.5$ となる．

例題 5.1　図 5.1 に示す天気に関するマルコフ過程を考える．状態遷移する確率がそれぞれ $a=0.3$, $b=0.35$ であるとき，カレンダー上から無作為に選んだ独立な 2 日の天気および連続する 2 日の天気についての全事象 {晴晴, 晴雨, 雨晴, 雨雨} それぞれの生起確率を求めよ．

解答　状態が晴れとなる確率は $s=b/(a+b)=0.54$ である．この値を用いると，それぞれの生起確率は**表 5.2** のようになる．独立な 2 日の全事象を $\{u_1, u_2, u_3, u_4\}$，連続する 2 日の全事象を $\{v_1, v_2, v_3, v_4\}$ とおいている．u_i は s のみの関数であり，v_i は s, a, b の関数となる．

表 5.2

(a) 独立な 2 日

	1 日目	2 日目	生起確率
u_1	晴：s	晴：s	$s^2=0.29$
u_2	晴：s	雨：$1-s$	$s(1-s)=0.25$
u_3	雨：$1-s$	晴：s	$s(1-s)=0.25$
u_4	雨：$1-s$	雨：$1-s$	$(1-s)^2=0.21$

(b) 連続する 2 日

	1 日目	2 日目	生起確率
v_1	晴：s	晴：$1-a$	$s(1-a)=0.38$
v_2	晴：s	雨：a	$sa=0.16$
v_3	雨：$1-s$	晴：b	$(1-s)b=0.16$
v_4	雨：$1-s$	雨：$1-b$	$(1-s)(1-b)=0.30$

5.3 エントロピーレート

　次に，5.2節で示した90%の確率で翌日も同じ天気が続く例について，図**5.2**(a)のように連続する2日の天気のエントロピーについて考える．無作為に選んだ日の天気の確率は $P(x_i = 0) = P(x_i = 1) = 0.5$ であるが，翌日は前日の天気の影響を受けるため，2日を通した天気に対応する記号は4個あり，それぞれは結合確率で次のように表される．

$$P(x_{i-1} = 0,\ x_i = 1) = P(x_{i-1} = 1,\ x_i = 0) = 0.5 \times 0.1 = 0.05$$
$$P(x_{i-1} = 0,\ x_i = 0) = P(x_{i-1} = 1,\ x_i = 1) = 0.5 \times 0.9 = 0.45$$

それぞれの確率から得られる自己情報量は，次のようになる．

$$I(x_{i-1} = 0,\ x_i = 1) = I(x_{i-1} = 1,\ x_i = 0) = -\log_2 0.05 = 4.32 > 2$$
$$I(x_{i-1} = 0,\ x_i = 0) = I(x_{i-1} = 1,\ x_i = 1) = -\log_2 0.45 = 1.15 < 2$$

ここで，エントロピーは自己情報量の重み付け平均であるので，

$$H(X_{i-1}, X_i) = 2 \times (0.05 \times 4.32 + 0.45 \times 1.15) = 1.47$$

となり，これは2 bitsで示される2日分の天気を1記号としているので，1日あたりで考えると

$$\frac{H(X_{i-1}, X_i)}{2} = 0.73 < 1$$

となる．

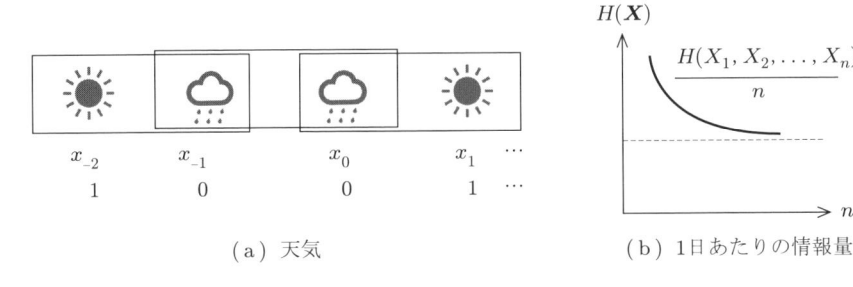

(a) 天気　　　　　　(b) 1日あたりの情報量

図5.2　エントロピーレート

　同様に，3日分なら

$$H(X_{i-2}, X_{i-1}, X_i) = 1.94, \quad \frac{H(X_{i-2}, X_{i-1}, X_i)}{3} = 0.65$$

となり，日数が増えるに従って1日あたりの情報量は図(b)のように小さくなる．

　それでは，この値はどこまで小さくなるか考えてみる．そこで，日数を十分長くした場合として

$$H(\boldsymbol{X}) = \lim_{n \to \infty} \frac{1}{n} H(X_1, X_2, \ldots, X_n) \tag{5.2}$$

を考える．これは1記号における試行数を増加させたときの1試行あたりのエントロピーの漸近値であり，**エントロピーレート** (entropy rate) とよばれる．ここで，$H(X,Y) = H(X) + H(Y \mid X)$ より

$$H(X_1, X_2, \ldots, X_n) = H(X_1, X_2, \ldots, X_{n-1}) + H(X_n \mid X_1, X_2, \ldots, X_{n-1})$$
$$= H(X_1) + H(X_2 \mid X_1) + H(X_3 \mid X_1, X_2) + \cdots$$
$$+ H(X_n \mid X_1, X_2, \ldots, X_{n-1})$$

であり，マルコフ過程の定義から一つ前にのみ影響を受けるため，

$$H(X_n \mid X_1, X_2, \ldots, X_{n-1}) = H(X_n \mid X_{n-1})$$

となる．これは n の値によらず，

$$H(X_{i+1} \mid X_i) = H(X_2 \mid X_1) \quad (i = 1, 2, \ldots, n)$$

となり，

$$H(X_1, X_2, \ldots, X_n) = H(X_1) + (n-1) H(X_2 \mid X_1)$$

となる．したがって

$$H(\boldsymbol{X}) = \lim_{n \to \infty} \left\{ \frac{1}{n} H(X_1) + \frac{n-1}{n} H(X_2 \mid X_1) \right\}$$
$$= H(X_2 \mid X_1) \tag{5.3}$$

すなわち，エントロピーレートは条件付きエントロピーとなることがわかる．

=========== 演 習 問 題 ===========

5.1　最初に箱の中に3枚のくじがあり，1枚がアタリで○と書かれ，2枚はハズレで×が書かれている．箱の中には常に○×2種類のくじがあるようにし，そうでなくなった場合のみ最初の状態に戻す．したがって，順番にくじを引いていくが，最初の状態から○が出た場合にはそのくじを箱に戻してから，×が出た場合には残りの2枚のままで，次の人の順番になる．また，2枚のうちから1枚を引いたら，最初の3枚の状態に戻してから次の順番になる．このくじに関しての状態遷移図，くじのエントロピーを求めよ．また，順番を選べないとした場合に，アタリのくじを引く確率はいくらか．

5.2　二つの偏りのある（表・裏の確率が等しくない）コイン X, Y を投げるとき，それぞれ以下の生起確率であるとする．

$$p(X = 表) = x, \quad p(X = 裏) = 1 - x, \quad p(Y = 表) = \frac{1}{3}, \quad p(Y = 裏) = \frac{2}{3}$$

最初にコイン X を投げる．表が出たら次にコイン X を投げ，裏が出たらコイン Y を投げることとする．同様に，コイン Y を投げたとき，表が出たら次にコイン Y を投げ，裏が

出たらコイン X を投げることとし，これを繰り返す．

(1) この場合の状態遷移図を書け．

(2) 第 i 回目のコインが表になる確率を $p_i(\text{表})$ とするとき，$p_i(\text{表}) = p_{i-1}(\text{表})$ となるための x を理由とともに示せ．

5.3　図 **5.3** に示す天気に関する状態遷移図について，以下に答えよ．

(1) ある日が状態 0（晴れ）となる確率 w を求めよ．

(2) w から求まるエントロピー $H(X)$ を求めよ．

(3)「独立な 2 日」の天気のエントロピー $H_2(X)$ を求めよ．

(4) ある日が晴れで翌日が雨となる確率を $p(0,1)$ とするとき，$p(0,0)$，$p(0,1)$，$p(1,0)$，$p(1,1)$ を求めよ．

(5)「連続の 2 日」の天気のエントロピー $H(X_1, X_2)$ を求めよ．

(6) ある日が晴れという条件付きで翌日雨となる確率を $p(1|0)$ とするとき，$p(0|0)$，$p(1|0)$，$p(0|1)$，$p(1|1)$ を求めよ．

(7) 条件付きエントロピー $H(X_2 | X_1)$ を求めよ．

(8) エントロピーレート $H(\boldsymbol{X})$ を求めよ．

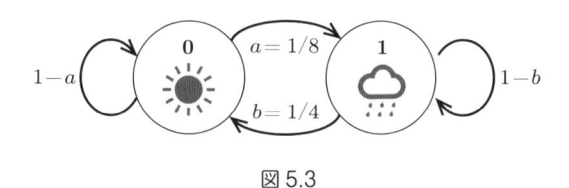

図 5.3

5.4　状態遷移図が図 **5.4** のよう示される記憶のある情報源がある．状態は A，B，C の三つである．$P(Y|X)$ は状態 X から状態 Y に遷移する確率である．このとき，任意に選択された状態が A となる確率 $P(A)$ はいくらか．

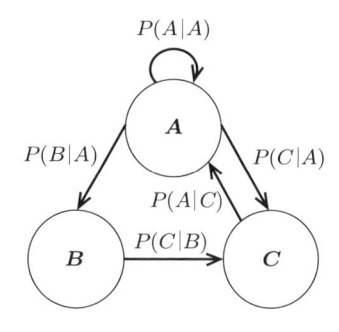

図 5.4

第 6 講　情報源符号化

　前講までに，ある情報源についてその平均情報量・エントロピーと，これを符号化する際の平均符号長の関係を示した．本講では，具体的にどのように符号化するかについて考える．情報源を符号化することを情報源符号化とよぶ．まず，この符号の条件を確認する．繰り返し試行の結果を順次情報源符号化する場合，符号が続く．それでも受信後ただちに正しく復号できるためには，一意復号性や瞬時性といった性質が必要になる．この性質のある符号であるかを確認するために，符号の木を用いる．また，同じ記号を送るために必要な符号のビット数はできるだけ短いほうが効率的である．そこで，上記の条件を満たしたうえでもっとも効率のよい符号を得るハフマン符号について紹介する．

6.1　効率的な符号

　ここまでは情報量について考えてきたが，次に情報の伝達について考えよう．ただし，すべての情報を符号化して伝達することを前提とする．そのうえで，どのような符号がよい符号で，これをどのように実現するかが問題となる．

　図 **6.1** のような白黒写真（二値画像）の場合，これを細かく見ると白または黒の並びとして扱うことができる．ここで白を 0，黒を 1 に対応させれば，1 枚の写真はデジタルデータに変換できる．1 枚の写真を細かく分けるほど，受け手側ではきれいな写真を複製することができる．そのためには，より多くのデジタルデータが必要となる．

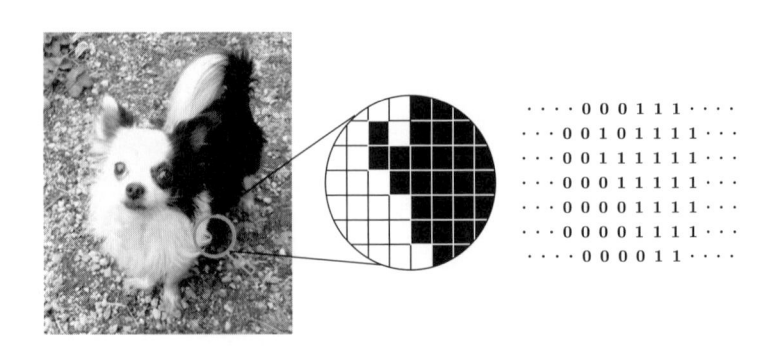

図 6.1　白黒写真の例

たとえば，n 個の白または黒の画素でできた白黒写真は 2^n 通りあり得るため，n [bits] のデジタルデータで表すことができる．しかし，人が送る確率の高い画像には特徴があり，その特徴をとらえれば情報量を小さくし，少ないビット数のデジタルデータで情報を伝えることができる．同様に，同じビット数でたくさんの文字数の文章，あるいはより細分化されたきれいな音声や動画像などを送ることが可能となる．

たとえば，図 6.1 の場合，犬の背中全体が黒くなっており，黒い画素の隣の画素は黒である確率が高いなどの特徴がある．これは多くの画像で起こるもので，一つひとつの画素を一つの記号ととらえると，前講で紹介した記号間の相関が周辺画素間にあり，その分情報量が小さくなっていると考えられる．可変長符号を用いれば，稀にある白黒の連続性が低い画像では多くのビット数を使うが，全体としては少ないビット数で足りることになる．

このように，情報源符号化では情報源が何であるかによって，0，1 の生起確率や記号間の相関は異なるため，その性質によって適当な符号は異なる．たとえば，音声に適した符号や文字列（テキスト）に適した符号，静止画あるいは動画に適した符号は異なり，それぞれについて符号が研究開発されている．さらに，符号化する側と復号する側が同じ符号を用いる必要があり，世界的に共通のものを用いるために標準化機関により標準方式が定められている．静止画の JPEG や動画の MPEG などがその代表例である．

6.2　符号の条件

効率的な符号を考える前に，使用可能である符号の条件について検討する．まず，図 2.6 に示す三つの記号 A（表裏）が 50%，B（表表）が 25%，C（裏裏）が 25% となる 2 枚の 10 円玉を例にとろう．ここでは，平均符号長が 1.5 bits となるように A (0)，B (10)，C (11) と符号化した．ただし同じビット数でも，A (0)，B (00)，C (11) では符号として使うことができない．なぜなら，00 が B (00) が 1 回なのか A (0) が 2 回続いたのかは区別がつかないためである．すなわち，情報と符号が一対一対応になっていないのである．このように，符号化方法として適さないものがある．

表 6.1 に A，B，C，D の四つの記号に対する符号の例 C_1，C_2，C_3，C_4，C_5 を示す．C_1 は等長符号であり，そのほかは可変長符号である．符号としての条件として，以下の三つを挙げる．

- 一意復号性がある
- 瞬時性がある
- 平均符号長が短い

このうち**一意復号性**は，符号に対応する記号が一つしかないという性質であり，復号

表6.1　符号の一意復号性と瞬時性

		符号				
		C_1	C_2	C_3	C_4	C_5
情報源記号	A	00	0	0	0	0
	B	01	10	10	01	01
	C	10	110	110	011	10
	D	11	1110	111	111	11
一意復号性		可能				不可
瞬時性		瞬時			非瞬時	

側で送信側が送ろうとした記号を得るためには必須の条件である．たとえば，符号 C_5 で 0110 を受信した場合，これが ADA $(0, 11, 0)$ であるか BC $(01, 10)$ であるか確定できない．このような符号は使用できない．

瞬時性とは，符号を受け取った段階でそれまでの符号に対応する記号が確定する性質である．一意復号性があっても瞬時性がない場合には，符号を受け取った段階で，それまでの符号に対応する記号が確定できない場合がある．ただし，以降の符号が得られれば一意復号性により記号が確定する．たとえば，符号 C_4 で $0111111\cdots$ を得て，さらに符号が続いている場合，この段階で最初の 0 を含む符号を確定できない．$01111110\cdots$ と次に 0 が続く場合には，ADD $(0, 111, 111, 0\cdots)$ と確定する．しかし，$01111111\cdots$ と 1 が続いた場合は，ADD $(0, 111, 111, 1\cdots)$，BDD $(01, 111, 111\cdots)$，CDD $(011, 111, 11\cdots)$ のいずれか確定しない．このように，瞬時性がない符号も実際の使用に適さない．これに対して，符号 C_1，C_2，C_3 は一意復号性と瞬時性をもつ符号である．C_1 は等長符号であり，一つの記号に対応する各符号が 2 bits ごとに終了する．C_2 はコンマ符号とよばれる．各記号がすべて 0 で終わることにより，これが符号を区切るコンマ（句読点）の役割をしている．C_3 は C_2 の (1110) が (111) になったものだが，111 の段階で符号が確定する．C_3 は C_2 より平均符号長が短くなる．

6.3　符号の木

次に，各符号が一意復号性と瞬時性をもつ符号であるか確かめる方法について説明する．**図6.2**は，この確認をするための**符号の木**とよばれるものである．

すべての符号の木には左端に根がある．ここから 0 と 1 の枝が分岐する．最初の 2 本の枝は各符号の 1 ビット目が 0 のものと 1 のものとの場合があるので，それぞれに対応させる．枝の先を節として●をつける．ここから 2 ビット目が続く場合には，さらに枝を伸ばす．2 ビット目に 0 のものと 1 のものがあれば，節から 2 本の枝に分か

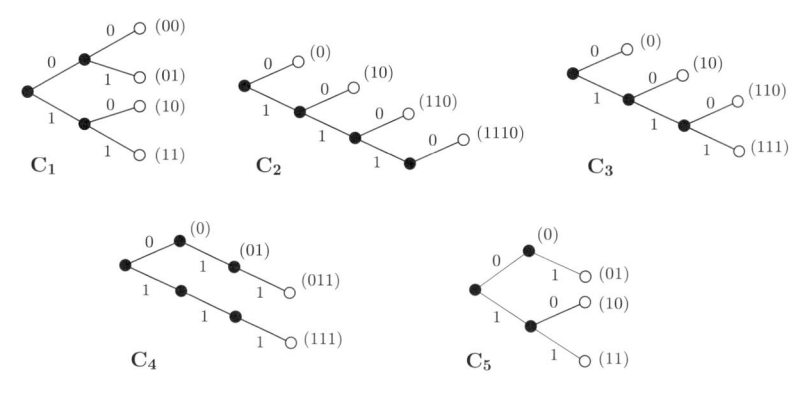

図 6.2　符号の木

れる．これを繰り返し，これ以上枝が伸びることがない場合は○をつけて，これを葉とよぶ．また，各符号が終わった節または葉にその符号を括弧つきで記す．

　このとき，C_1，C_2，C_3 のように 4 個すべての符号が葉に記されている場合には一意復号性と瞬時性がある符号となる．一方，C_4，C_5 のようにいくつかの符号が節に記されている場合には，瞬時性のない符号となる．たとえば，C_4 の場合で最初の枝 0 の先にある節で符号 (0) が記されているが，合わせてその節から枝が伸びてその先に符号 (01) と (011) がある．このため，符号 (0) があってその符号が終わっていても，その時点でこれが (0) の終わりなのか，(01) や (011) の途中なのかの判断ができないため，瞬時性がないことがわかる．

例題 6.1　図 2.6 の 2 枚の 10 円玉の例で，三つの記号を A(0)，B(10)，C(11) および A(0)，B(00)，C(11) と符号化した場合の符号の木を示せ．

解答　符号の木を図 **6.3** に示す．A, B, C の記号に対して，図のように符号 A(0)，B(10)，C(11) の場合には各符号は葉に記されているが，符号 A(0)，B(00)，C(11) の場合には符号 A(0) が節に記されているため，符号に適さないことがわかる．

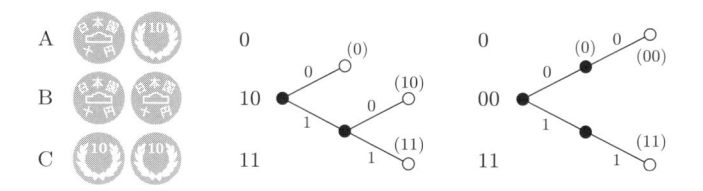

図 6.3　3 記号の場合の符号の木

6.4　生起確率と平均符号長

　ここまで述べた一意復号性のある符号のなかでは，平均符号長が短い符号が，同じ情報をより少ないビット数で符号化できる効率のよい符号となる．平均符号長 L は，N 個ある符号のうち符号 i の符号長 L_i を生起確率 p_i で重み付けした平均であり，次式で示すことができる．

$$L = \sum_{i=1}^{N} p_i L_i \tag{6.1}$$

　この式から，各記号の生起確率によって，平均符号長が異なることがわかる．**表 6.2** の例で見てみよう．C_2 と C_3 は記号 D に対する符号のみ異なり，C_3 が C_2 より短く，ほかが同じであるため，$p_D = 0$ でなければ，生起確率にかかわらず C_3 の平均符号長は C_2 より短くなる．

表 6.2　生起確率と平均符号長

		符号		
		C_1	C_2	C_3
情報源記号	A	00	0	0
	B	01	10	10
	C	10	110	110
	D	11	1110	111
L	$p_A = 0.55,\ p_B = 0.3,$ $p_C = 0.1,\ p_D = 0.05$	2	1.65	1.6
	$p_A = p_B = p_C =$ $p_D = 0.25$	2	2.5	2.25

　表で $p_A = p_B = p_C = p_D = 0.25$ のようにすべての記号の生起確率が等しい場合には，C_1 のような等長符号の平均符号長がもっとも短くなる．これに対して，生起確率が各記号で異なる場合には，生起確率の高い記号に短い符号，低い記号に長い符号を与える可変長符号化することで，平均符号長を短くすることができる．表の例の上側のような各記号の生起確率では，C_1 の場合の平均符号長が $2\,\mathrm{bits}$ であるのに対して，C_3 の場合には $1.6\,\mathrm{bits}$ と短くなっている．

6.5　符号長の短縮限界

　それでは，全事象の生起確率が決まっているときに各記号を最適な符号で符号化した場合，平均符号長 L はどこまで短くできるであろうか．これは，エントロピー H を用いて次式の範囲内まで短くできることが知られている．

$$H \leqq L < H + 1 \text{ [bits]} \tag{6.2}$$

この条件を満たし，ほかのどんな符号より平均符号長が長くない符号を**コンパクト符号**（compact code）とよぶ．生起確率 p が大きく自己情報量 I の小さい記号には，I に近い短い整数の符号長の符号を対応させればよい．その平均符号長 L は，自己情報量 I の平均であるエントロピー H に近い値にすることができる．符号 i の符号長 L_i はその符号の自己情報量 I_i より大きく，整数であることから，$I_i \leqq L_i < I_i + 1$ とすることができる．$L = H$ となるのはすべて記号の自己情報量 I_i が整数の場合となる．また，符号化の効率 e を次式で定義する．

$$e = \frac{H}{L} \tag{6.3}$$

たとえば，2枚の10円玉でA（表裏）が50％，B（表表）が25％，C（裏裏）が25％の例では，符号を記号Aに(0)，記号Bに(10)，記号Cに(11)を対応させると

$$H = -0.5 \log_2 0.5 - 0.25 \log_2 0.25 - 0.25 \log_2 0.25 = 1.5$$

$$L = 0.5 \times 1 + 0.25 \times 2 + 0.25 \times 2 = 1.5$$

となる．このように，それぞれの記号の生起確率 p_i が $p_i = 2^{-m}$（m は整数）となる場合，$L_i = m$ とすることで $L = H$ を満たし，$e = 100\%$ となる．

6.6 ハフマン符号

次に，コンパクト符号のつくり方として**ハフマン符号**（Huffman code）を紹介する．前提として，すべての記号の生起確率が与えられているものとする．つくり方は符号の木を逆につくっていき，その際に，それぞれ節から先の生起確率ができるだけ等しくなるようにする．具体例を示す．

記号A，B，C，Dの生起確率が $p_A = 0.55$，$p_B = 0.3$，$p_C = 0.1$，$p_D = 0.05$ の場合，まず左に各記号と生起確率とともに葉の印として○を書く．次に，すべての記号の生起確率のなかでもっとも小さい二つを結び，節の印として●を書くとともに，その節に対応する確率として節が結んだ葉の確率の和を書く．このとき，節から別れる枝にそれぞれ0，1を対応させる．図**6.4**の例では，生起確率の小さい記号CとDが結ばれ，その節の確率は $p_C + p_D$ の値0.15となる．次に，まだ結ばれていない葉と節のなかで同様に繰り返す．図の例では，葉A（$p_A = 0.55$）と葉B（$p_B = 0.3$），CとDを結んだ節CD（$p_C + p_D = 0.15$）のなかから確率の小さい葉Bと節CDを結ぶ．この繰返しにより最終的に一つの節にまとまり，すべての枝に0，1が対応したら，最後の節から逆順に各記号までを結ぶ枝の0，1がその記号に対応する符号となる．図では，A, B, C, Dに符号長1, 2, 3, 3の符号を割り当てるハフマン符号が得られる．

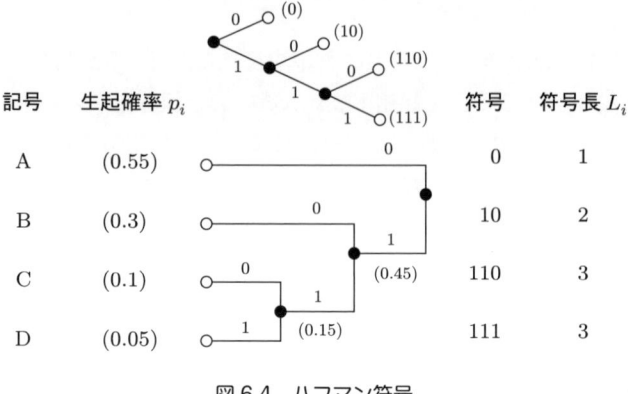

図6.4　ハフマン符号

　この例では，エントロピー H と平均符号長 L はそれぞれ次のようになり，$H \leqq L <$ $H+1$ を満たす.

$$H = -\sum_{i=1}^{4} p_i \log_2 p_i = 1.54$$

$$L = \sum_{i=1}^{4} p_i L_i = 1.6$$

6.7　ハフマンブロック符号

　すでに述べたように，各記号の生起確率 $p_i = 2^{-m}$（m は整数）となる場合，$L_i = m$ とすることで $L = H$ を満たし，$e = 100\%$ となる例となる. このように，符号の効率 e は各記号の確率 p_i が 2^{-m}（m は整数）に近いほど高くできる. たとえば，二つの記号 A，B があり，それぞれの確率が $p_A = p_B = 0.5$ のとき，エントロピーは $H = 1$ である. 記号 A，B にそれぞれ符号 0，1 を割り当てれば平均符号長は $L = 1$ となり，符号化の効率は $e = H/L = 1$ となる. これに対して，記号 A，B の確率に偏りがある場合，効率は低下する. たとえば，$p_A = 0.9$，$p_B = 0.1$ のとき，エントロピーは

$$H = -0.9\log_2 0.9 - 0.1\log_2 0.1 = 0.469$$

となる. 二つの記号にそれぞれ符号 0，1 を割り当てることになるので平均符号長は $L = 1$ となり，$e = 0.469$ と低くなる.

　このような記号に対して同じ試行を複数回繰り返す場合に，効率を向上させる方法として**ハフマンブロック符号**が知られている. これは，複数回の試行結果をブロックとしてまとめて一つの記号として扱うことにより，ハフマン符号化した際の効率を向上させる手法である.

$p_A = 0.9$, $p_B = 0.1$ で二つの記号をブロック化した例を示す．ブロック化された記号は AA，AB，BA，BB となり，それぞれの生起確率は $p_{AA} = 0.81$，$p_{AB} = p_{BA} = 0.09$，$p_{BB} = 0.01$ となる．この 4 記号に対して前述のハフマン符号化を適用すると，**図 6.5** のように，各記号にそれぞれ符号長 $L_{AA} = 1$，$L_{AB} = 2$，$L_{BA} = 3$，$L_{BB} = 3$ の符号を割り当てることにより，ブロックの平均符号長 L_2 は

$$L_2 = 0.81 \times 1 + 0.09 \times 2 + 0.09 \times 3 + 0.01 \times 3 = 1.29 \, \text{bits}$$

となる．これは，AA，AB，BA，BB としてブロック化した記号あたりの符号長である．これをブロック化する前の記号 A，B に関して考えると，平均符号長 L は

$$L = \frac{L_2}{2} = 0.645 \, \text{bit}$$

となり，ブロック化しなかった場合の平均符号長 1 に比べて短くできる．符号化の効率で比較すると，ハフマン符号化による効率 $e = 0.469$ に対して，2 記号をブロック化したハフマンブロック符号の効率 e_2 は

$$e_2 = \frac{L}{H} = \frac{0.469}{0.645} = 0.727$$

と向上する．

同様に，ブロック化する記号を増やせば効率は向上し，効率も 1 に近づけることができる．

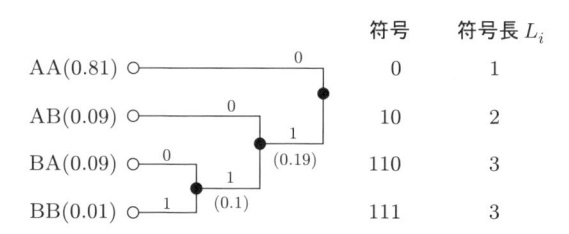

図 6.5　ハフマンブロック符号

演　習　問　題

6.1　表 **6.3** にあげる符号は，符号の条件である一意復号性と瞬時性を満たすか．

6.2　4 種類の記号 A～D の情報源がある．記号の発生確率がそれぞれ，$p_A = 1/16$，$p_B = 3/16$，$p_C = 5/16$，$p_D = 7/16$ のとき，エントロピー H を求めよ．また，ハフマン符号と，その平均符号長 L を求めよ．

6.3　2 元情報源 $\{0, 1\}$ において，生起確率が $p_0 = 0.9$，$p_1 = 0.1$ であった．

　(1) エントロピー H を求めよ．

　(2) 3 ビットを一つのブロックとしたとき，$\{000, 001, 010, 100, 011, 101, 110, 111\}$ の

表 6.3

		符号			
		C_1	C_2	C_3	C_4
情報源記号	A	0	0	0	0
	B	10	01	10	10
	C	110	011	110	110
	D	1110	0111	11	111

　　各ブロックの生起確率を求めよ.

(3) このブロックを情報源としたときのエントロピー H_3 を求めよ.

(4) これをハフマンブロック符号化せよ.

(5) 問 (4) で求めた符号の平均符号長を求めよ.

第2章

通信路符号化

第7講　符号語と誤り検出・訂正

　この講から，本書の重要なテーマである通信路符号化に入る．情報を通信路経由で伝達する際に誤りが生じる場合がある．この誤りを受信側で検出あるいは訂正するための符号化が通信路符号化である．このために，送信したい情報に冗長ビットを付加する．受信側では，決められた符号化方法では送信側が送ることはない非符号語を受信した場合に誤りとして検出あるいは訂正する．本講ではまず，符号語の意味を確認し，誤り検出・訂正符号の基本的考え方を簡単な符号を例に挙げて説明する．

7.1　語の概念

　人は離れた相手に通報（メッセージ）を送る際，その間にある通信路を利用する．さらに，デジタル通信においては，送りたいメッセージに対応した記号は情報源符号化された符号に変換される．情報源符号化では，すべての記号はそれぞれ一つの符号に対応する．

　ここで，本章で重要となる語の概念を定義する．一般に**語**（word）とは，複数の文字による文字列で構成され，意味のあるメッセージに対応しているものである．たとえば，自然言語の場合，辞書に載っていて意味のある文字列が使われるが，載っていない文字列もつくることができる．ここで，意味のある文字列を語，メッセージに対応しない文字列は**非語**とよぶことにする．

　たとえば，「じょうほう」という文字列は『情報』という意味がある語である．ここで「」は語または非語の文字列を示し，『』はメッセージを示す．次に，似た文字列として「じょうぼう」も『状貌』†という意味がある語である．一方，「じょうぽう」という文字列は対応するメッセージが存在しない非語である．

　さて，人がメッセージを送る際には必ず，メッセージに対応させた語を送る．しかし，通信路を通る途中に雑音などが加わり，文字列の一部が異なるものに誤って伝わることがありえる．たとえば上記の「じょうほう」を「じょうぼう」と誤って受け取った場合，『状貌』と解釈されることになる．しかし，「じょうぽう」と受け取った場合は，受信者は解釈しようがない．なぜなら，これは辞書に掲載されず，意味のない単

---

† 姿かたち，の意.

なる文字列で，送信者が送る可能性のない非語だからである．このことから受信者は「じょうぽう」のなかに誤りを検出することになる．しかし，送信されたのが『情報』なのか『状貌』なのかは判断できない．なぜなら，どちらも同じ程度に「じょうぽう」に似ているからである．

　一方，「じょうほうつうしん」が「じょうぽうつうしん」になった場合には，受信側はこれが『情報通信』という語が誤ったものであろうと判断できる．なぜなら，ほかに似たような語がないからである．このように非語「じょうぽうつうしん」のなかの誤り「ぽ」は「ほ」に訂正されて，メッセージ『情報通信』が得られる．自然言語のなかでは，図 **7.1** のように，会話のなかで周辺の雑音などのために，いくつかの文字が誤って受け取られた場合でも，全体のなかから内容を正しく理解できる場合が多くある．これは，上記の原理によって，誤りのある文字列を似た語に訂正しているためである．

図 7.1　自然言語のなかでの誤り訂正

　もしもすべての文字列に意味があるとすると，1 文字でも誤りがあればその文字列も意味のある別の語になってしまい，受信側はその別の語として受け取ってしまう．このように，自然言語において，誤りの検出・訂正が可能であるのは，非語があることによる．一方，非語があることにより，語は必要最低限より長くなる．これは情報源符号化でのできるだけ効率的で短い符号がよいとするという考え方に相反する．

　効率的な符号と信頼度の高い符号について，日常の中での例を一つ挙げる．たとえば，8 人のリストをつくる場合について，それぞれ学校の出席番号のように数字に対応させるのであれば，3 bits の 2 進数に対応させれば効率のよい符号化となる．ただし，誤りがある場合にはどんな場合でも検出することはできない．これに対して，苗字でリストをつくる場合，図 **7.2** の例の場合は最大 4 文字のカタカナと対応させることができる．カタカナは濁音を含めて 65 個以上あり，1 文字は 7 bits 以上の符号に対応させる必要があるため，効率は低い．しかし，もし図の例のように誤りが発生した場合でもこれを検出し，多くの場合は訂正もできる．このように，効率的な 3 bits の符号に対して冗長性を加えることで，誤りを訂正できる信頼性が得られる．また，ほかの場所でよばれている名前をそのまま使えるという汎用性や，覚えやすさなどの利

番号	名前
000	イソベ
001	オカムラ
010	オノ
011	サクライ
100	マツナガ
101	マツナガ
110	ヨコヤマ
111	ワタナベ

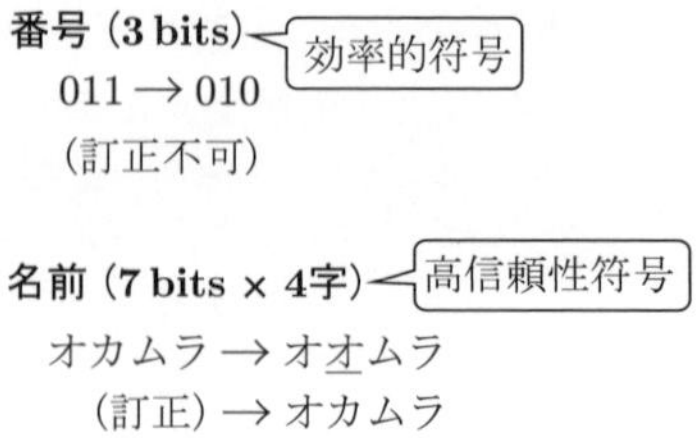

番号 (**3 bits**)　　効率的符号
$011 \rightarrow 010$
（訂正不可）

名前 (**7 bits × 4字**)　　高信頼性符号
オカムラ → オ**オ**ムラ
（訂正）→ オカムラ

図 7.2　効率的符号と自然言語

便性などの効果が得られる．一方，図では『マツナガ』が二人いるように，ほかで使われている名前と同じ名前を利用すると人と語が一対一対応になっていないような問題が発生する場合があり，対処が必要となる．

7.2　符号語と非符号語

　ここまで，自然言語のなかの意味と語/非語に分類される文字列の例を挙げたが，デジタル通信における符号も同様に考えることができる．通信路符号化のため，送信側では**符号器**（encoder）で送信したい記号を符号化した**符号語**（code word）に変換する．受信側では，通信路を通った誤りが含まれている可能性のある符号を受信し，**復号器**（decoder）で復号する．復号の際に誤りを検出・訂正する．復号器は複数ビットからなる符号を受信し，これを記号に対応する符号語と対応しない**非符号語**（non-code word）に分類する．送信される可能性があるのは符号語のみである．したがって，非符号語が受信された場合には，誤りとして検出する．さらに，検出された非符号語にもっとも似た符号語が一つのみの場合には，その符号語に訂正することもできる．このように，通信路での誤りを検出または訂正するための符号化を**通信路符号化**とよぶ．

　ここで，記号が 2^k 個ある場合，第 1 章で述べたように，これに対応させる符号は k [bits] で十分である．しかし，符号のなかに非符号語がある場合，それを含めた符号が必要となり，k [bits] より長くなる．長くなったビット数は情報源符号化の考え方では冗長である．しかし，この冗長性を通信路で起こる誤りの検出・訂正に用いることにより，通信の信頼性を向上させることができる．**図 7.3** に示すように，情報源符号化では冗長性を削除することで符号ができるだけ短くなるようにするのに対して，通信路符号化では冗長性を付加することにより通信路で発生する誤りに対して強い符号化を行う．

　通信路符号化は，インターネットや携帯電話などのデジタル通信や放送，CD，DVD

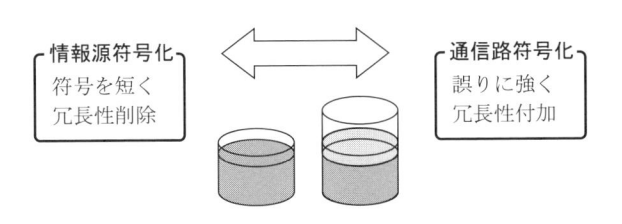

図7.3　情報源符号化と通信路符号化

などの記録の分野で広く用いられている．図 **7.4** に示すのは 2 次元バーコードの例で，符号化された情報が記載されている．これにいくらかの汚れがある図 (b) の場合，白黒で表されている一部のビットに誤りがあるにもかかわらず，内容を読み取ることができる．これは，通信路符号化による誤り訂正が正しく動作していることによる．一方，図 (c) のように汚れによる誤りが多くなった場合には正常に訂正できず，誤り訂正能力にも限界がある．このように，誤り訂正は身近なところで広く使われている．

図7.4　2次元バーコードにおける誤り訂正

7.3　ランダム誤りとバースト誤り

　誤りは，発生のしかたでランダム誤りとバースト誤りに分類できる．図 **7.5** で×が誤って受信されたビット，○が誤りなく受信されたビットを示す．いずれも誤りの個数は同じであるが，発生のしかたが大きく違っている．ランダム誤り（random error）の誤りビットは散らばっているのに対して，バースト誤り（burst error）の誤りビッ

ランダム誤り

○○○○×○○○○○×○○○○×○○×○○○×○○○○○○○×○○○

バースト誤り

○○○○○○○○○○○○×××××○×○○○○○○○○○○○○○○○○○○

図7.5　ランダム誤りとバースト誤り

トは集中的に発生している．バースト誤りの要因は，パルス波の混信や，移動する送受信機の位置が一時的に悪いこと，CD などの記録媒体表面の傷などがある．バースト誤りの発生する通信路は，各ビットの誤り率が前ビットの誤りの有無に影響を受けることから，**記憶のある通信路**ともよばれる．これは，第5講で述べた記憶のある情報源と同じように，マルコフ過程を用いて表現することができる．

例題 7.1　図 **7.6** のように二つの状態があり，それぞれ Good, Bad の意味から G, B と表す．状態 G での誤り率を $p_G = 0$，状態 B での誤り率を $p_B = r$ とする．また，状態 G から B に遷移する確率を a，状態 B から G に遷移する確率を b とする．それぞれの状態にある確率 w_G, w_B と全体の誤り率 p を求めよ．さらに，バースト誤りの平均長 ℓ を求めよ．

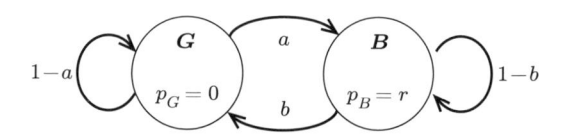

図 7.6　バースト誤りの状態遷移図

解答　第5講のマルコフ過程の場合と同様で，$w_G = b/(a+b)$, $w_B = a/(a+b)$ となる．このことから，状態 G, B を含めた全体の誤り率 p は

$$p = w_G \times 0 + w_B \times r = \frac{a}{a+b}r$$

となる．

　次に，バースト誤りの平均長 ℓ を求める．バースト誤りが始まるのは状態 G において G から B に遷移したビットである．状態 G にある確率は w_G，G から B に遷移する確率は a であるため，バースト誤りが発生する確率は $w_G a$ である．そのビットから長さ ℓ のバースト誤りが続き，その間の誤り率は r であることから，バースト誤りのなかの平均誤りビット数は ℓr となる．

　全体の誤り率 p は次式で表される．

$$p = w_G a \cdot \ell r = \frac{a}{a+b}r$$

したがって，平均のバースト誤り長 ℓ は

$$\ell = \frac{1}{b}$$

となる．

7.4 FEC と ARQ

前述のように，符号は符号語と非符号語に分けられ，送信側は符号語のみを送り，受信側は非符号語を受信した場合は，通信路で誤りが発生したと判断する．その際に誤りがあることのみを判断し，どのビットが誤ったかを判断しないのが**誤り検出符号**（EDC: error detection code）である．一方，受信した非符号語にもっとも近い符号語を一つ決定し，非符号語を符号語に訂正するのが**誤り訂正符号**（ECC: error correction code）である．これらの符号のうち，**ブロック符号**（block code）とよばれる符号では，連続的に発生するビットを一定の長さに区切って符号化する．これに対して，**畳み込み符号**（convolutional code）はブロックに区切らず連続的に符号化していく符号である．

通信路符号化を用いた誤り制御方法として，**FEC**（forward error correction：前方誤り訂正）と **ARQ**（automatic repeat request：自動再送要求）がある．**図 7.7** に示すように，FEC では誤り訂正符号化された符号語が順次送信され，通信路で誤りがあった場合には受信側で訂正する．これに対して，ARQ では誤り検出符号化された符号語が順次送信され，受信側で誤りが検出された場合，受信側から送信側に再

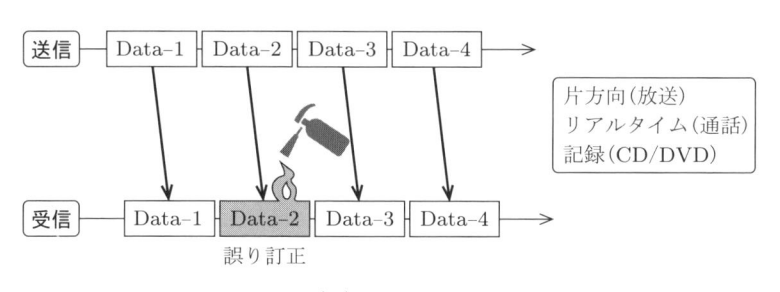

（a）FEC

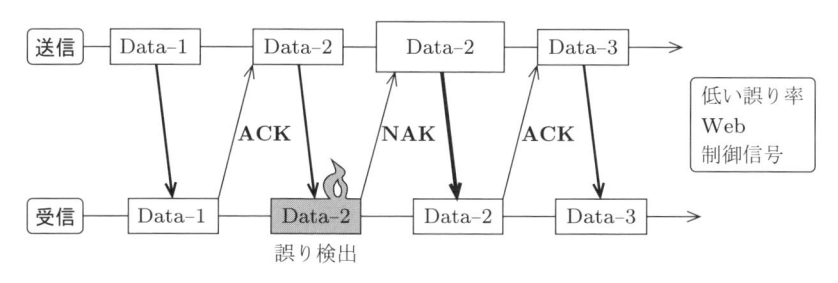

（b）ARQ

図 7.7 FEC と ARQ

送を要求する．再送の要求方法にはいくつかの手法がある．もっとも単純な手法は図 (b) に示すもので，Stop and Wait とよばれる．送信側は Data-1 を送信し，受信側はこれを誤り検出符号で復号し，誤りがなければ ACK（acknowledgement：肯定応答）を送信側に送る．この ACK を受信した後に，送信側は後続の Data-2 を送信する．次に，受信側で誤りを検出した場合は，NAK（negative acknowledgment：否定応答・再送要求）を送る．送信側は NAK を受信した場合や一定時間 ACK を受信できない場合に，Data-2 を再送する．しかし，この方法では，次のデータを送るまで送信を止めるため効率が悪い．そこで，送信側が ACK を待たずにデータを次々に送る方法もある．受信側で i 番目の Data-i に誤りが検出された場合，その番号 i を NAK で送信側に知らせる．送信側は Data-i まで戻って，それ以降のデータを順次再送する Go-Back-N や，誤ったデータのみ再送する Selected Repeat などの方法がある．

　FEC の利点は受信側のみで制御が可能なことにある．このため，放送などの片方向通信や，CD や DVD などの記録媒体に使うことができる．また，誤りがあった場合でも送信にかかる時間が一定で遅延が抑えられるため，通話などリアルタイム（即時）性の必要な通信においても利用される．

　一方，ARQ の利点は誤り率の低さにある．誤り検出符号は非符号語を受信した際，誤りの検出のみを行うため，誤りを見逃す確率をきわめて小さくすることができる．このため，とくに重要な制御信号や遅延の影響が小さい Web の閲覧などに使われる．インターネットの標準的なプロトコルである TCP（transmission control protocol）などでも使われる．

7.5　冗長ビットの付加と (n, k) 符号

　前章で述べたように，エントロピーが H [bits] の情報は H [bits] 以上の符号で符号化することができる．たとえば，図 **7.8** の例のように，異なる 2 枚のコインの情報であれば，記号は A, B, C, D の 4 個でそれぞれの生起確率は等しく，そのエントロピーは 2 bits となる．

　これらの記号 A, B, C, D は符号 C_1 として (11), (10), (01), (00) に対応するように符号化することができ，その場合は 2 bits で効率よく情報源符号化できている．しかし，これを 2 bits 以上の符号に符号化することも可能である．たとえば，図に示すように符号 C_2 として (110), (101), (011), (000) と符号化してみよう．この場合，3 bits 中の 1 bit が冗長ビットとなる．

　ここで，たとえば C_1 で符号化した場合は冗長度がないため，図 **7.9** に示すように 1 bit でも通信路で誤りがあれば，受信側は異なる符号語として復号してしまう．これ

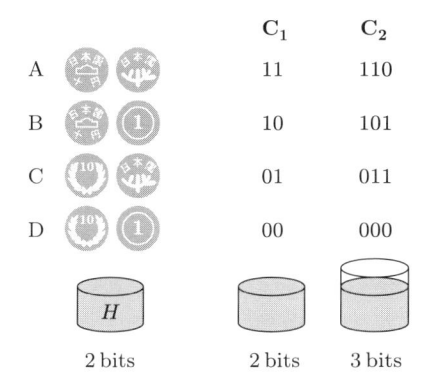

		C_1	C_2
A		11	110
B		10	101
C		01	011
D		00	000

H		
2 bits	2 bits	3 bits

図 7.8　4 個の記号の符号化の例

送信記号	A	C	B	D	B	D	A	C	A
送信符号	11	01	10	00	10	00	11	01	11
通信路誤り	○○	○×	○○	○○	×○	○○	○○	×○	○○
受信符号	11	00	10	00	00	00	11	11	11
復号記号	A	D	B	D	D	D	A	A	A

C_1 (2 bits) 符号語
A:11　B:10
C:01　D:00

図 7.9　符号長 2 の符号

送信記号	A	C	B	D	B	D	A	C	A
送信符号	110	011	101	000	101	000	110	011	110
通信路誤り	○○○	○○×	○○○	○○○	×○○	○○○	○○○	○×○	○○○
受信符号	110	010	101	000	001	000	110	001	110
復号記号	A	?	B	D	?	D	A	?	A

C_2 (3 bits) 符号語
A:110　B:101
C:011　D:000

非符号語
111　　010
100　　001

図 7.10　符号長 3 の符号

に対して, **図 7.10** に示すように, C_2 では, 誤りが 3 bits のうちの 1 ビットまでであれば受信符号は非符号語となり, 誤りとして検出される. これは A, B, C, D のうちのどの符号語であっても, 3 bits 中どのビットが誤っても検出される. これらの符号を比較すると, C_2 は冗長度のない C_1 の 2 bits の後に 1 bit の冗長ビットを追加した構成になっている.

　図 7.11 のように**情報ビット** (information bit) k [bits] に**冗長ビット** (redundancy bit) を付加して符号長を n [bits] とする符号を, **(n, k) 符号**とよぶ. 冗長ビットは $m = n - k$ [bits] となる. 先に挙げた符号 C_2 の場合, $(3, 2)$ 符号となる. (n, k) 符号では 2^n 個の符号のうち 2^k 個が符号語である. 符号が情報を伝送できる効率として, **符号化率** (code rate) η が次のように定義される.

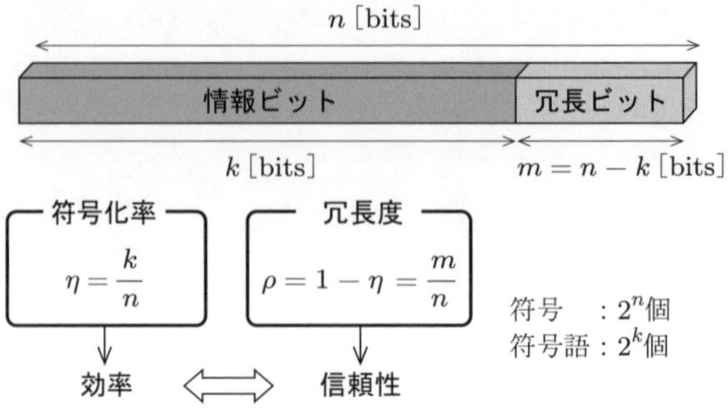

図 7.11　(n, k) 符号の構成

$$\eta = \frac{k}{n} \tag{7.1}$$

逆に，**冗長度** ρ は次のように定義されている．

$$\rho = 1 - \eta = \frac{m}{n} \tag{7.2}$$

η が大きいほど効率的であり，ρ が大きいほど信頼性を向上できる．

7.6　簡単な誤り検出符号・訂正符号の例

　誤り検出符号・誤り訂正符号のもっとも簡単なものをとりあげ，その原理について紹介する．ここで紹介するのは，**表7.1** の三つの符号であり，それぞれ前節の (n, k) 符号の形式で示すと，$(1, 1)$ 符号，$(2, 1)$ 誤り検出符号，$(3, 1)$ 誤り訂正符号である．それぞれに符号が何ビットの誤りを検出または訂正できるかを示す**誤り検出能力**（error detecting capability），**誤り訂正能力**（error correcting capability）について説明する．

$(1, 1)$ 符号

　この符号は冗長ビットを付加していない符号である．情報源記号は $\{0\}$ と $\{1\}$ の 2 個とする．これを二つの符号語 (0) と (1) に対応させる．符号化率 $\eta = 1$ となる．通信路での誤りが発生しなければ，送信符号 (0) は符号 (0) として受信され，記号 $\{0\}$ に復号される．しかし，通信路で誤りが発生し，送信符号 (0) が (1) として受信されると，(1) も符号語であるため，誤って $\{1\}$ と復号される．すなわちこの符号は，符号化率は高いが，誤り検出・訂正能力はない．

$(2, 1)$ 誤り検出符号

　記号 $\{0\}$ を符号語 (00) に，$\{1\}$ を (11) に符号化する．符号化率 $\eta = 1/2$ となる．通信路で符号の 2 bits のうちの 1 bit に誤りが発生した場合，受信側では符号 (01) ま

表 7.1 (1, 1), (2, 1), (3, 1) 符号

符号	情報源記号	送信符号語	受信符号	復号記号	符号化率	誤り検出・訂正能力
(1, 1)	0 → 0 1 → 1	復号誤り	0 0 1 1	0 1	$\eta = 1$	なし
(2, 1)	0 → 00 1 → 11	非符号語	検出 00 01 10 11	0 1	$\eta = 1/2$	1 bit 誤り検出
(3, 1)	0 → 000 1 → 111	非符号語	訂正 000 001 010 100 110 101 011 111	0 1	$\eta = 1/3$	1 bit 誤り訂正

たは (10) として受信される。これらの符号は非符号語であるため、受信側では誤りのある符号と判断できる。ただし、(00) と (11) のうちのどちらの符号語が誤ったのかは同確率であるため、判断できない。また、2 bits 中で、2 bits 誤れば (00) は (11) に、(11) は (00) とほかの符号語として受信されるため、誤って復号される。したがって、この (2, 1) 符号は 1 bit の誤りを検出できる符号である。

図 **7.12** のように符号 (11) が送信された場合に、受信符号が (11), (10), (01), (00) となる確率 p_{11}, p_{10}, p_{01}, p_{11} は、各ビットの誤り率がたがいに独立で p であるとき、それぞれ $p_{11} = (1-p)^2$, $p_{10} = p_{01} = p(1-p)$, $p_{00} = p^2$ となる。2 bits に符号化された記号（シンボル）に誤りがある確率は**シンボル誤り率**とよばれ、この場合は $1 - (1-p)^2$ となる。たとえば、$p = 10^{-3}$ であった場合、$p_{11} = 0.998$, $p_{10} = p_{11} = 9.99 \times 10^{-4}$, $p_{00} = 1 \times 10^{-6}$ となる。このことから、ビット誤り率が 10^{-3} の場合、誤り見逃し率は 10^{-6} となる。誤りを完全になくすことはできないが、大きく低減できることがわかる。

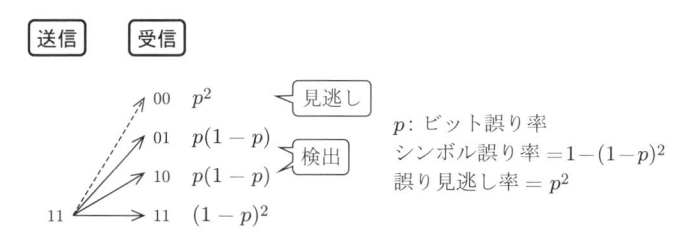

図 7.12 **(2, 1) 符号のシンボル誤り率**

(3, 1) 誤り訂正符号

　記号 {0}, {1} をそれぞれ符号語 (000), (111) に符号化する．符号化率 $\eta = 1/3$ である．$2^3 = 8$ 個ある符号のなかで 2 個が符号語であり，ほかの 6 個が非符号語である．

　たとえば，符号語 (000) の第 2 ビットのみが誤って (010) が受信された場合，受信側は非符号語が受信されたため，誤りを検出するが，その際に (000) が 1 bit 誤ったのか (111) が 2 bits 誤ったのかの 2 通りの可能性がある．ここでビット誤り率を p とすると，送信符号語が (000) である確率 p_0 は $p_0 = p(1-p)^2$，送信符号語が (111) である確率 p_1 は $p_1 = p^2(1-p)$ となる．$p < 0.5$ では $p_0 > p_1$ となることから，符号 (010) を受信したとき，(000) が送信符号語であると判断することは合理的である．このように (3,1) 誤り訂正符号では，受信側において非符号語を受信した際には，送信された確率がもっとも高い符号語に復号することができる．6 個ある非符号語は，符号語 (000) に復号される (001), (010), (100) と，符号語 (111) に復号される (110), (101), (011) の二つに分類される．このような復号では，符号のなかで 0 また 1 のビットの多いほうに判断するだけでよいため，**多数決符号**とよばれる．

　ただし，3 bits 中で 2 bits の誤りが発生する可能性もある．上に示したように (111) が (010) に誤る確率 p_1 は，$p_1 = p^2(1-p)$ である．この場合には送信符号語が (111) であるにもかかわらず，符号語 (000) に対応する符号語 {0} に復号されてしまう．これを**誤訂正**（miss correction）とよぶ．

　送信符号が (111) でビット誤り率 p のとき，各符号が受信される確率は図 **7.13** のようになる．復号後のビット誤り率 p_a は 3 bits 中 2 bits 以上誤る確率であるため，$p_a = p^3 + 3p^2(1-p)$ となる．$p^3 \ll 3p^2(1-p)$ で $p \ll 1$ ならば，$p_a \fallingdotseq 3p^2$ と近似できる．

　例として，誤り訂正前のビット誤り率 p が 10^{-2}, 10^{-3}, 10^{-4} であった場合，復号後のビット誤り率 p_a はそれぞれ 3×10^{-4}, 3×10^{-6}, 3×10^{-8} となる．このように誤り率を小さくできることがわかる．

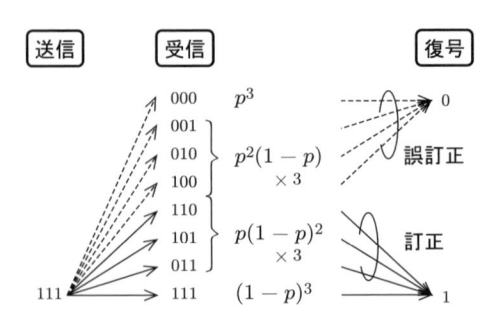

図 7.13　(3, 1) 符号のシンボル誤り率

7.7　一般的な誤り訂正前後の BER（bit error rate）の関係

　ここで，ランダム誤りを前提に，通信路で発生する誤り訂正前（BER before FEC decoding）のビット誤り率 p_b と，誤り訂正復号後（BER after FEC decoding）のビット誤り率 p_a の関係を一般化する.

　n [bits] 中，t [bits] の誤りを訂正できる (n, k) 符号について p_b から p_a を導出する. そのために，まず n [bits] で構成される一つの符号ブロックのなかに i [bits] の誤りが発生する確率を考える. n [bits] 中で発生する i [bits] の誤りの組合せは ${}_n\mathrm{C}_i$ である. なお，n 個から i 個を選ぶ組合せは二項係数とよばれ

$$\binom{n}{i} = {}_n\mathrm{C}_i = \frac{n!}{i!\,(n-i)!} \tag{7.3}$$

で表される. 誤り訂正前に i [bits] が誤りである確率は $p_b{}^i$ であり，ほかのビットが誤りでない確率 $(1 - p_b)^{n-i}$ を考慮し，これが ${}_n\mathrm{C}_i$ あることから，i [bits] 誤りの発生確率 P_i は**二項分布**とよばれる次式に従う.

$$P_i = {}_n\mathrm{C}_i p_b{}^i (1 - p_b)^{n-i} \tag{7.4}$$

　t [bits] 誤り訂正では，$i \leqq t$ のときには誤りと判断されたビットを反転することにより訂正される. したがって，そのブロックのなかでは復号後の誤り率は 0 となる. しかし，$i > t$ のときには復号器では誤っているビットを正しく認識することができず，誤っていないビットを最大 t [bits] 反転する場合がある. このことから，訂正前に i [bits] $(i > t)$ 誤りがあり，復号に際して t [bits] の誤りが増加するとした場合，そのブロックのなかの復号後の誤り率は $(i + t)/n$ となる.

　以上から，誤り訂正符号後のビット誤り率 p_a は次のようになる.

$$p_a = \sum_{i=t+1}^{n} {}_n\mathrm{C}_i p_b{}^i (1 - p_b)^{n-i} \frac{i+t}{n} \tag{7.5}$$

これは，数値によっては以下のように近似できる.

$$
\begin{aligned}
p_a &= \sum_{i=t+1}^{n} {}_n\mathrm{C}_i p_b{}^i (1 - p_b)^{n-i} \frac{i+t}{n} \\
&\cong \left[{}_n\mathrm{C}_i p_b{}^i (1 - p_b)^{n-i} \frac{i+t}{n} \right]_{i=t+1} \\
&\cong \left[{}_n\mathrm{C}_i p_b{}^i \frac{i+t}{n} \right]_{i=t+1} \\
&= {}_n\mathrm{C}_{t+1} p_b{}^{t+1} \frac{2t+1}{n}
\end{aligned}
$$

　一例として，符号長 255 の 2 bits 誤り訂正符号の場合，誤り訂正前のビット誤り率

が p_b のとき，復号後のビット誤り率 p_a は次のようになる．

$$p_a = \sum_{i=3}^{255} {}_{255}C_i p_b{}^i (1 - p_b)^{n-i} \frac{i+2}{255}$$

$$\cong {}_nC_{t+1} p_b{}^{t+1} \frac{2t+1}{n} = \frac{255 \times 254 \times 253}{3 \times 2 \times 1} p_b{}^3 \frac{5}{255}$$

$$= 5.4 \times 10^4 p_b{}^3$$

7.8　符号化利得

　誤り訂正前後のビット誤り率 p_b, p_a の関係は図 **7.14** のように示される．これは，符号長 255 とした場合の誤り訂正前の p_b に対して，1, 2, 3 bits 誤り訂正を行った場合の誤り訂正後の p_a を示したものである．誤り訂正前のビット誤り率 p_b が小さいほど誤り訂正の効果が大きいことがわかる．符号長 255 に対して $p_b = 10^{-2}$ 程度の場合，平均的に 2 bits 程度の誤りが発生し，誤り訂正による効果は現れない．

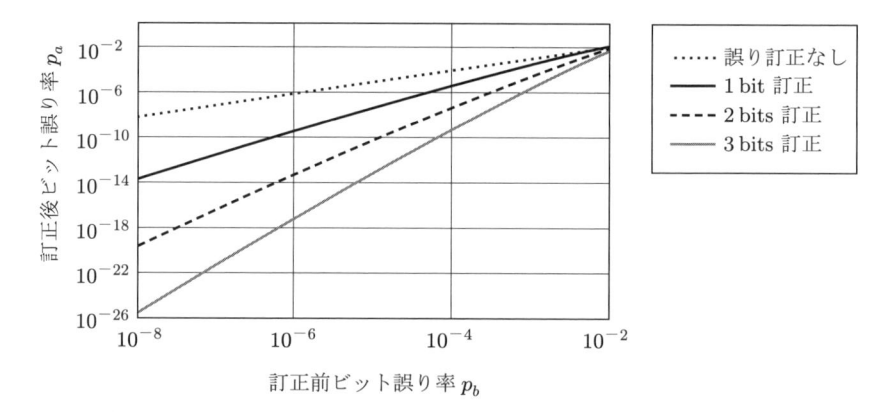

図 7.14　誤り訂正前後のビット誤り率の関係（$n = 255$ の場合）

　一方，通信路において発生する誤り率 p_b は，信号と雑音の電力比 C/N [dB] に依存する．図 **7.15** に示すように，ある通信方式において C/N と誤り訂正前の p_b が得られるとき，この p_b に対する p_a を上述のように求めることができる．この場合，ある誤り率を得るための C/N [dB] の誤り訂正あり，なしによる差を**符号化利得**（coding gain）とよぶ．符号化によりあたかも信号電力を符号化利得分だけ増幅させたと同じ効果と考えられることから，このようによばれる．

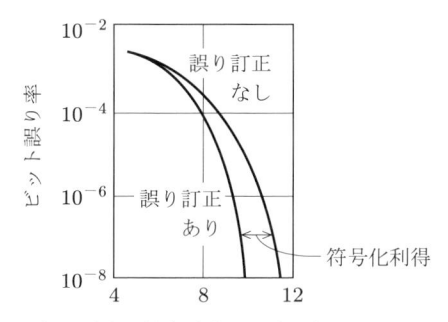

図 7.15　符号化利得の考え方

演　習　問　題

7.1　符号長 7 の 1 bit 誤り訂正符号がある．訂正前のビット誤り率を p_b としたとき，復号結果に誤りがある確率 p はいくらか．また，訂正後のビット誤り率 p_a はいくらか．

7.2　2 bits の情報 00, 01, 10, 11 を (000), (011), (101), (110) の 3 bits に符号化する (3, 2) 符号において，(001), (111) を受信した．ビット誤り率を $p = 10^{-3}$ としたとき，情報が 00, 01, 10, 11 である確率 p_{00}, p_{01}, p_{10}, p_{11} をそれぞれ求めよ．

7.3　情報源記号 0 を送信符号語 (000) に，1 を (111) に符号化する (3, 1) 符号について，誤り訂正前のビット誤り率を p として，非符号語を受信した場合に，誤り訂正する場合と誤りの検出のみを行う場合について復号後の誤り率を求めよ．

第 8 講　ハミング距離と 誤り検出・訂正能力

　これまで述べたように，符号化により通信路で発生する誤りを検出または訂正することができる．送信された符号語は通信路での誤りによりほかの符号として受信され，その受信符号が符号語でなければ誤りと判定される．したがって，すべての符号語から t [bits] 以内のビットが異なる符号のすべてが符号語でなければ，その符号は t ビット誤り検出符号といえる．二つの符号の各ビットで異なるビット数をハミング距離とよぶ．また，受信した非符号語に対してもっともハミング距離が小さくなる符号語が一つ決まる場合は，誤りのある非符号語をもっとも近い符号語に訂正することができる．上記のことから，ある符号化による符号語間のハミング距離のうち最小の値によって，その符号の誤り検出・訂正能力がわかる．本講では，符号のハミング距離と誤り検出・訂正能力の関係を，符号空間を使って説明する．

8.1　ハミング距離

　自然言語において，似た語は聞き間違えることがあるが，まったく異なる文字列で構成される語に間違えることはあまりない．図 **8.1** で，「じょうほう」（『情報』）は「じょうぼう」（『状貌』）や「じょうぽう」と似た文字列である．『状貌』は語であり，『情報』と聞き間違えやすい．一方，意味のない非語である「じょうぽう」に間違えることはない．また「じょうぼう」は「しょうぼう」（『消防』）に間違えやすいが，2 文字違いの『情報』を『消防』に間違える可能性は低くなる．また，図の例の「だいがく」（『大学』）のようにまったく違う文字列で構成される語に聞き間違えることはほぼあり得な

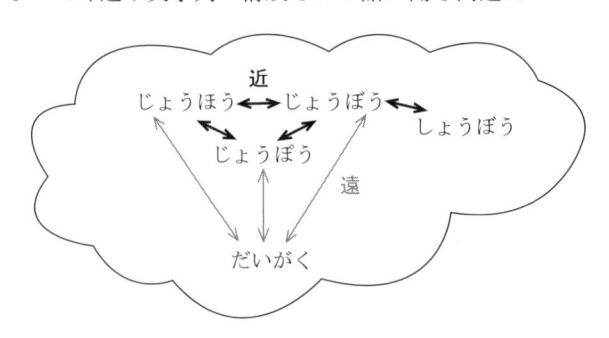

図 8.1　近い文字列と遠い文字列

い．このように，語を別の語と聞き違えることがあるが，その可能性は語を構成する文字がたがいにどれだけ一致しているかに依存する．

符号の場合も同様に考えることができる．前述のように，符号には符号語と非符号語があり，送信されるのは符号語のみであるため，非符号語が受信された場合，誤り検出符号では誤りがあるものと判断し，誤り訂正符号では受信符号にもっとも近い符号語を送信符号語と判断する．

ここで，受信符号にもっとも近い符号語を求めるためには，符号の近さ・距離の定義が必要となる．この符号の距離として，**ハミング距離**（Hamming distance）がある．これは情報工学者ハミング（Richard Hamming, 1915–1998）の名に由来する．本節ではこのハミング距離を説明する．

次に示す二つの符号 $\boldsymbol{a}$，$\boldsymbol{b}$ がある．それぞれの符号長は n である．

$$
\begin{aligned}
\boldsymbol{a} &= (a_1, a_2, \ldots, a_n) & (a_i = 0, 1) \\
\boldsymbol{b} &= (b_1, b_2, \ldots, b_n) & (b_i = 0, 1)
\end{aligned}
\tag{8.1}
$$

このとき，符号間のハミング距離 d_H を次のように定義する．

$$
d_H(\boldsymbol{a}, \boldsymbol{b}) = \sum_{i=1}^{n} (a_i \oplus b_i)
\tag{8.2}
$$

ここで，$\oplus$ は排他的論理和（XOR: exclusive or）を表す演算子で，演算結果は次のようになる．

$$
0 \oplus 0 = 0, \qquad 0 \oplus 1 = 1, \qquad 1 \oplus 0 = 1, \qquad 1 \oplus 1 = 0
\tag{8.3}
$$

このことから，式 (8.2) で定義されるハミング距離は，同じ長さの二つの符号について何ビット異なるかを示すものになる．ハミング距離が小さい符号は，少ないビット誤りで同じ符号と判断される場合がある．すなわち，ハミング距離が近いほどその符号語に誤る可能性が高くなる．

例題 8.1 $\boldsymbol{a} = (0, 0, 1, 0, 1, 1, 1)$，$\boldsymbol{b} = (0, 1, 1, 0, 0, 1, 1)$ のとき，二つの符号のハミング距離を求めよ．

解答 二つの符号の第 i ビットどうしの排他的論理和を第 i ビットとする符号を $\boldsymbol{a} \oplus \boldsymbol{b}$ とすると，$\boldsymbol{a} \oplus \boldsymbol{b} = (0, 1, 0, 0, 1, 0, 0)$ であり，第 2，5 ビットが異なる．すなわち，$a_1 \oplus b_1 = a_3 \oplus b_3 = a_4 \oplus b_4 = a_6 \oplus b_6 = a_7 \oplus b_7 = 0$，$a_2 \oplus b_2 = a_5 \oplus b_5 = 1$ である．このことから，ハミング距離は 2 となる．

例題 8.2 符号長 n の二つの符号 $\boldsymbol{a}$，$\boldsymbol{b}$ のハミング距離が d であり，ビット誤り率が p_b のとき，$\boldsymbol{a}$ が送信されて，$\boldsymbol{b}$ と受信される確率 p はいくらか．

解答　n [bits] 中, d [bits] が誤る確率は $p_b{}^d$ であり, ほかの $(n-d)$ [bits] が誤らない確率は $(1-p_b)^{n-d}$ であることから, $p = p_b{}^d (1-p_b)^{n-d}$ となる.

　たとえば, $n=255$, $p_b = 10^{-3}$ として d が 1～6 の場合について p を求めると, **図8.2** のようになる. このように, ハミング距離が大きい符号に誤る確率は指数関数的に小さくなることがわかる.

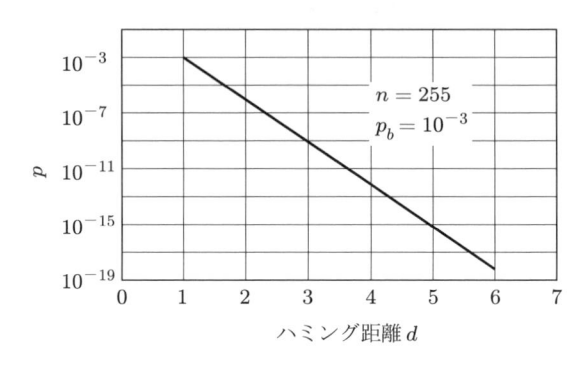

図 8.2　ハミング距離 d の符号と一致する確率 p

8.2　符号語間のハミング距離と符号の誤り検出・訂正能力

　符号語 a, b のハミング距離が d のとき, a を b に誤るのはたがいに異なる d [bits] に誤りが発生した場合である. このことから, $(d-1)$ [bits] の誤りが発生しても, ハミング距離 $(d-1)$ の符号語がなければ, ほかの符号語に誤って復号することはない. すなわち, すべての符号語間のハミング距離のなかでもっとも小さいものが $d_{\min}$ であるとき, $(d_{\min}-1)$ [bits] 以下の誤りが発生しても, ほかの非符号語として受信されるため, 誤りとして検出される. この $d_{\min}$ を**最小ハミング距離**とよぶ.

　このように, 符号語間の最小ハミング距離 $d_{\min}$ は符号の誤り検出・訂正能力を示す指標となる. 一例として, 7.6 節で述べた $(1,1)$, $(2,1)$, $(3,1)$ 符号について符号語間の最小ハミング距離と誤り検出・訂正能力についてまとめると, **表8.1** のようになる.

　これらの符号は $k=1$ であり, 符号語はそれぞれ二つであるが, その符号語間である最小ハミング距離 $d_{\min}$ はそれぞれ 1, 2, 3 である.

表 8.1　ハミング距離と誤り検出・訂正能力

符号	最小ハミング距離 $d_{\min}$	誤り検出・訂正能力
$(1,1)$	1	なし
$(2,1)$	2	1 bit 誤り検出
$(3,1)$	3	1 bit 誤り訂正

$(1,1)$ 符号の符号語は (0) と (1) であり，符号語間の最小ハミング距離は $d_{\min} = 1$ である．通信路での $1\,\mathrm{bit}$ 誤りにより異なる符号語となるため，誤りが検出されず，復号誤りが発生する．

$(2,1)$ 符号の符号語は (00) と (11) であり，$d_{\min} = 2$ である．通信路で $1\,\mathrm{bit}$ 誤りがあった場合，送信された符号語からハミング距離 1 の符号 (01) または (10) となる．これらは非符号語であることから，誤りとして検出される．これにより，$(2,1)$ 符号は $1\,\mathrm{bit}$ 誤り検出符号として扱うことができる．しかし，たとえば非符号語 (01) が受信された場合，送信符号語が (00) である場合も (11) の場合でもその確率は同じであり，どちらかを判断することはできない．

$(3,1)$ 符号の符号語は (000) と (111) であり，$d_{\min} = 3$ である．非符号語は 6 個あるが，そのうち (001)，(010)，(100) は符号語 (000) からのハミング距離が 1 であり，(111) からは 2 となる．(000) が $1\,\mathrm{bit}$ 誤りにより (001) となる確率 p_0 は，通信路でのビット誤り率を p_b とすると

$$p_0 = p_b(1 - p_b)^2$$

(111) が $2\,\mathrm{bits}$ 誤りにより (001) になる確率 p_1 は

$$p_1 = p_b{}^2(1 - p_b)$$

となる．

$0 < p_b < 0.5$ において $p_1 < p_0$ となり，(001) を受信した場合，送信符号語を (000) と判断し，$1\,\mathrm{bit}$ 誤り訂正ができる．

このように，誤り訂正符号では符号を各符号語とのハミング距離により分類し，非符号語を受信した場合にはもっとも近い符号語に訂正する．たとえば，この $(3,1)$ 符号では非符号語 (001)，(010)，(100) を符号語 (000) に近い符号として分類し，(110)，(101)，(011) を符号語 (111) に近い符号として分類する．

ただし，この分類をせずに，非符号語を受信したときにはすべて誤り検出として扱うこともできる．このように $(3,1)$ 符号を $2\,\mathrm{bits}$ 誤り検出符号として用いると，$2\,\mathrm{bits}$ 誤りが発生した場合でも検出されるが，誤り訂正を行うことはしない．

8.3 符号空間

非符号語を符号語ごとに分類する様子を，符号空間の概念を使って図 **8.3** に示す．この符号空間には 2^n 個すべての符号があり，そのうち 2^k 個が符号語，そのほかが非符号語である．符号間のハミング距離を符号空間内の距離とする．符号語はそれぞれハミング距離 t までの領域をもつ．それぞれの非符号語は，いずれか一つの符号語の

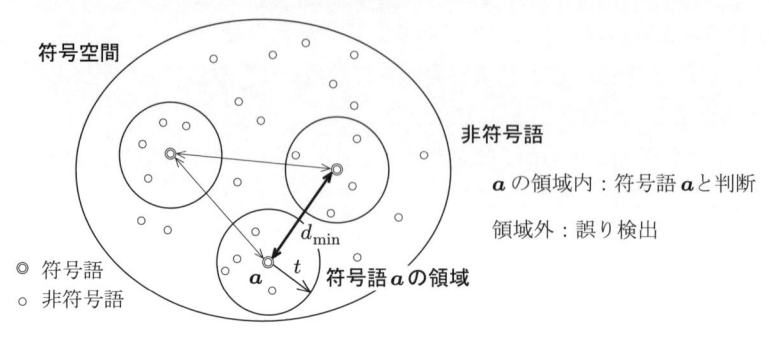

図 8.3　符号空間

領域に含まれるか，どの領域にも含まれないかのどちらかとする．すなわち，非符号語が複数の符号語の領域に含まれることがないように領域は重ならない．

　ある非符号語 a' が符号語 a の領域にある場合には，符号語 a となるよう訂正される．いずれの領域にも含められない非符号語は誤り訂正されることはなく，誤り検出されるだけである．とくに，複数の符号語から等距離にある非符号語は，特定の符号語の領域に含めることができない．

　領域の半径 t は自由に決めることができ，t [bits] までのハミング距離の非符号語をその領域の符号語に訂正できる．ただし，たがいの領域が重ならない範囲でなければならないため，その最大値は符号語間の最小ハミング距離 $d_{\min}$ に対して，

$$t \leqq \frac{d_{\min} - 1}{2} \tag{8.4}$$

でなければならない．このことから，符号語間の最小ハミング距離を用いてその符号の誤り訂正能力の上限が示される．同じ符号でも，式 (8.4) の上限までの範囲で t を小さく設計することもできる．その場合，訂正可能なビット数は減少するが，より多いビット数の誤りが発生した場合でも，誤り検出を失敗する確率が低くなる．

　前述の $(1,1)$, $(2,1)$, $(3,1)$ 符号を符号空間上に表すと，**図 8.4** のようになる．"　"で囲まれた符号語は，実線で囲まれた領域をもつ．$(3,1)$ 誤り訂正符号では，領域内の非符号語がその領域の符号語に訂正される．

　このように，符号空間を考えることはできるが，符号長 n の符号は n 次元の空間となり，人が視覚的に把握できる 2 次元の図面では，正確に空間上の距離でハミング距離を表現することはできない．

　符号長 3 までの符号を 3 次元までの空間として図示すると**図 8.5** のようになる．$(1,1)$ 符号では，1 次元上に距離 1 を隔てて二つの符号語がある．$(2,1)$ 符号では 2 次元空間上に符号語 (00)，(11) と非符号語 (01)，(10) がある．符号語間のハミング距離 2 は，図のように縦横の通った経路の長さで表される．符号語と非符号語の間の距離は 1 と

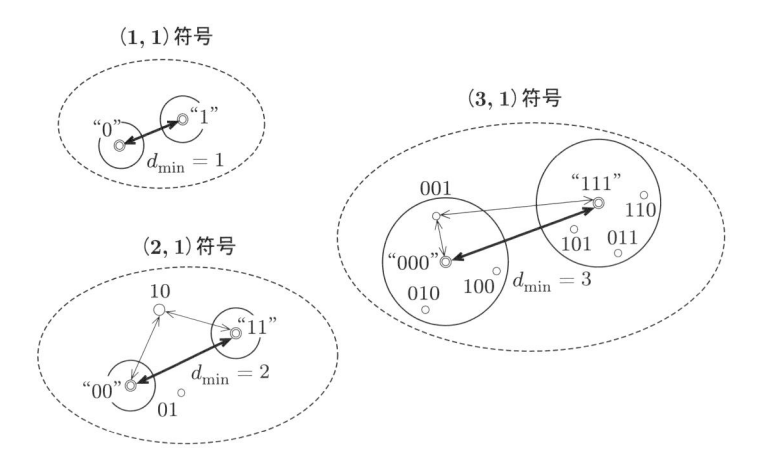

図 8.4 (1, 1), (2, 1), (3, 1) 符号の符号空間

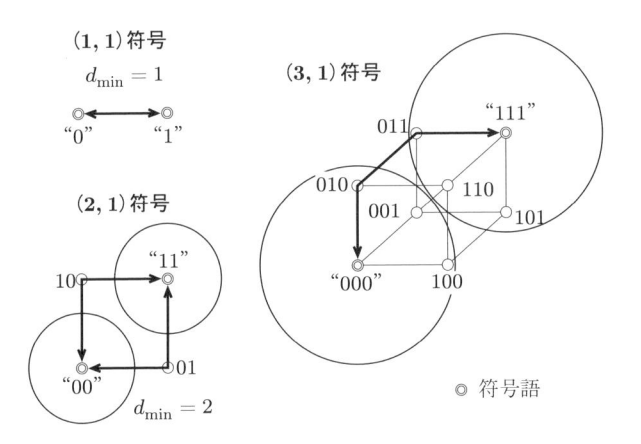

図 8.5 (1, 1), (2, 1), (3, 1) 符号のハミング距離

なる．このような経路の長さはマンハッタン距離（Manhattan distance）とよばれ，この図でマンハッタン距離はハミング距離と一致している．(3, 1) 符号では同様に距離 3 の符号語 (000), (111) のほかに 6 個の非符号語がある．非符号語は図の領域で示すように，距離の近い符号語ごとに分類される．

符号長が長くなると，図のように符号空間にすべての符号をハミング距離に合わせて記載することはできないが，一部の符号のみであれば，図 8.6 のように 1 次元直線上に記載することができる．たとえば (3, 1) 符号の場合，非符号語 (001) は符号語 (000) からハミング距離 1，(111) からハミング距離 2 であり，図中の距離と一致させて表すことができる．

図 8.6 を一般化し，符号語 **a**, **b** 間のハミング距離が全符号語間のなかで最小である

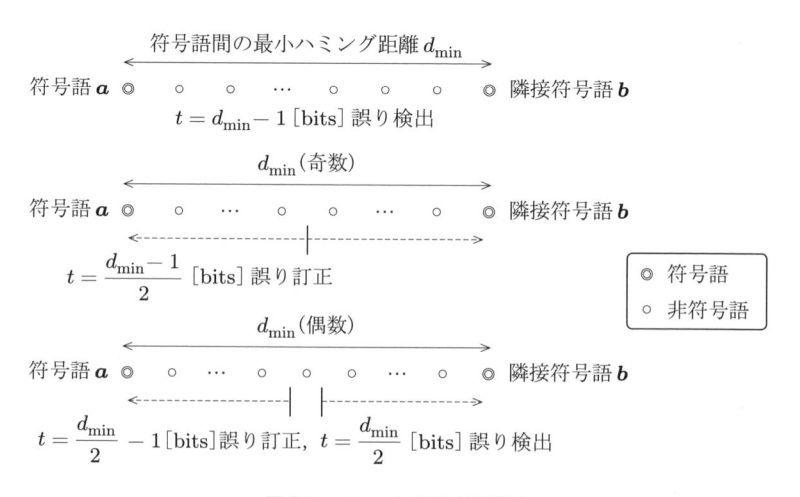

符号語 **a**　　　隣接符号語 **b**

(1, 1)符号　　"0"　　　"1"

$d_{min} = 1$

◎ 符号語
○ 非符号語

(2, 1)符号　　"00"　　　10　　　"11"

$d_{min} = 2$

(3, 1)符号　　"000"　　001　　011　　"111"

$d_{min} = 3$

図8.6　隣接符号の1次元表示

場合，d_{min} と誤り検出・訂正能力との関係を**図8.7**に示す．図で◎が符号語であり，符号語間に複数の非符号語が○で示される．誤り検出符号とする場合，$t = d_{min} - 1$ [bits] 以下の誤りが発生した場合でも隣接符号語になることがなく，誤りとして検出することができる．誤り訂正符号とする場合，d_{min} が奇数であれば，$t = (d_{min} - 1)/2$ [bits] 以下の誤りが発生しても隣接符号語 **b** より近い非符号語になり，符号語 **a** に訂正することができる．d_{min} が偶数であれば，$t = d_{min}/2 - 1$ [bits] 以下の誤りまで訂正することができ，$t = d_{min}/2$ [bits] の誤りの場合は誤りとして検出される．これ以上のビット数の誤りが発生した場合には，隣接符号語 **b** と判断され誤訂正となる．

以上のことから，**表8.2**のようにまとめることができる．ここで，d_{min}, t は自然数である．

符号語間の最小ハミング距離 d_{min}

符号語 **a** ◎　○　○　…　○　○　○　◎ 隣接符号語 **b**

$t = d_{min} - 1$ [bits] 誤り検出

d_{min}（奇数）

符号語 **a** ◎　○　…　○　○　…　○　◎ 隣接符号語 **b**

$t = \dfrac{d_{min} - 1}{2}$ [bits] 誤り訂正

◎ 符号語
○ 非符号語

d_{min}（偶数）

符号語 **a** ◎　○　…　○　○　○　○　◎ 隣接符号語 **b**

$t = \dfrac{d_{min}}{2} - 1$ [bits] 誤り訂正，$t = \dfrac{d_{min}}{2}$ [bits] 誤り検出

図8.7　d_{min} と誤り訂正能力

表 8.2 最小ハミング距離 $d_{\min}$ と誤り検出・訂正ビット数 t

t [bits] 誤り検出に必要な最小ハミング距離	$d_{\min} \geqq t + 1$
t [bits] 誤り訂正に必要な最小ハミング距離	$d_{\min} \geqq 2t + 1$
最小ハミング距離 $d_{\min}$ の符号が検出できる誤りビット数	$t \leqq d_{\min} - 1$
最小ハミング距離 $d_{\min}$ の符号が訂正できる誤りビット数	$t \leqq \dfrac{d_{\min} - 1}{2}$

例題 8.3 記号 {0} を符号語 (000000) に, {1} を (111111) に符号化する (6, 1) 符号は何 bits の誤り検出・訂正ができるか. また, 誤りを検出できず見逃す確率, 誤訂正する確率 はいくらか.

解答 二つある符号語間の距離は $d_{\min} = 6$ である. 図 **8.8** に示すように, 図面上の距離 が符号間のハミング距離となるように, 二つの符号語の間に五つの非符号語を描く. この (6, 1) 符号は (a) 5 bits 誤り検出符号, (b) 1 bit 誤り訂正・4 bits 誤り検出符号, (c) 2 bits 誤り訂正・3 bits 誤り検出符号とすることできる. 非符号語 (000111) は両符号語から等 距離にあるためどちらかの符号語に訂正することはできず, 誤りとして検出される.

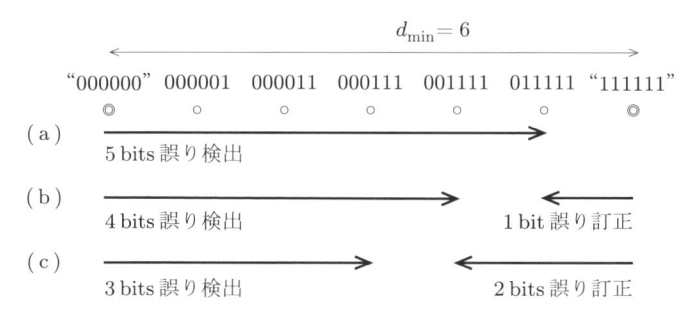

図 8.8 $d_{\min} = 6$ の符号

非符号語 (001111) は, (c) では符号語 (111111) が 2 bits 誤った符号として記号 {1} に 復号され, (a) と (b) では誤りとして (000000) の 4 bits 誤りの可能性もあるとして訂正せ ず検出として扱う.

(n, k) 符号, ビット誤り率 p において, i [bits] 誤りの発生する確率 p_i は

$$p_i = {}_n\mathrm{C}_i p^i (1-p)^{n-i}$$

であることから, (a) で誤りを見逃す確率 p_a は

$$p_a = p^6$$

と小さくできる. (b) で 5 bits 以上の誤りが発生して誤訂正する確率 p_b は

$$p_b = p^6 + 6p^5(1 - p)$$

(c) で 4 bits 以上の誤りを誤訂正する確率 p_c は

$$p_{\mathrm{c}} = p^6 + 6p^5(1-p) + 15p^4(1-p)^2$$

となる.

=============== 演 習 問 題 ===============

8.1　3 bits の符号で符号語が (000), (001), (111) の 3 個のみとする. もっとも近い符号語が一つに定まる場合に誤り訂正するとして, 受信符号が (010), (011), (100), (101), (110) のとき, それぞれどのように復号されるべきか. また, 最小ハミング距離 $d_{\min}$ はいくらか. さらに, この符号を符号空間に示せ.

8.2　次講で紹介するハミング (n, k) 符号は, 冗長ビット $m = n - k$ に対して, 符号長 $n = 2^m - 1$ となる 1 bit 誤り訂正符号である. m が 3〜9 の場合について, 各符号の $d_{\min}$ はいくらか. また, n, k, 符号化率 η はそれぞれいくらか. さらに, 誤り訂正復号前のビット誤り率 $p_b = 10^{-4}$ のとき, 復号後の符号に誤りビットがある確率 p をそれぞれ求めよ.

8.3　符号長 $n = 7$ の 1 bit 訂正符号がある. (0000000) と (1111111) が符号語であるとき, そのほかの符号語では 7 bits のうちに 1 は何 bits あるか.

第 9 講　ハミング符号とシンドローム

本講では，誤り訂正の原理を述べる．まず，単純な単一誤り検出符号である偶数パリティ符号をとりあげる．これはブロック中の 1 のビット数が偶数になるように符号化するもので，1 bit の誤りがあれば受信側で 1 のビット数が奇数となるため，誤りとして検出できる符号である．次に，この偶数パリティ符号を垂直・水平に拡張した符号で誤りが訂正できることを示す．さらに，ブロック中の 1 bit の誤りを訂正できる基本的なハミング符号へ展開する．符号長が 7 のハミング $(7,4)$ 符号を例に，符号化を排他的論理和による計算方法で示す．また，復号のために行う演算についても説明する．復号の際にはシンドロームを算出する．これらを含めて，ハミング符号の符号化から復号までの流れを説明する．

9.1　符号の表現

本講では，説明のために送受信符号や誤りパターンを以下のように表現する．図 **9.1** に示すように，送信側で記号 $(a_1, a_2, \ldots, a_k)$ を送信符号 $\boldsymbol{a} = (a_1, a_2, \ldots, a_n)$（ただし $n > k$）に符号化して，受信側では受信符号 $\boldsymbol{a}' = (a'_1, a'_2, \ldots, a'_n)$ を受信する．ここで，$a_i,\ a'_i\ (i = 1, 2, \ldots, n)$ は 0 または 1 とする．この符号はブロック符号であり，符号長・ブロック長 n の (n, k) 符号である．このとき，通信路で発生する誤りがなければ $a'_i = a_i\ (i = 1, 2, \ldots, n)$ であり，第 i ビットに誤りがあれば $a'_i = a_i \oplus 1 = \bar{a}_i$ となる．ここで，$\bar{a}_i$ は a_i の 0 を 1 にあるいは 1 を 0 に反転したものを表す．また，第 i ビットに誤りがないことを $e_i = 0$，誤りがあることを $e_i = 1$ で表すと，$a'_i = a_i \oplus e_i$ と

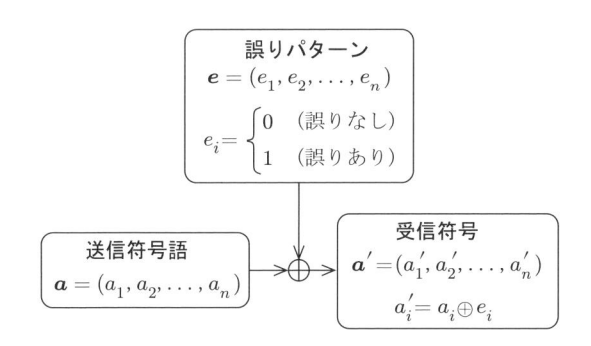

図 9.1　送受信符号と誤りパターン

示すことができる．$e = (e_1, e_2, \cdots, e_n)$ を誤りパターンとよぶ．

符号 a 中の 1 のビット数を**ハミング重み**（Hamming weight）$w_H(a)$ とよぶ．ハミング重みはすべてのビットが 0 である符号 0 とのハミング距離に等しく，次のように示すことができる．

$$w_H(a) = \sum_{i=1}^{n} a_i = d_H(0, a) \tag{9.1}$$

9.2　単一ビット誤り検出偶数パリティ符号

通信路における 1 bit の誤りを検出できる符号として，**偶数パリティ符号**（even parity check code）を紹介する．これは k [bits] の記号 $(a_1, a_2, \ldots, a_k)$ に対して，ハミング重みが偶数になるように 1 bit の a_{k+1} を付加した符号長 $n = k + 1$ の符号である．付加された冗長ビット $a_n = a_{k+1}$ は**パリティ検査ビット**（parity check bit）とよばれる．送信される符号語の 1 のビット数が偶数であることから，受信側で 1 を計数した結果は，通信路で誤りがなければ偶数となる．1 bit の誤りがある場合，計数結果は奇数となり，この場合は誤りとして検出できる．ただし，2 bits の誤りがあった場合には，計数結果は偶数となり，誤りとして検出されない．この符号は，k がいくつであっても適用できる．

たとえば $k = 6$ として記号 (011001) があるとき，1 が 3 bits で奇数となるため，ハミング重みが $w_H = 4$（偶数）となるように，$a_7 = 1$ として符号語 (0110011) に符号化する．

図 **9.2** のように，$k = 2$ の場合の偶数パリティ符号では記号は (00)，(01)，(10)，(11) の 4 個であり，これを符号化した符号語は (000)，(011)，(101)，(110) となる．$n = k + 1 = 3$ であることから符号は 8（$= 2^3$）個あり，ハミング重みが奇数である非符号語は 4 個となる．符号語間のハミング距離は $d_{\min} = 2$ であり，前講で述べたとおり，誤り検出できるビット数は $t = d_{\min} - 1 = 1$ となる．

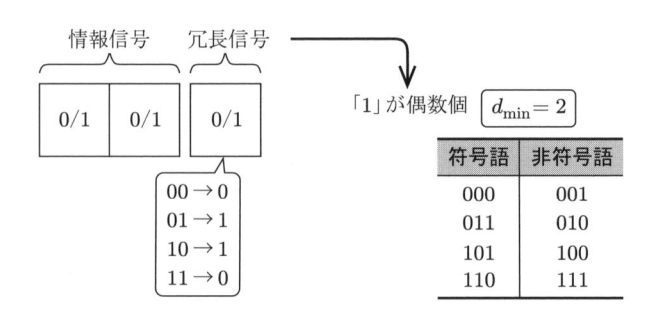

図 9.2　偶数パリティ $(3, 2)$ 符号

9.3 検出符号の組合せによる誤り訂正

1 bit 誤り検出符号である偶数パリティ符号を水平垂直に適用することにより，1 bit の誤りを訂正する符号に発展させる．図 **9.3** は偶数パリティ (3,2) 符号を基にした (8,4) 符号を示す．$k = 4$ bits の情報ビットは縦横 2×2 に配置され，それぞれ水平・垂直方向 2 行 2 列の四つのブロックで偶数パリティ (3,2) 符号化され，4 bits の冗長ビットが付加される．受信側では，偶数であるかの計数を 4 回行う．通信路での誤りがなければ，すべて偶数となる（図 (a)）．情報ビットに 1 bit の誤りがある場合，計数結果のうち誤りがある一つの行と一つの列で奇数となる（図 (b)）．その結果から誤りであるビットを特定し，これを訂正することが可能となる．冗長ビットが誤った場合には一つの計数結果のみが奇数となり，この場合も誤りビットを特定することができる（図 (c)）．これにより，1 bit の誤りを訂正することができる．

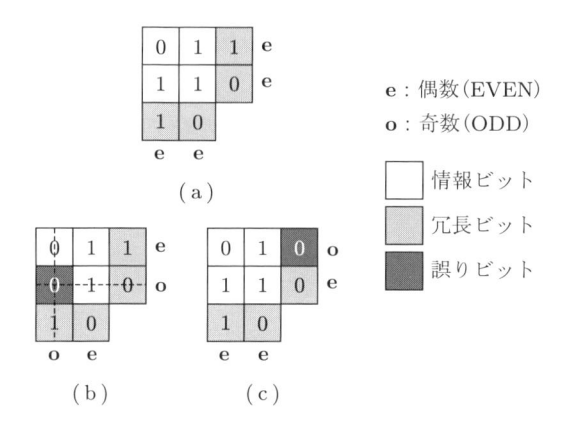

図 9.3　偶数パリティ符号の組合せによる誤り訂正

この (8,4) 符号の符号語間の最小ハミング距離は図 **9.4** の例のように 3 であり，この符号が 1 bit 訂正符号となることがわかる．したがって，2 bits 以上の誤りが発生した場合には正しく訂正することはできない．図 **9.5** のような 2 bits 誤りが発生した場合は，誤っていないビットを誤りと判定し反転することで誤り増加させる誤訂正が起こる場合（図 (a)）と，誤りを特定できずに訂正不能になる場合（図 (b)）が生じる．

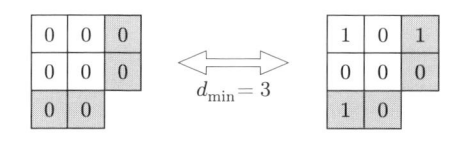

図 9.4　1 bit 訂正 (8,4) 符号の $d_{\min}$

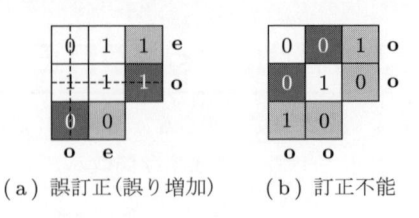

(a) 誤訂正(誤り増加)　　　(b) 訂正不能

図 9.5　(8, 4) 符号における2 bits誤り

9.4　符号の演算表示

1 bit 誤り訂正 (8, 4) 符号を縦横の表から，それぞれの演算を示す表示に書き換える．情報4 bits を a_1, a_2, a_3, a_4 とし，冗長4 bits を c_1, c_2, c_3, c_4 とする．送信側では，冗長ビットを決定するために行う4回の演算をそれぞれ p_1, p_2, p_3, p_4 とする．演算 p_1 では a_1, a_2, c_1 の3 bits 中に1のビット数が偶数になるように c_1 を決めている．同様に，演算 p_2 では a_3, a_4, c_2，演算 p_3 では a_1, a_3, c_3，演算 p_4 では a_2, a_4, c_4 でそれぞれ1のビット数が偶数になるように c_2, c_3, c_4 を決める．**図 9.6** では，このとき p_1, p_2, p_3, p_4 の演算に関与するビットをそれぞれ◎で記載している．受信側では受信した8 bits a_1', a_2', a_3', a_4', c_1', c_2', c_3', c_4' から4回の演算 p_1', p_2', p_3', p_4' を行う．各演算のうち演算 p_1' は a_1', a_2', c_1'，演算 p_2' は a_3', a_4', c_2'，演算 p_3' は a_1', a_3', c_3'，演算 p_4' は a_2', a_4', c_4' のなかで1のビットを計数し，偶数であるか奇数であるかを求める．たとえば，図 (b) のように a_3' が誤っている場合，a_3' が関与している演算 p_2', p_3'

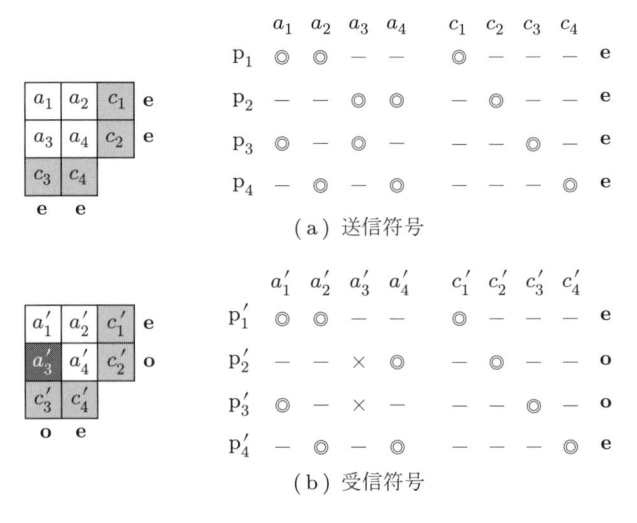

図 9.6　(8, 4) 符号の演算表示

が奇数となり，演算 p'_1, p'_4 は偶数となる．4回の演算結果は $2^4 = 16$ 通りあるが，誤りがない場合 1 通り，1 bit 誤りの場合 8 通り，そのほかの訂正不能の場合 7 通りとして，図 **9.7** のような演算表となる．演算表を縦方向に見るとわかるように，誤りがなければ演算 p'_1, p'_2, p'_3, p'_4 の結果はすべて偶数になる．a'_1 のみに誤りがあると p'_1, p'_3 の結果が奇数で，p'_2, p'_4 の結果は偶数となる．a'_1, a'_2, a'_3, a'_4, c'_1, c'_2, c'_3, c'_4 各ビットとも，発生する誤りによって演算結果は異なる．このことから，1 bit の誤りを前提にすると，演算結果から誤りビットを特定できることになる．ただし，訂正不能な演算結果もあり，効率の悪い符号であると考えられる．

	誤りなし	1 bit 誤り								訂正不能						
		a'_1	a'_2	a'_3	a'_4	c'_1	c'_2	c'_3	c'_4							
p'_1	e	o	o	e	e	o	e	e	e	o	e	o	o	o	o	e
p'_2	e	e	e	o	o	o	e	e	e	o	e	o	o	o	o	e
p'_3	e	o	e	o	e	e	e	o	e	o	o	o	e	o	e	o
p'_4	e	e	o	e	o	e	e	e	o	o	o	o	o	e	e	o

図 9.7　$(8, 4)$ 符号の演算結果の分類

9.5 ハミング符号

1 bit 誤り訂正 $(8, 4)$ 符号は訂正不能の演算結果があり，さらに効率化の余地があることがわかった．そこで，演算表を工夫して効率化を図ることで，冗長ビット数を削減することを試みる．

図 **9.8** のような $(7, 4)$ 符号を考える．冗長ビットを c_1, c_2, c_3 とし，a_1, a_2, a_3, c_1 で 1 のビット数が偶数になるように c_1 を定める．同様に，a_2, a_3, a_4, c_2 および a_1, a_2, a_4, c_3 から c_2, c_3 を決める．こうすると，図のようにどの 1 bit 誤りの演算結果も異なり，8 通りの演算結果は 1 通りの誤りなしと 7 通りの 1 bit 誤りに対応する．m 回の演算がある場合には 2^m 通りの結果があり，そのうち 1 通りが誤りなしに対応するため，符号長を $2^m - 1$ とすると，すべての 1 bit 誤りに演算結果を対応させることができる．この符号を**ハミング符号**（Hamming code）とよぶ．このようにすれば，15，31，63，127，255，... の符号長の符号をつくることができる．図に示す符号はハミング $(7, 4)$ 符号である．

ここまでは偶数パリティの考え方で冗長ビットの決定方法を説明してきたが，冗長ビット c_1, c_2, c_3 を排他的論理和による演算で表せる．a_1, a_2, a_3, c_1 で 1 のビット数が偶数になるように c_1 を定めるため，a_1, a_2, a_3 のなかの 1 のビット数が偶数か

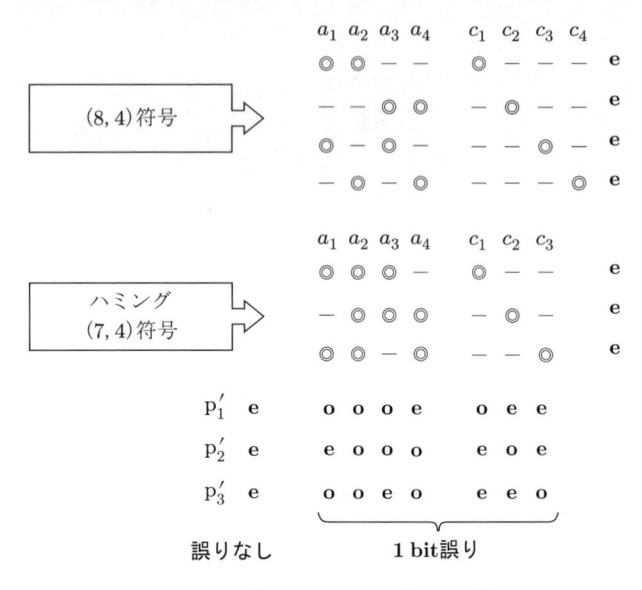

図 9.8　(8, 4) 符号からハミング (7, 4) 符号へ

奇数かで c_1 が決まる．このことから，冗長ビット c_1, c_2, c_3 は以下のようになる．これは，送信側で行われる演算 p_1, p_2, p_3 となる．

$$c_1 = a_1 \oplus a_2 \oplus a_3$$
$$c_2 = a_2 \oplus a_3 \oplus a_4 \tag{9.2}$$
$$c_3 = a_1 \oplus a_2 \oplus a_4$$

9.6　シンドローム

ハミング (7, 4) 符号において，送信符号語を $(a_1, a_2, a_3, a_4, c_1, c_2, c_3)$，誤りパターンを $(e_1, e_2, e_3, e_4, e_5, e_6, e_7)$ とするとき，受信符号は以下のようになる．

$$(a'_1, a'_2, a'_3, a'_4, c'_1, c'_2, c'_3)$$
$$= (a_1 \oplus e_1, a_2 \oplus e_2, a_3 \oplus e_3, a_4 \oplus e_4, c_1 \oplus e_5, c_2 \oplus e_6, c_3 \oplus e_7)$$

受信側では 7 bits の受信信号 $(a'_1, a'_2, a'_3, a'_4, c'_1, c'_2, c'_3)$ から前述の p_1, p_2, p_3 に対応する三つの演算 p'_1, p'_2, p'_3 を行う．この演算結果 s_1, s_2, s_3 はシンドローム (syndrome) とよばれ，以下のように表される．

$$s_1 = a'_1 \oplus a'_2 \oplus a'_3 \oplus c'_1$$
$$s_2 = a'_2 \oplus a'_3 \oplus a'_4 \oplus c'_2 \tag{9.3}$$

$$s_3 = a_1' \oplus a_2' \oplus a_4' \oplus c_3'$$

誤りがない場合，$a_i' = a_i$ $(i = 1, 2, 3, 4)$，$c_i' = c_i$ $(i = 1, 2, 3)$ であることから

$$s_1 = a_1 \oplus a_2 \oplus a_3 \oplus c_1 = 0$$
$$s_2 = a_2 \oplus a_3 \oplus a_4 \oplus c_2 = 0 \qquad\qquad (9.4)$$
$$s_3 = a_1 \oplus a_2 \oplus a_4 \oplus c_3 = 0$$

となる．

誤りなし，1 bit 誤りに対応するシンドローム s_1，s_2，s_3 は，図 **9.9** のようになる．s_1，s_2，s_3 とビット誤りの関係表を，**エラーテーブル**とよぶ．

		a_1	a_2	a_3	a_4		c_1	c_2	c_3	
		◎	◎	◎	−		◎	−	−	
		−	◎	◎	◎		−	◎	−	
		◎	◎	−	◎		−	−	◎	
s_1	0	1	1	1	0		1	0	0	$s_1 = a_1' \oplus a_2' \oplus a_3' \oplus c_1'$
s_2	0	0	1	1	1		0	1	0	$s_2 = a_2' \oplus a_3' \oplus a_4' \oplus c_2'$
s_3	0	1	1	0	1		0	0	1	$s_3 = a_1' \oplus a_2' \oplus a_4' \oplus c_3'$

誤りなし　　　　　　　1 bit 誤り

図 9.9　シンドロームと誤りビットの判定

図 9.9 によって，シンドローム s_1，s_2，s_3 から対応する 1 bit 誤りまでを特定でき，その誤りビットを表す $\hat{e}_i$ $(i = 1, 2, \ldots, 7)$ を得る．ここで誤りが第 j ビットのとき，$\hat{e}_j$ のみを 1 としてほかを 0 とする．$(s_1, s_2, s_3) = (0, 0, 0)$ の場合は誤りなしであり，そのほかの場合はいずれか 1 bit の誤りと判定することで，復号結果

$$(\hat{a}_1, \hat{a}_2, \hat{a}_3, \hat{a}_4, \hat{c}_1, \hat{c}_2, \hat{c}_3)$$
$$= (a_1' \oplus \hat{e}_1, a_2' \oplus \hat{e}_2, a_3' \oplus \hat{e}_3, a_4' \oplus \hat{e}_4, c_1' \oplus \hat{e}_5, c_2' \oplus \hat{e}_6, c_3' \oplus \hat{e}_7)$$

を得る．ここで，変数の上の ^ の表示は受信側での判定を示すもので，誤りが正しく訂正される場合は $\hat{a}_i = a_i$，$\hat{c}_i = c_i$，$\hat{e}_i = e_i$ となる．

例題 9.1　ハミング $(7, 4)$ 符号で受信符号に a_1' のみの 1 bit 誤りが発生する場合のシンドロームを求めよ．

解答　$a_1' = a_1 \oplus 1 = \bar{a}_1$ であることから，

$$s_1 = \bar{a}_1 \oplus a_2 \oplus a_3 \oplus c_1 = 1$$
$$s_2 = a_2 \oplus a_3 \oplus a_4 \oplus c_2 = 0$$
$$s_3 = \bar{a}_1 \oplus a_2 \oplus a_4 \oplus c_3 = 1$$

となる．$s_1 = 1$，$s_2 = 0$，$s_3 = 1$ であることから，図 9.9 のエラーテーブルによって，確

かに a_1' に誤りがあることがわかる．これにより $\hat{e}_1 = 1$, $\hat{e}_2 = \hat{e}_3 = \hat{e}_4 = \hat{e}_5 = \hat{e}_6 = \hat{e}_7 = 0$ とする．このように，ハミング $(7,4)$ 符号では，1 bit 誤りは正しく訂正される．

例題 9.2 ハミング $(7,4)$ 符号で受信符号の a_1', a_3' の 2 bits に誤りがあるとき，シンドロームと復号結果を求めよ．

解答 $a_1' = \bar{a}_1$, $a_3' = \bar{a}_3$ であることから

$$s_1 = \bar{a}_1 \oplus a_2 \oplus \bar{a}_3 \oplus c_1 = 0$$
$$s_2 = a_2 \oplus \bar{a}_3 \oplus a_4 \oplus c_2 = 1$$
$$s_3 = \bar{a}_1 \oplus a_2 \oplus a_4 \oplus c_3 = 1$$

となり，シンドローム $(s_1, s_2, s_3) = (0, 1, 1)$ となる．a_1', a_3' の 2 bits が誤っているにもかかわらず，図 9.9 から a_4' の 1 bit 誤りと判断され，$\hat{e}_4 = 1$ であるとし，これを反転して $\hat{a}_4 = a_4' \oplus \hat{e}_4 = a_4' \oplus 1 = \bar{a}_4$ とする誤訂正が発生する．復号結果としては

$$\hat{a}_1 = \bar{a}_1, \quad \hat{a}_2 = a_2, \quad \hat{a}_3 = \bar{a}_3, \quad \hat{a}_4 = \bar{a}_4, \quad \hat{c}_1 = c_1, \quad \hat{c}_2 = c_2, \quad \hat{c}_3 = c_3$$

となり，誤りビットが増加することになる．このように，ハミング $(7,4)$ 符号では 2 bits 誤りが発生すると正しく訂正を行えない．

例題 9.3 ハミング $(7,4)$ 符号において，a_1', a_2' が受信できず，そのほかのビットは誤りなく次のように受信された．

$$a_3' = 1, \quad a_4' = 1, \quad c_1' = 1, \quad c_2' = 0, \quad c_3' = 1$$

この符号を復号せよ．

解答 送信符号語 $(a_1, a_2, 1, 1, 1, 0, 1)$ を求める．

$$c_1 = a_1 \oplus a_2 \oplus a_3 \quad \text{より} \quad 1 = a_1 \oplus a_2 \oplus 1$$
$$c_2 = a_2 \oplus a_3 \oplus a_4 \quad \text{より} \quad 0 = a_2 \oplus 1 \oplus 1$$
$$c_3 = a_1 \oplus a_2 \oplus a_4 \quad \text{より} \quad 1 = a_1 \oplus a_2 \oplus 1$$

この連立方程式を解く．

$$0 = a_2 \oplus 1 \oplus 1 \quad \text{より} \quad a_2 = 0$$
$$1 = a_1 \oplus a_2 \oplus 1 = a_1 \oplus 0 \oplus 1 \quad \text{より} \quad a_1 = 0$$

したがって，$(0, 0, 1, 1, 1, 0, 1)$ と復号される．

1 bit 誤り訂正であることから，ハミング $(7,4)$ 符号は最小ハミング距離 3 の符号である．したがって，1 bit 誤り訂正以外にも 2 bits 誤り検出符号として利用することができる．

一方，この例題のように特定のビットが受信できない，すなわち消失している場合でも，消失ビット数が誤り検出能力以下であれば，ほかの正しく受信できているビットを用いて消失ビットを訂正することができる．これを**消失訂正**とよぶ．

例題9.4　表**9.1** の上半分に示すように，ハミング $(7,4)$ 符号において，$a_4 = 0$ の符号のみを用いる符号を考える．この符号の符号化率，誤り訂正能力はいくらか．

解答　$a_4 = 0$ と決まっているビットで情報を伝達することはできず，送信できる情報ビットは a_1, a_2, a_3 の 3 bits である．

$$c_1 = a_1 \oplus a_2 \oplus a_3$$
$$c_2 = a_2 \oplus a_3$$
$$c_3 = a_1 \oplus a_2$$

となり，符号化率 0.5 の $(6,3)$ 符号となる．a_4 を送信することなく，受信側では $a_4 = 0$ を加えてハミング $(7,4)$ 符号として復号する．6 bits 中，1 bit の誤りを訂正できる．

このように符号中のあるビットを 0 に固定し，送信せず，復号の際に固定されたビットを付加する符号を**短縮化符号**（shortened code）とよぶ．短縮符号は符号化率を犠牲にしているが，情報ビット数を自由に選択することができる．

表9.1

a_1	a_2	a_3	a_4	c_1	c_2	c_3
0	0	0	0	0	0	0
1	0	0	0	1	0	1
0	1	0	0	1	1	1
1	1	0	0	0	1	0
0	0	1	0	1	1	0
1	0	1	0	0	1	1
0	1	1	0	0	0	1
1	1	1	0	1	0	0
0	0	0	1	0	1	1
1	0	0	1	1	1	0
0	1	0	1	1	0	0
1	1	0	1	0	0	1
0	0	1	1	0	0	1
1	0	1	1	1	0	0
0	1	1	1	1	0	1
1	1	1	1	1	1	1

9.7 ハミング符号化・復号の流れ

図 **9.10** に送信側におけるハミング $(7,4)$ 符号化，通信路における誤りの付加，受信側における復号の流れを示す．送信側では，送信したい情報ビット a_i ($i = 1, 2, 3, 4$)

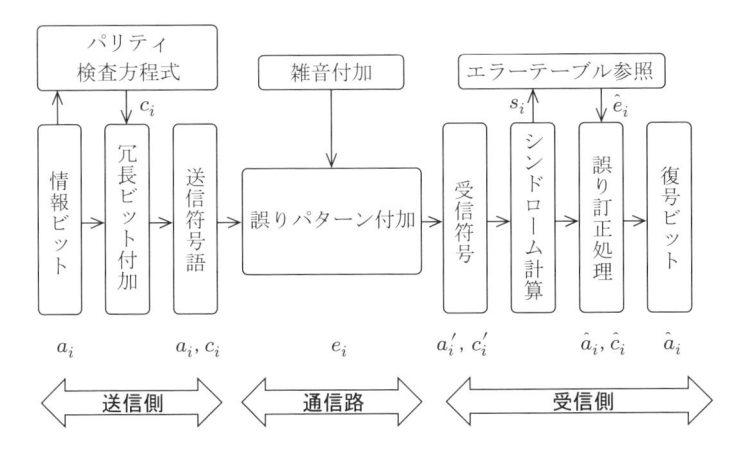

図 9.10　ハミング符号演算の流れ

から式 (9.2) により冗長ビット c_i $(i=1,2,3)$ を算出し，これを付加した送信符号語 a_i, c_i を送信する．通信路では，誤りパターン e_i $(i=1,2,\ldots,7)$ で表される誤りが発生する．受信側では，受信符号 a_i', c_i' からシンドローム s_i $(i=1,2,3)$ を算出する．図 9.9 のエラーテーブルを参照し，シンドロームに対応する $\hat{e}_i$ を得る．これをもとに誤りと判断されるビットを反転し，最終的な復号信号 $\hat{a}_i$ を得る．誤りビット数が 1 bit 以下の場合には $\hat{a}_i = a_i$ となる．

$$\text{演 習 問 題}$$

9.1 $(a_1, a_2, a_3, a_4) = (0,1,1,0)$ をハミング $(7,4)$ 符号化せよ．さらに，a_3' に誤りがあった場合の受信符号とシンドロームを求めよ．

9.2 ハミング $(7,4)$ 符号において $(a_1', a_2', a_3', a_4', c_1', c_2', c_3') = (1,1,0,1,1,1,0)$ が受信された．この符号を復号せよ．

9.3 ハミング $(7,4)$ 符号の符号語の全ビットについて，0 を 1 に，1 を 0 に反転した符号が符号語になることを示せ．

第 10 講　線形性とベクトル・行列表現

前講ではハミング符号について紹介したが，記号と符号語の対応方法である符号はほかにも数多くつくることができる．そのなかで，誤り検出・訂正能力を高くするために符号長を長くしつつ，効率のよい符号をいかに設計するかは重要な課題である．一方，ハミング符号など現在使われている符号の多くには，線形性や巡回性とよばれる性質がある．この性質を利用すると，符号の解析・設計がしやすくなる．線形符号とよばれる線形性のある符号は，ベクトルで表現し，行列演算で解析することができる．巡回性のある巡回符号は，多項式表現によりその特徴を利用した設計ができる．巡回性については次講で述べる．本講では，符号の線形性とベクトル・行列表現について説明する．

10.1　符号の線形性

符号のもつ性質のなかで重要なものの一つとして，**線形性**（linearity：線型性とも書く）が挙げられる．線形性とは直線（一次）の特徴をもつもので，

$$\text{加法性} \quad f(x + y) = f(x) + f(y) \tag{10.1}$$

$$\text{斉次性} \quad f(ax) = af(x) \tag{10.2}$$

といった性質をもつ．

パリティ検査方程式が一次方程式で表されるハミング符号は**線形符号**（linear code）である．**図10.1** に示すように，線形符号は符号語と符号語の和が符号語になることが特徴の一つに挙げられる．すなわち，2^n 個の符号のうち 2^k 個が符号語である (n, k) 符号において，二つの任意の符号語 $\boldsymbol{a} = (a_1, a_2, \ldots, a_n)$ と $\boldsymbol{b} = (b_1, b_2, \ldots, b_n)$ があるとき，$\boldsymbol{c} = \boldsymbol{a} \oplus \boldsymbol{b} = (c_1, c_2, \ldots, c_n)$ も符号語になる．ただし，$c_i = a_i \oplus b_i$ $(i = 1, 2, \ldots, n)$ である．

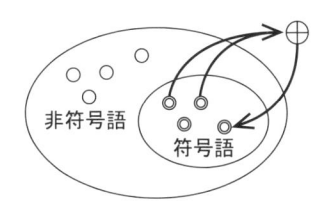

図 10.1　線形符号の性質

$\boldsymbol{a} = (a_1, a_2, \ldots, a_k, a_{k+1}, \ldots, a_n)$ において，冗長ビット a_j $(j = k+1, \ldots, n)$ は情報ビット $a_1, a_2, \ldots, a_k$ の関数として $a_j = f(a_1, a_2, \ldots, a_k)$ $(f:$ 一次関数$)$ のように表せる．同様に $\boldsymbol{b}$, $\boldsymbol{c}$ があり，$\boldsymbol{c} = \boldsymbol{a} \oplus \boldsymbol{b}$ のとき，一次関数 f の加法性より，$c_j = a_j \oplus b_j = f(a_1, a_2, \ldots, a_k) \oplus f(b_1, b_2, \ldots, b_k) = f(a_1 \oplus b_1, a_2 \oplus b_2, \ldots, a_k \oplus b_k) = f(c_1, c_2, \ldots, c_k)$ から，符号語の和が符号語であることが示される．

例題 10.1　符号語のハミング重みを偶数あるいは奇数になるように符号化する単一誤り検出偶数パリティ符号，奇数パリティ符号は線形符号であるか調べよ．

解答　図 **10.2** に示すように，偶数パリティの符号語の和は符号語になるが，奇数パリティの符号語の和は符号語にならない．このことから，偶数パリティ符号は線形符号であるが，奇数パリティ符号は線形符号でないことがわかる．

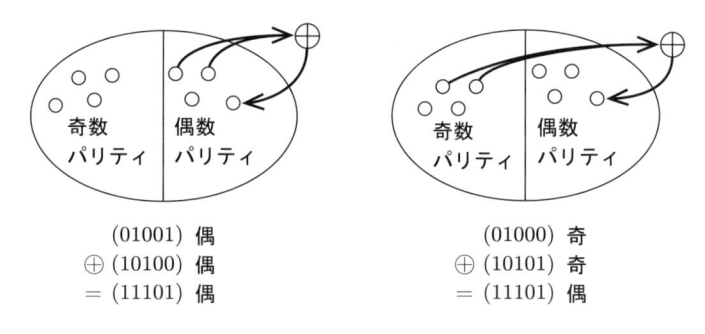

(01001)　偶　　　　　　　　(01000)　奇
$\oplus$ (10100)　偶　　　　　$\oplus$ (10101)　奇
$=$ (11101)　偶　　　　　　$=$ (11101)　偶

図 10.2　偶数パリティ，奇数パリティ符号の線形性

情報ビット $(a_1, a_2, \ldots, a_k)$ を単一誤り検査パリティ符号化するとき，$a_n = a_{k+1}$ は

偶数パリティ　$a_n = a_1 \oplus a_2 \oplus \cdots \oplus a_k$

奇数パリティ　$a_n = a_1 \oplus a_2 \oplus \cdots \oplus a_k \oplus 1$

となる．奇数パリティの場合，一次の特徴である加法性，斉次性がないことがわかる．

例題 10.2　ハミング $(7, 4)$ 符号が線形符号であることを示せ．

解答　二つの符号語 $\boldsymbol{a}_1 = (a_{11}, a_{12}, a_{13}, a_{14}, c_{11}, c_{12}, c_{13})$ と $\boldsymbol{a}_2 = (a_{21}, a_{22}, a_{23}, a_{24}, c_{21},$

$$
\begin{array}{l}
\ a_{11}, \qquad a_{12}, \qquad a_{13}, \qquad a_{14} \quad \Rightarrow c_{11}, c_{12}, c_{13} \\
\underline{\oplus \quad a_{21}, \qquad a_{22}, \qquad a_{23}, \qquad a_{24} \quad \Rightarrow c_{21}, c_{22}, c_{23}} \\
(a_{11} \oplus a_{21}), (a_{12} \oplus a_{22}), (a_{13} \oplus a_{23}), (a_{14} \oplus a_{24}) \Rightarrow c_{31}, c_{32}, c_{33}
\end{array}
$$

$$
\begin{aligned}
c_{31} &= (a_{11} \oplus a_{21}) \oplus (a_{12} \oplus a_{22}) \oplus (a_{13} \oplus a_{23}) \\
&= (a_{11} \oplus a_{12} \oplus a_{13}) \oplus (a_{21} \oplus a_{22} \oplus a_{23}) \\
&= c_{11} \oplus c_{21}
\end{aligned}
$$

図 10.3　ハミング $(7, 4)$ 符号の符号語の和

c_{22}, c_{23}) があるとき，これらの和を $\boldsymbol{a}_3 = \boldsymbol{a}_1 \oplus \boldsymbol{a}_2 = (a_{31}, a_{32}, a_{33}, a_{34}, c_{31}, c_{32}, c_{33})$ とする．$\boldsymbol{a}_3$ における冗長ビットは図 **10.3** のようにパリティ検査方程式を満たすことから，線形性をもつ符号であることがわかる．

10.2 線形符号の最小ハミング距離

最小ハミング距離について，線形符号では次の定理が知られている．

「線形符号の符号語間の最小ハミング距離は，全ビットが 0 である符号語 **0** 以外の符号語の最小ハミング重みに等しい．」

これは，線形符号の特徴である符号語の和が符号語であることから導かれる．すなわち，二つの符号語 $\boldsymbol{a}$，$\boldsymbol{b}$ があり，これらの和が符号語 $\boldsymbol{c}$ であるとき，

$$d_H(\boldsymbol{a}, \boldsymbol{b}) = \sum_{i=1}^{n} (a_i \oplus b_i)$$
$$= \sum_{i=1}^{n} c_i = w_H(\boldsymbol{c}) \tag{10.3}$$

となる．符号語間の最小ハミング距離は符号の誤り検出・訂正能力を示すものであるが，2^k 個ある符号語間のすべてのハミング距離を調べるには $2^k(2^k - 1)/2$ 回の演算が必要となる．しかし，すべての符号語のハミング重みの算出は 2^k 回の演算でよく，大幅に計算量を削減できる．k が大きくなるに従って，この削減効果は大きなものとなる．

一例として，ハミング $(7, 4)$ 符号のすべての符号語のハミング重み w_H を表 **10.1** に

表 10.1　ハミング $(7, 4)$ 符号のハミング重み

記号	a_1	a_2	a_3	a_4	c_1	c_2	c_3	w_H
0	0	0	0	0	0	0	0	0
1	1	0	0	0	1	0	1	3
2	0	1	0	0	1	1	1	4
3	1	1	0	0	0	1	0	3
4	0	0	1	0	1	1	0	3
5	1	0	1	0	0	1	1	4
6	0	1	1	0	0	0	1	3
7	1	1	1	0	1	0	0	4
8	0	0	0	1	0	1	1	3
9	1	0	0	1	1	1	0	4
10	0	1	0	1	1	0	0	3
11	1	1	0	1	0	0	1	4
12	0	0	1	1	1	0	1	4
13	1	0	1	1	0	0	0	3
14	0	1	1	1	1	1	0	4
15	1	1	1	1	1	1	1	7

示す．符号語は 16 個ある．この程度の大きさの符号であれば，全符号を検査すること
は容易である．全ビットが 0 である符号語以外の符号語のなかでもっとも小さいハミ
ング重みは 3 であり，これが符号語間の最小ハミング重みと一致するため，この符号
が 1 bit 誤り訂正符号となることがわかる．

10.3　符号のベクトル表現

符号の線形性を利用するため，ベクトル・行列による線形演算を利用する．そこで，
情報源ビット，冗長ビット，送信符号語，誤りパターン，受信符号，シンドローム，復
号パターン，復号ビットを以下のようにベクトルで表現する．ここでは，ビット数を
ハミング $(7,4)$ 符号を例に示している．

$$\text{情報源ベクトル} \quad : \boldsymbol{a} = (a_1, a_2, a_3, a_4)$$

$$\text{冗長ベクトル} \quad : \boldsymbol{p} = (c_1, c_2, c_3)$$

$$\text{送信符号語ベクトル} \quad : \boldsymbol{c} = (\boldsymbol{a}, \boldsymbol{p}) = (a_1, a_2, a_3, a_4, c_1, c_2, c_3)$$

$$\text{誤りパターンベクトル} : \boldsymbol{e} = (e_1, e_2, e_3, e_4, e_5, e_6, e_7)$$

$$\text{受信符号ベクトル} \quad : \boldsymbol{c}' = \boldsymbol{c} \oplus \boldsymbol{e} = (a_1', a_2', a_3', a_4', c_1', c_2', c_3')$$

$$\text{シンドロームベクトル} : \boldsymbol{s} = (s_1, s_2, s_3)$$

$$\text{復号パターンベクトル} : \hat{\boldsymbol{e}} = (\hat{e}_1, \hat{e}_2, \hat{e}_3, \hat{e}_4, \hat{e}_5, \hat{e}_6, \hat{e}_7)$$

$$\text{復号ベクトル} \quad : \hat{\boldsymbol{c}} = \boldsymbol{c}' \oplus \hat{\boldsymbol{e}} = (\hat{\boldsymbol{a}}, \hat{\boldsymbol{p}}) = (\hat{a}_1, \hat{a}_2, \hat{a}_3, \hat{a}_4, \hat{c}_1, \hat{c}_2, \hat{c}_3)$$

送信される符号 $\boldsymbol{c}$ は必ず符号語であるが，受信符号 $\boldsymbol{c}'$ は誤りの有無により符号語の場
合と非符号語の場合がある．

ここで，情報源ベクトル $\boldsymbol{a}$ が与えられたとき，符号器では送信符号語ベクトル $\boldsymbol{c}$ を
求める．ハミング $(7,4)$ 符号では，$\boldsymbol{a}$ が 4 bits のベクトル，$\boldsymbol{c}$ が 7 bits のベクトルで
あることから，パリティ検査方程式を満たすように次式で表すことができる．

$$
\boldsymbol{c} = \boldsymbol{a}\boldsymbol{G} = (a_1, a_2, a_3, a_4)
\begin{bmatrix}
1 & 0 & 0 & 0 & 1 & 0 & 1 \\
0 & 1 & 0 & 0 & 1 & 1 & 1 \\
0 & 0 & 1 & 0 & 1 & 1 & 0 \\
0 & 0 & 0 & 1 & 0 & 1 & 1
\end{bmatrix}
$$

$$
= (a_1, a_2, a_3, a_4, a_1 \oplus a_2 \oplus a_3, a_2 \oplus a_3 \oplus a_4, a_1 \oplus a_2 \oplus a_4)
$$

$$
= (a_1, a_2, a_3, a_4, c_1, c_2, c_3) = (\boldsymbol{a}, \boldsymbol{p}) \tag{10.4}
$$

ここで，以下の $\boldsymbol{G}$ を生成行列（generator matrix）とよぶ．

$$G = \begin{bmatrix} 1 & 0 & 0 & 0 & 1 & 0 & 1 \\ 0 & 1 & 0 & 0 & 1 & 1 & 1 \\ 0 & 0 & 1 & 0 & 1 & 1 & 0 \\ 0 & 0 & 0 & 1 & 0 & 1 & 1 \end{bmatrix} \tag{10.5}$$

行列演算のなかの乗算・加算は 0，1 のなかでの以下に示す mod 2 の演算である．

乗算：$0 \times 0 = 0$，　$0 \times 1 = 0$，　$1 \times 0 = 0$，　$1 \times 1 = 1$

加算：$0 \oplus 0 = 0$，　$0 \oplus 1 = 1$，　$1 \oplus 0 = 1$，　$1 \oplus 1 = 0$

■ **例題 10.3**　生成行列を用いて，$a = (0, 1, 0, 1)$ をハミング $(7, 4)$ 符号化せよ．
解答

$$c = aG = (0, 1, 0, 1) \begin{bmatrix} 1 & 0 & 0 & 0 & 1 & 0 & 1 \\ 0 & 1 & 0 & 0 & 1 & 1 & 1 \\ 0 & 0 & 1 & 0 & 1 & 1 & 0 \\ 0 & 0 & 0 & 1 & 0 & 1 & 1 \end{bmatrix} = (0, 1, 0, 1, 1, 0, 0)$$

10.4　パリティ検査行列

　符号器では，生成行列によって送信符号語ベクトル c を得る．これに通信路での誤りパターンベクトル e が加わり，次に示す受信符号ベクトル c' が受信される．

$$\begin{aligned} c' &= c \oplus e \\ &= (a_1 \oplus e_1, a_2 \oplus e_2, a_3 \oplus e_3, a_4 \oplus e_4, c_1 \oplus e_5, c_2 \oplus e_6, c_3 \oplus e_7) \\ &= (a_1', a_2', a_3', a_4', c_1', c_2', c_3') \end{aligned} \tag{10.6}$$

　受信側の復号器では，受信符号ベクトル c' からシンドロームベクトル s を求める．この演算は次のように示される．

$$s = c'H^{\mathrm{T}} \tag{10.7}$$

^{T} は行列の転置演算子である．ここで，行列 H は**パリティ検査行列**とよばれ，シンドローム演算と比較し，図 **10.4** のように与えられる．

　これにより，

$$s = c'H^{\mathrm{T}} = (a_1', a_2', a_3', a_4', c_1', c_2', c_3') \begin{bmatrix} 1 & 0 & 1 \\ 1 & 1 & 1 \\ 1 & 1 & 0 \\ 0 & 1 & 1 \\ 1 & 0 & 0 \\ 0 & 1 & 0 \\ 0 & 0 & 1 \end{bmatrix}$$

$$= (a_1' \oplus a_2' \oplus a_3' \oplus c_1', a_2' \oplus a_3' \oplus a_4' \oplus c_2', a_1' \oplus a_2' \oplus a_4' \oplus c_3')$$

$$= (s_1, s_2, s_3) \tag{10.8}$$

となる.

$$
\begin{aligned}
s_1 &= a_1' \oplus a_2' \oplus a_3' && \oplus c_1' \\
s_2 &= && a_2' \oplus a_3' \oplus a_4' && \oplus c_2' \\
s_3 &= a_1' \oplus a_2' && \oplus a_4' && && \oplus c_3'
\end{aligned}
$$

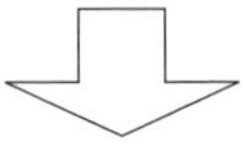

$$
\boldsymbol{H} =
\begin{bmatrix}
1 & 1 & 1 & 0 & 1 & 0 & 0 \\
0 & 1 & 1 & 1 & 0 & 1 & 0 \\
1 & 1 & 0 & 1 & 0 & 0 & 1
\end{bmatrix}
$$

図 10.4　シンドロームとパリティ検査行列

10.5　生成行列とパリティ検査行列の比較

生成行列とパリティ検査行列の関係は，以下のように比較することができる.

$$
\boldsymbol{G} =
\left[
\begin{array}{cccc|ccc}
1 & 0 & 0 & 0 & 1 & 0 & 1 \\
0 & 1 & 0 & 0 & 1 & 1 & 1 \\
0 & 0 & 1 & 0 & 1 & 1 & 0 \\
0 & 0 & 0 & 1 & 0 & 1 & 1
\end{array}
\right]
= [\boldsymbol{I}_4 \mid \boldsymbol{F}]
$$

$$
\boldsymbol{H} =
\left[
\begin{array}{cccc|ccc}
1 & 1 & 1 & 0 & 1 & 0 & 0 \\
0 & 1 & 1 & 1 & 0 & 1 & 0 \\
1 & 1 & 0 & 1 & 0 & 0 & 1
\end{array}
\right]
= [\boldsymbol{F}^{\mathrm{T}} \mid \boldsymbol{I}_3]
$$

$$
\boldsymbol{H}^{\mathrm{T}} =
\left[
\begin{array}{ccc}
1 & 0 & 1 \\
1 & 1 & 1 \\
1 & 1 & 0 \\
0 & 1 & 1 \\
\hline
1 & 0 & 0 \\
0 & 1 & 0 \\
0 & 0 & 1
\end{array}
\right]
=
\left[
\begin{array}{c}
\boldsymbol{F} \\
\hline
\boldsymbol{I}_3
\end{array}
\right]
$$

ここで，$\boldsymbol{I}_3$, $\boldsymbol{I}_4$ は単位行列，$\boldsymbol{F}$ は生成行列の一部とする.

10.6 送信符号語のシンドローム

送信符号語あるいは誤りなく受信された符号ベクトルについて，パリティ検査行列を用いてシンドロームを求めると $s = 0$ となる．

$$s = cH^{\mathrm{T}} = (a_1, a_2, a_3, a_4, c_1, c_2, c_3) \begin{bmatrix} 1 & 0 & 1 \\ 1 & 1 & 1 \\ 1 & 1 & 0 \\ 0 & 1 & 1 \\ 1 & 0 & 0 \\ 0 & 1 & 0 \\ 0 & 0 & 1 \end{bmatrix}$$

$$= (a_1 \oplus a_2 \oplus a_3 \oplus c_1, a_2 \oplus a_3 \oplus a_4 \oplus c_2, a_1 \oplus a_2 \oplus a_4 \oplus c_3)$$

$$= (0, 0, 0) \tag{10.9}$$

$$\therefore c_1 = a_1 \oplus a_2 \oplus a_3, \quad c_2 = a_2 \oplus a_3 \oplus a_4, \quad c_3 = a_1 \oplus a_2 \oplus a_4$$

例題 10.4　$a = (0, 1, 0, 1)$ をハミング $(7, 4)$ 符号化した符号語 $c = (0, 1, 0, 1, 1, 0, 0)$ のシンドロームを求め，誤りを調べよ．

解答

$$s = cH^{\mathrm{T}} = (0, 1, 0, 1, 1, 0, 0) \begin{bmatrix} 1 & 0 & 1 \\ 1 & 1 & 1 \\ 1 & 1 & 0 \\ 0 & 1 & 1 \\ 1 & 0 & 0 \\ 0 & 1 & 0 \\ 0 & 0 & 1 \end{bmatrix} = (0, 0, 0)$$

このように $s = 0$ となることから，送信される符号語に誤りがないことがわかる．

例題 10.5　符号語 $c = (0, 1, 0, 1, 1, 0, 0)$ において，a_3 に誤りが発生した場合の誤りパターンベクトル e および受信符号ベクトル c' を示せ．

解答　a_3 に対応する誤りは e_3 であり，$e = (0, 0, 1, 0, 0, 0, 0)$ となる．c' は以下のとおりである．

$$c' = c \oplus e$$

$$= (0, 1, 0, 1, 1, 0, 0) \oplus (0, 0, 1, 0, 0, 0, 0)$$

$$= (0, 1, 1, 1, 1, 0, 0)$$

10.7　パリティ検査行列によるシンドローム算出

シンドロームベクトル s は次のように展開することができる.

$$
\begin{aligned}
s &= (s_1, s_2, s_3) \\
&= c'H^{\mathrm{T}} = (c \oplus e)H^{\mathrm{T}} \\
&= cH^{\mathrm{T}} \oplus eH^{\mathrm{T}} = eH^{\mathrm{T}} \qquad \because cH^{\mathrm{T}} = 0
\end{aligned}
$$

以上から, シンドローム s は送信符号語 c によらず誤りパターン e のみによって決まることがわかる. すなわち, 誤りビット数が 1 bit 以下であることを前提に s が求まれば, この s に対応する復号パターンベクトル $\hat{e}$ を求めることにより誤りを訂正した復号ベクトル $\hat{c} = c' + \hat{e}$ を得る. この対応はエラーテーブルによって与えられる.

ハミング (n, k) 符号においては符号長 $n = 2^m - 1$ であり, s は m [bits] のベクトルである. したがって s は 2^m 個あり, $2^m - 1$ 個の 1 bit 誤りと誤りなし 1 個の復号パターンベクトル $\hat{e}$ に対応する.

シンドローム s は誤りパターンベクトル e に対して

$$
s = c'H^{\mathrm{T}} = e
\begin{bmatrix}
1 & 0 & 1 \\
1 & 1 & 1 \\
1 & 1 & 0 \\
0 & 1 & 1 \\
1 & 0 & 0 \\
0 & 1 & 0 \\
0 & 0 & 1
\end{bmatrix}
= (s_1, s_2, s_3)
$$

であり, ここで, 誤りビット数が 1 以下のとき

$$
\begin{aligned}
e &= (0,0,0,0,0,0,0) \quad \text{ならば} \quad s = (0,0,0) \\
e &= (1,0,0,0,0,0,0) \quad \text{ならば} \quad s = (1,0,1) \\
e &= (0,1,0,0,0,0,0) \quad \text{ならば} \quad s = (1,1,1) \\
e &= (0,0,1,0,0,0,0) \quad \text{ならば} \quad s = (1,1,0) \\
e &= (0,0,0,1,0,0,0) \quad \text{ならば} \quad s = (0,1,1) \\
e &= (0,0,0,0,1,0,0) \quad \text{ならば} \quad s = (1,0,0) \\
e &= (0,0,0,0,0,1,0) \quad \text{ならば} \quad s = (0,1,0) \\
e &= (0,0,0,0,0,0,1) \quad \text{ならば} \quad s = (0,0,1)
\end{aligned}
\tag{10.10}
$$

となる. すなわち, 第 i ビットに誤りがあるとき, s は H^{T} の第 i 行となる. 以上の原理により, 復号器では c' から上述の演算で得た $s = c'H^{\mathrm{T}}$ を用いて式 (10.10) にある e と s の対応をもとに誤りパターンベクトル $\hat{e}$ を求めて, 誤りビットを特定して訂正することができる.

例題 10.6　受信符号が $c' = (0, 1, 1, 1, 1, 0, 0)$ のときのシンドロームと誤りビットを求めよ.

解答

$$s = c'H^{\mathrm{T}} = (0, 1, 1, 1, 1, 0, 0) \begin{bmatrix} 1 & 0 & 1 \\ 1 & 1 & 1 \\ 1 & 1 & 0 \\ 0 & 1 & 1 \\ 1 & 0 & 0 \\ 0 & 1 & 0 \\ 0 & 0 & 1 \end{bmatrix} = (1, 1, 0)$$

$s = (1, 1, 0)$ は式 (10.10) より $e = (0, 0, 1, 0, 0, 0, 0)$ に対応することから, a_3' に誤りがある. したがって, $\hat{c} = c' + \hat{e} = (0, 1, 0, 1, 1, 0, 0)$ となる.

ここでここまでに述べたハミング符号演算の流れを**図 10.5** に示す.

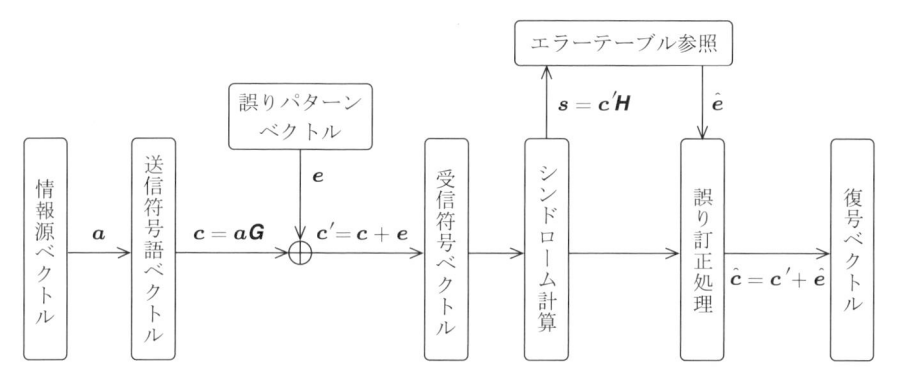

図 10.5　ハミング符号演算の流れ (ベクトル表現)

$$\text{演 習 問 題}$$

10.1　ハミング $(7, 4)$ 符号で, 受信符号が $c' = (1, 1, 0, 1, 1, 1, 0)$ のときのシンドロームと誤りビットを求めよ.

10.2　パリティ検査行列が

$$H = \begin{bmatrix} 0 & 1 & 1 & 1 & 1 & 0 & 0 & 0 \\ 1 & 0 & 1 & 1 & 0 & 1 & 0 & 0 \\ 1 & 1 & 0 & 1 & 0 & 0 & 1 & 0 \\ 1 & 1 & 1 & 0 & 0 & 0 & 0 & 1 \end{bmatrix}$$

のとき,

(1) 生成行列 G を求めよ.

(2) 符号語をすべて示せ.

(3) この符号の誤り訂正・検出能力はいくらか.

第 11 講　巡回性と多項式表現

　前講で説明した線形性とともに，重要な符号の性質として巡回性がある．符号語を巡回置換した符号が符号語になるというのが巡回符号の定義である．一方，符号を解析する際に用いる表現方法として多項式表現がある．多項式表現を用いることで巡回符号特有の性質を解析することができ，符号長の長い複雑な符号でも解析がしやすくなる．本講では，巡回性の紹介と多項式表現による解析により，符号の設計方法を検討する．また，巡回符号の特徴の一つであるバースト誤りの検出についても説明する．巡回符号の多項式表現は通信路符号化の基本であり，これを用いてこれまでさらに工夫された符号が提案されてきている．

11.1　巡回性

　巡回置換とは図 11.1 に示すように，符号の各ビットを 1 bit ずつ左にシフトし，一番左のビットを一番右に移動することを表す．一例として，7 bits の符号 $c_0 = (0, 0, 1, 0, 1, 1, 1)$ があるとき，これを巡回置換した符号は $c_1 = (0, 1, 0, 1, 1, 1, 0)$ となる．この巡回置換を順次繰り返すと，図のように $c_0, c_1, \ldots, c_6$ となり，c_6 から c_0 にもどる．

$$
\begin{aligned}
c_0 &: 0010111 \\
c_1 &: 0101110 \\
c_2 &: 1011100 \\
&\quad\;\; \vdots \\
c_6 &: 1001011
\end{aligned}
$$

図 11.1　符号語の巡回置換

　巡回符号（cyclic code）とは，その符号語を巡回置換した符号が符号語になるものである．図の例では，c_0 がある符号の符号語であるとき，$c_0, c_1, \ldots, c_6$ がすべて符号語になる場合，この符号は巡回符号となる．巡回符号は後述の多項式表現を用いて解析することにより，規模の大きな符号でも簡易に設計，装置化が可能で，これまでに優れた多くの研究が行われ，実用化されている．

■ **例題 11.1** ハミング $(7,4)$ 符号が巡回符号であることを示せ.

解答 ハミング $(7,4)$ 符号は符号語が 16 個の小さな符号であるので,ここではすべての符号語についてそれを巡回置換した符号が符号語になることを確認する.すべての符号語とそれを巡回置換した符号語の関係を,**表 11.1** に示す.ハミング重みが 0, 3, 4, 7 の符号語が 1, 7, 7, 1 個ずつあり,その中で巡回されている.

表 11.1 ハミング $(7,4)$ 符号の巡回置換

記号	a_1	a_2	a_3	a_4	c_1	c_2	c_3	w_H		記号	a_1	a_2	a_3	a_4	c_1	c_2	c_3	w_H
0	0	0	0	0	0	0	0	0		0	0	0	0	0	0	0	0	0
1	1	0	0	0	1	0	1	3		1	1	0	0	0	1	0	1	3
2	0	1	0	0	1	1	1	4		2	0	1	0	0	1	1	1	4
3	1	1	0	0	0	1	0	3		3	1	1	0	0	0	1	0	3
4	0	0	1	0	1	1	0	3		4	0	0	1	0	1	1	0	3
5	1	0	1	0	0	1	1	4		5	1	0	1	0	0	1	1	4
6	0	1	1	0	0	0	1	3		6	0	1	1	0	0	0	1	3
7	1	1	1	0	1	0	0	4		7	1	1	1	0	1	0	0	4
8	0	0	0	1	0	1	1	3		8	0	0	0	1	0	1	1	3
9	1	0	0	1	1	1	0	4		9	1	0	0	1	1	1	0	4
10	0	1	0	1	1	0	0	3		10	0	1	0	1	1	0	0	3
11	1	1	0	1	0	0	1	4		11	1	1	0	1	0	0	1	4
12	0	0	1	1	0	0	1	4		12	0	0	1	1	0	0	1	4
13	1	0	1	1	0	0	0	3		13	1	0	1	1	0	0	0	3
14	0	1	1	1	0	1	0	4		14	0	1	1	1	0	1	0	4
15	1	1	1	1	1	1	1	7		15	1	1	1	1	1	1	1	7

11.2 多項式表現

前講では符号の線形性を利用して符号をベクトルで表現し,行列演算で解析した.本節では,符号の巡回性を利用すべく,符号を**多項式表現**で表す.まず,この多項式による表現方法について示す.

いま,n [bits] の符号があるとき,これを左から順に以下のように並べる.

$$c_{n-1}, c_{n-2}, \ldots, c_1, c_0$$

$c_i = 0$ または 1 である $(i = 0, \ldots, n-1)$.ここでは,これまでの表現方法と違い,ビット位置を示す添字(suffix)が右のものほど小さく,最低が 0 であることに注意する.この符号をこれまでのベクトル表現で示すと,$\boldsymbol{c} = (c_{n-1}, c_{n-2}, \ldots, c_1, c_0)$ となる.

次に,各ビットが n [bits] の符号のなかの第何ビットに位置するかを示すため,x の指数で示す.0 から数えて右から第 i ビットに c_i が位置する場合は,$c_i x^i$ と示す.n [bits] で構成される符号は,各ビットを加算して次のような多項式 $C(x)$ で表される.

$$C(x) = c_{n-1}x^{n-1} + c_{n-2}x^{n-2} + \cdots + c_1 x + c_0 \tag{11.1}$$

通常の多項式表現方法にならい，x^1 は x と表現し，$x^0 = 1$ はあえて記載せず，$c_1 x^1 + c_0 x^0$ は $c_1 x + c_0$ となる．$c_i = 0$ の項は記載しない．$c_i = 0$ または 1 であり，ここでの加算，乗算は mod 2 の演算 $0 \times 0 = 0$，$0 \times 1 = 0$，$1 \times 0 = 0$，$1 \times 1 = 1$，$0 + 0 = 0$，$0 + 1 = 1$，$1 + 0 = 1$，$1 + 1 = 0$ である．また加算（＋：プラス）の逆演算である減算（－：マイナス）は加算と等価であることに注意が必要である．これは，**表 11.2** で示される．

表 11.2　mod 2 の加算と減算

加算	逆演算・減算
$0 + 0 = 0$　→	$0 - 0 = 0$　（$0 + 0 = 0$ で ＋ を － に変えたもの）
$0 + 1 = 1$　→	$1 - 1 = 0$　（$1 + 1 = 0$ で ＋ を － に変えたもの）
$1 + 0 = 1$　→	$1 - 0 = 1$　（$1 + 0 = 1$ で ＋ を － に変えたもの）
$1 + 1 = 0$　→	$0 - 1 = 1$　（$0 + 1 = 1$ で ＋ を － に変えたもの）

さらに，mod 2 の演算であるので，$2x = (1+1)x$ に相当する演算結果は 0 となる．すなわち，x が 0 であっても 1 であっても，$0 + 0 = 0$，$1 + 1 = 0$ から $2x = 0$ となる．

■ **例題 11.2**　$\boldsymbol{c} = (c_6, c_5, \ldots, c_1, c_0) = (1, 0, 0, 1, 0, 1, 1)$ を多項式表現せよ．
■ **解答**　$C(x) = c_6 x^6 + c_5 x^5 + \cdots + c_1 x + c_0 = x^6 + x^3 + x + 1$

11.3　巡回符号の条件

前講では符号のベクトル表現を用いて，情報源ベクトル $\boldsymbol{a}$ に生成行列 $\boldsymbol{G}$ をかけて送信符号ベクトル $\boldsymbol{c}$ に符号化する方法について紹介した．同様に，多項式表現を用いて**情報源多項式** $A(x)$ に生成多項式 $G(x)$ をかけて**送信符号語多項式** $C(x)$

$$C(x) = A(x)G(x) \tag{11.2}$$

を得ることを考える．すなわち，ある符号語がある情報源多項式に対応し，この符号語は生成多項式 $G(x)$ で割り切れることとする．(n, k) 符号であれば $c_{n-1}, c_{n-2}, \ldots, c_1, c_0$ の n [bits] で構成される $C(x)$ は最大で $(n-1)$ 次の多項式となる．なお，ここで「最大で」と断っているのは，c_{n-1} が 0 で c_{n-2} が 1 の場合は $(n-2)$ 次の多項式となるためである．同様に，$A(x)$ は最大で $(k-1)$ 次の多項式となる．このことから，$G(x)$ は $m\ (=n-k)$ 次の多項式となる．

次に，この生成多項式 $G(x)$ で符号化された $C(x)$ が巡回符号になる条件を検討する．そのために，まず $C(x)$ を巡回置換した $\tilde{C}(x)$ を多項式で表現する．

図 **11.2** に示すように，巡回置換は

①各ビットを左に 1 bit シフト
②一番左のビット c_{n-1} を一番右のビットに移動する

という二つの過程がある．①は $C(x)$ に x を乗算し，$xC(x)$ を得る過程に相当する．②は $c_{n-1}x^n$ を引いて c_{n-1} を加えることで表すことができる．さらに，この演算では減算と加算が同じことを意味することから，図 11.2 に示すように，$(n-1)$ 次多項式 $C(x)$ を巡回置換した $\tilde{C}(x)$ は

$$\tilde{C}(x) = xC(x) - c_{n-1}x^n + c_{n-1}$$
$$= xC(x) + c_{n-1}(x^n + 1) \tag{11.3}$$

となる．ここで，この符号が巡回符号になるには，$C(x) = A(x)G(x)$ が符号語であるときに，$\tilde{C}(x)$ が $G(x)$ で割り切れる符号語になればよい．式 (11.3) より

$$x^n + 1 = Q(x)G(x)$$

とすれば，$\tilde{C}(x) = xA(x)G(x) + c_{n-1}Q(x)G(x)$ となり，$C(x)$ の巡回置換 $\tilde{C}(x)$ は $G(x)$ で割り切れる符号語となる．言い換えると，$G(x)$ として $(x^n + 1)$ の因数を選択すれば，$G(x)$ は符号長 n の巡回符号の生成多項式となる．これにより，n が大きな値であっても，$(x^n + 1)$ を mod 2 で因数分解すれば巡回符号を設計できることになる．

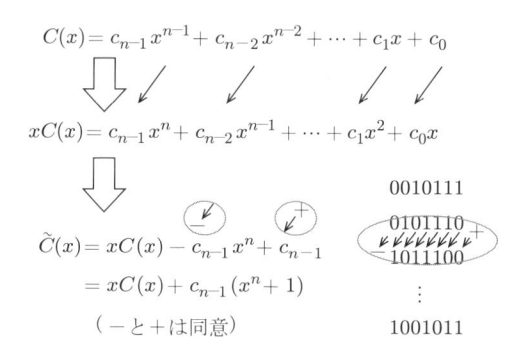

図 11.2　巡回置換の多項式表現

11.4　巡回符号の多項式表現

　ベクトル・行列表現において，情報源ベクトル $\boldsymbol{a}$，生成行列 $\boldsymbol{G}$，送信符号語ベクトル $\boldsymbol{c}$，誤りパターンベクトル $\boldsymbol{e}$，受信符号ベクトル $\boldsymbol{c}'$，パリティ検査行列 $\boldsymbol{H}$，シンドロームベクトル $\boldsymbol{s}$ などを定義したのと同様に，多項式表現においてもそれぞれ**表 11.3** のとおりに各種多項式を定義する．(n, k) 符号で $m = n - k$ とするときの多項式表現

表 11.3　多項式の定義と最大次数

名称	定義	最大次数
情報源多項式	$A(x)$	$(k-1)$ 次
生成多項式	$G(x)$	m 次
送信符号語多項式	$C(x) = A(x)G(x)$	$(n-1)$ 次
誤りパターン多項式	$E(x)$	$(n-1)$ 次
受信符号多項式	$C'(x) = C(x) + E(x)$	$(n-1)$ 次
シンドローム多項式	$S(x) = C'(x) \bmod G(x)$	$(m-1)$ 次
復号パターン多項式	$\hat{E}(x)$	$(n-1)$ 次
復号多項式	$\hat{C}(x) = C'(x) + \hat{E}(x)$	$(n-1)$ 次

をそれぞれの最大次数とあわせて示す.

　誤りパターン多項式

$$E(x) = e_{n-1}x^{n-1} + e_{n-2}x^{n-2} + \cdots + e_1 x + e_0 \tag{11.4}$$

は第 i ビットに誤りがあるときに, 第 i 次の係数 e_i が 1 となる多項式である. たとえ
ば, 右より 0 から数えて第 0 ビットと第 3 ビットに誤りがあれば, $E(x) = x^3 + 1$ と
なる. 受信側では, 送信符号語に誤りパターンが加わった受信符号多項式

$$C'(x) = C(x) + E(x) \tag{11.5}$$

が受信される. 復号器では $C'(x)$ からシンドローム多項式 $S(x)$ を算出して, これを
もとに復号パターン多項式 $\hat{E}(x)$, 復号多項式

$$\hat{C}(x) = C'(x) + \hat{E}(x) \tag{11.6}$$

を得る. ここで, シンドローム多項式 $S(x) = C'(x) \bmod G(x)$ は $C'(x)$ を $G(x)$ で
割った**剰余多項式**であり, $S(x)$ と $\hat{E}(x)$ は一対一対応している. 誤りがない場合は
$C'(x) = C(x) + E(x) = C(x)$ であることから, シンドローム多項式

$$S(x) = C(x) \bmod G(x) \tag{11.7}$$

は 0 となる.

例題 11.3　2 bits の情報源多項式 $A(x) = a_1 x + a_0$ を符号化し, ハミング重みが偶数の
送信符号語多項式 $C(x) = c_2 x^2 + c_1 x + c_0$ に符号化する単一誤り検出偶数パリティ $(3, 2)$
符号は巡回符号であることを示せ. また, この符号の生成多項式を求めよ.

解答　この符号は符号長 $n = 3$ である. そこで $(x^n + 1)$ を因数分解し, その因数のうち
次数が $m = n - k = 3 - 2 = 1$ のものを生成多項式とすればよい. $(x^n + 1)$ を mod 2 で
因数分解すると

$$x^3 + 1 = (x+1)(x^2 + x + 1)$$

となる. この因数分解は mod 2 演算であることから, $x + x = 0$ であることに注意すると

$$(x+1)(x^2+x+1) = x(x^2+x+1) + (x^2+x+1)$$
$$= x^3 + x^2 + x + x^2 + x + 1 = x^3 + 1$$

と展開することによって確認できる．ここで，$m(=1)$ 次の因数 $(x+1)$ を生成多項式として選択する．すなわち，送信符号語多項式を $C(x) = A(x)G(x) = (x+1)A(x)$ とする．

$C(x) = (x+1)A(x)$ はハミング重みが同じ $xA(x)$ と $A(x)$ を加算した符号であり，$A(x)$ のハミング重みが偶数でも奇数でも $C(x)$ のハミング重みは偶数になる．

$k = 2$ であることから，情報ビット (00), (01), (10), (11) に対応する情報源多項式 $A(x)$ はそれぞれ，$0,\ 1,\ x,\ x+1$ となる．各情報源多項式 $A(x)$ とこれに対応する送信符号語多項式 $C(x)$ および $\boldsymbol{a}$, $\boldsymbol{c}$ と比較すると，**表 11.4** のようになる．

表 11.4

$A(x)$	$C(x)$	$\boldsymbol{a}$	$\boldsymbol{c}$
0	$0 \cdot G(x) = 0$	(00)	(000)
1	$1 \cdot G(x) = x+1$	(01)	(011)
x	$xG(x) = x^2 + x$	(10)	(110)
$x+1$	$(x+1)G(x) = x^2 + 1$	(11)	(101)

このように，符号語 $C(x)$ のハミング重みはそれぞれ 0, 2, 2, 2 であり，偶数パリティ符号の符号語になる．ここで，符号語 (011) を巡回置換すると (011) ⇒ (110) ⇒ (101) となり，いずれも符号語となっており，(000) も同様であることから，偶数パリティ符号が巡回符号であることがわかる．なお，$\boldsymbol{a} = (1,0)$ に対して $\boldsymbol{c} = (1,1,0)$ である．9.2 節で定義したような情報ビットの後に冗長ビットを付加したものでは，$\boldsymbol{a} = (1,0)$ に対して $\boldsymbol{c} = (1,0,1)$ であり，同じ情報源ベクトル $\boldsymbol{a}$ に対する符号語ベクトル $\boldsymbol{c}$ が異なることがわかる．

11.5　非組織ハミング (7,4) 符号

符号長 $n = 7$ の巡回符号を求める．生成多項式 $G(x)$ は次の因数分解から求まる．

$$(x^7 + 1) = (x^3 + x + 1)(x^3 + x^2 + 1)(x+1)$$

ここで，三つある因数のうち，$(x+1)$ は単一誤り検出偶数パリティ (7,6) 符号の生成多項式となる．$(x^3 + x + 1)$ または $(x^3 + x^2 + 1)$ を用いると，3 bits の冗長ビットを付加した (7,4) 巡回符号となる．このうち，$(x^3 + x + 1)$ を生成多項式 $G(x)$ とした場合，$k = 4$ の情報源多項式 $A(x)$ 16 個に対する送信符号語多項式 $C(x)$ は**表 11.5** のような対応になる．

ここで，この 16 個の符号語は第 9 講で述べたハミング (7,4) 符号のいずれかになっている．しかし，情報ビットと符号語の対応が異なる．たとえば，$\boldsymbol{a} = (0,1,0,0)$ の多項式表現で $A(x) = x^2$ のとき，$C(x) = x^5 + x^3 + x^2$，$\boldsymbol{c} = (0,1,0,1,1,0,0)$ となる．

表 11.5 非組織ハミング符号の多項式表現

$A(x) \cdot G(x) = C(x)$
$0 \cdot (x^3 + x + 1) = 0$
$1 \cdot (x^3 + x + 1) = x^3 + x + 1$
$x \cdot (x^3 + x + 1) = x^4 + x^2 + x$
$(x + 1) \cdot (x^3 + x + 1) = x^4 + x^3 + x^2 + 1$
$x^2 \cdot (x^3 + x + 1) = x^5 + x^3 + x^2$
$(x^2 + 1) \cdot (x^3 + x + 1) = x^5 + x^2 + x + 1$
$(x^2 + x) \cdot (x^3 + x + 1) = x^5 + x^4 + x^3 + x$
$(x^2 + x + 1) \cdot (x^3 + x + 1) = x^5 + x^4 + 1$
$x^3 \cdot (x^3 + x + 1) = x^6 + x^4 + x^3$
$(x^3 + 1) \cdot (x^3 + x + 1) = x^6 + x^4 + x + 1$
$(x^3 + x) \cdot (x^3 + x + 1) = x^6 + x^3 + x^2 + x$
$(x^3 + x + 1) \cdot (x^3 + x + 1) = x^6 + x^2 + x + 1$
$(x^3 + x^2) \cdot (x^3 + x + 1) = x^6 + x^5 + x^4 + x^2$
$(x^3 + x^2 + 1) \cdot (x^3 + x + 1) = x^6 + x^5 + x^4 + x^3 + x^2 + x + 1$
$(x^3 + x^2 + x) \cdot (x^3 + x + 1) = x^6 + x^5 + x$
$(x^3 + x^2 + x + 1) \cdot (x^3 + x + 1) = x^6 + x^5 + x^3 + 1$

このように，c の左 4 bits は a と同じになるとはかぎらない．この対応は，第 9 講で述べたハミング (7, 4) 符号のように，a の後に冗長ビットを付加したものとは異なる．

このように符号は，符号語の左 k [bits] が情報ビットと同じ組織符号と，そうとはかぎらない非組織符号に分類できる．**図 11.3** は単一誤り検出偶数パリティ (3, 2) 符号の例であるが，**組織符号**（systematic code）は情報源 (00)，(01)，(10)，(11) に対して，情報ビットをそのままにして，冗長ビット 1 bit をハミング重みが偶数になるように付加している．これに対して，**非組織符号**は情報源多項式 $A(x)$ に対して送信符号語多項式を $C(x) = A(x)(x + 1)$ となるように定めている．これにより，符号語になっている符号は同じでも，情報源 (10) に対応する符号語は組織符号では (101)，非組織符号では (110) となり，情報源 (10)，(11) で対応する符号語が入れ替わっている．

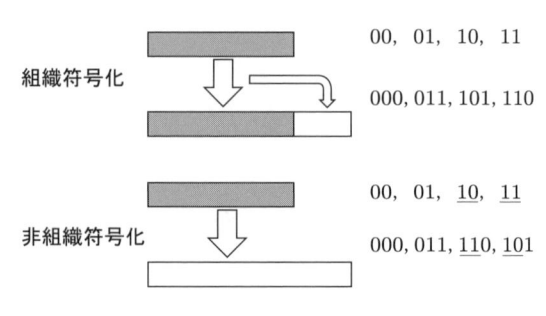

図 11.3 組織符号と非組織符号

　前述の $(x^7 + 1)$ の因数 $(x^3 + x + 1)$ を生成多項式とする巡回符号である非組織ハ
ミング $(7,4)$ 符号の場合でも，組織符号のハミング符号と同じ符号語となっている
が，対応する情報源が異なる．組織符号の符号語の多項式も $G(x)$ で割り切れるが，
$C(x) = A(x)G(x)$ という対応にはなっていない．そこで，**図 11.4** のように $A(x)$ と
非組織符号の $C(x)$ は横に並べられるが，組織符号にするには矢印で示すように対応
を入れ替えればよい．すべての符号語の多項式が $G(x)$ で割り切れ，$C(x)$ の一部がそ
のまま $A(x)$ と等しい組織符号で巡回符号となるハミング $(7,4)$ 符号の生成方法を次
節で検討する．

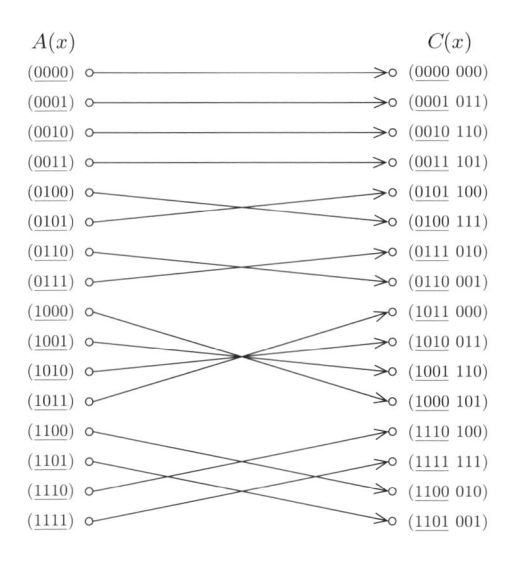

図 11.4　組織・非組織ハミング $(7,4)$ 符号の対応

11.6　組織ハミング $(7,4)$ 符号

　組織符号で巡回符号となるハミング $(7,4)$ 符号のつくり方を考える．条件は次の二
つとなる．

①組織符号であること

　　このために，情報源多項式 $A(x)$ の各ビットの並びを変えずに送信符号語多項式
　　$C(x)$ の一部となるようにする．

②巡回符号であること

　　このために，$(x^7 + 1)$ の因数 $(x^3 + x + 1)$ を生成多項式として，送信符号語多項

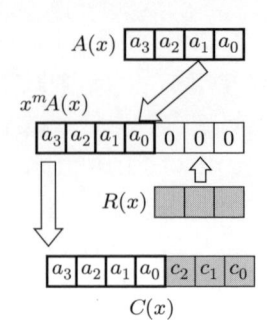

（1）$A(x)$ をそのまま高次に移動
$$x^m A(x)$$

（2）割り切れない ⇒ 剰余を引く
$$C(x) = x^m A(x) + R(x)$$
$$R(x) = x^m A(x) \bmod G(x)$$

図 11.5　組織ハミング $(7,4)$ 符号のつくり方

　式 $C(x)$ が $G(x)$ で割り切れるようにする．

この二つの条件を満たすように $A(x)$ を $C(x)$ に符号化する手順を図 **11.5** に示す．

(1) 与えられた最大 $(k-1)$ 次多項式 $A(x)$ をそのままの並びで符号語の上位ビットに移動させた最大 $(n-1)$ 次多項式として，$x^m A(x)$ を用意する．ここで，$m = n - k$ である．これで上記の条件①を満たすが，このままでは $G(x)$ で割り切れない．

(2) $x^m A(x)$ を $G(x)$ で割ったときの剰余多項式 $R(x) = x^m A(x) \bmod G(x)$ を $x^m A(x)$ から引いた多項式を送信符号語多項式 $C(x)$ とすることで，$C(x)$ は条件①とともに条件②も満たす組織巡回符号となる．すなわち，$k\,[\text{bits}]$ の多項式 $A(x)$ に対して，次の $n\,[\text{bits}]$ 多項式を送信符号語多項式とすればよい．なお，表 11.2 で示したように，剰余の減算と加算は等しいため，加算で示している．

$$C(x) = x^m A(x) + x^m A(x) \bmod G(x) \tag{11.8}$$

例題 11.4　情報源ベクトル $\boldsymbol{a} = (1,0,0,1)$ を多項式表現した $A(x)$ を組織巡回符号であるハミング $(7,4)$ 符号化せよ．

解答　$A(x) = x^3 + 1$ となる．ハミング $(7,4)$ 符号では $m = n - k = 3$ であることから，
$$x^3 A(x) = x^3 (x^3 + 1) = x^6 + x^3$$
である．$G(x) = x^3 + x + 1$ とすると，剰余多項式 $R(x)$ は図 **11.6** より
$$R(x) = x^3 A(x) \bmod G(x) = (x^6 + x^3) \bmod (x^3 + x + 1) = x^2 + x$$
となり，したがって，
$$C(x) = x^3 A(x) + x^3 A(x) \bmod G(x) = x^6 + x^3 + x^2 + x$$
となる．これは，ベクトル表現では $\boldsymbol{c} = (1,0,0,1,1,1,0)$ となる．

　図 11.6 では多項式の除算によって剰余多項式を求めている．このとき，多項式の減算においては $\bmod 2$ での演算であることに注意が必要である．この演算表記は多項式の係数のみを記載して，図 **11.7** のように表示することもできる．

$$
\begin{array}{rl}
 & x^3 + x \\
x^3+x+1 \,\big) & x^6 \qquad +x^3 \\
 & \underline{x^6 + x^4 + x^3} \\
 & \qquad x^4 \\
 & \qquad \underline{x^4 \qquad + x^2 + x} \\
 & \qquad\qquad\qquad x^2 + x
\end{array}
$$

図 11.6　多項式の除算

$$
\begin{array}{rl}
 & 1010 \\
1011 \,\big) & 1001000 \\
 & \underline{1011} \\
 & \quad 10 \\
 & \quad \underline{1011} \\
 & \qquad 110
\end{array}
$$

図 11.7　多項式の除算（係数表示）

ここで，一般化した $A(x) = a_3x^3 + a_2x^2 + a_1x + a_0$ を，生成多項式 $G(x) = x^3 + x + 1$ を用いてハミング $(7,4)$ 符号化する．

$$
\begin{aligned}
R(x) &= x^3A(x) \bmod G(x) \\
&= (a_3x^6 + a_2x^5 + a_1x^4 + a_0x^3) \bmod (x^3 + x + 1)
\end{aligned}
\tag{11.9}
$$

は図 **11.8** の計算から

$$
R(x) = (a_3 + a_2 + a_1)x^2 + (a_2 + a_1 + a_0)x + (a_3 + a_2 + a_0)
$$

であることから

$$
C(x) = x^3A(x) + (a_3 + a_2 + a_1)x^2 + (a_2 + a_1 + a_0)x + (a_3 + a_2 + a_0) \tag{11.10}
$$

となる．

$$
\begin{array}{rl}
 & a_3x^3 + a_2x^2 + (a_3+a_1)x + (a_3+a_2+a_0) \\
x^3+x+1 \,\big) & a_3x^6 + a_2x^5 + a_1x^4 \qquad + a_0x^3 \\
 & \underline{a_3x^6 \qquad + a_3x^4 \qquad + a_3x^3} \\
 & a_2x^5 + (a_3+a_1)x^4 + (a_3+a_0)x^3 \\
 & \underline{a_2x^5 \qquad + a_2x^3 \qquad + a_2x^2} \\
 & (a_3+a_1)x^4 + (a_3+a_2+a_0)x^3 + a_2x^2 \\
 & \underline{(a_3+a_1)x^4 \qquad + (a_3+a_1)x^2 \qquad + (a_3+a_1)x} \\
 & (a_3+a_2+a_0)x^3 + (a_3+a_2+a_1)x^2 + (a_3+a_1)x \\
 & \underline{(a_3+a_2+a_0)x^3 \qquad + (a_3+a_2+a_0)x + (a_3+a_2+a_0)} \\
 & (a_3+a_2+a_1)x^2 + (a_2+a_1+a_0)x + (a_3+a_2+a_0)
\end{array}
$$

図 11.8　ハミング $(7,4)$ 符号化における剰余多項式

ここで，図 **11.9** のように，ハミング $(7,4)$ 符号の行列演算と多項式演算を比較する．同じ符号化を別の演算方法で示しているものなので，対応していることがわかる．多項式演算の第 1 項 $x^3A(x)$ は行列の左側の単位行列となっている部分に相当する．また，剰余 $R(x)$ の係数は行列の右側と要素と一致している．

$$C(x) = x^3 A(x) + x^3 A(x) \bmod G(x)$$
$$= x^3 A(x) + (a_3 + a_2 + a_1)x^2$$
$$+ (a_2 + a_1 + a_0)x$$
$$+ (a_3 + a_2 + a_0)$$

図 11.9　符号化の行列演算と多項式演算の比較

11.7　巡回符号によるバースト誤り検出

第 8 講で述べたとおり，t_1 [bits] の誤り訂正として使える符号を t_2 $(t_2 > t_1)$ [bits] の誤りの検出符号として使うことができるように，ある符号について異なる使い方をすることができる場合がある．本節では，冗長ビットとして m [bits] の検査ビットを付加した巡回符号は，t_2 $(m \geqq t_2)$ [bits] 以下のバースト誤り検出符号として用いることができることを示す．

(n, k) 巡回符号 $C(x) = x^m A(x) + x^m A(x) \bmod G(x)$ が送信され，$E(x)$ で表されるバースト誤りが付加されて $C'(x) = C(x) + E(x)$ が受信されたとする．バースト誤りは第 j ビットから始まり，$E(x) = x^j E_b(x)$ となる．図 **11.10** のように，バースト誤り長は m_b であり，$E_b(x)$ は $(m_b - 1)$ 次の多項式となる．第 j ビットと第 $(j + m_b - 1)$ ビットに誤りが発生し，その二つのビットの間に最大 m_b [bits] の誤りがあるが，そのほかのビットには誤りはない．

このとき，$C'(x) = C(x) + x^j E_b(x)$ を $G(x)$ で割った剰余を求める．
$$C(x) \bmod G(x) = 0$$
であることから
$$C'(x) \bmod G(x) = x^j E_b(x) \bmod G(x)$$

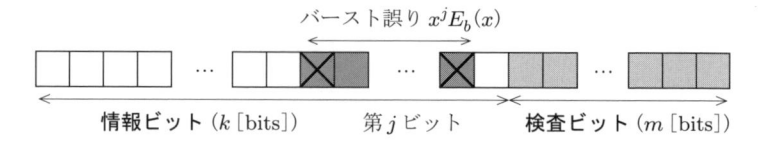

図 11.10　バースト誤りの多項式表現

となる．x^j は $G(x)$ で割り切れない．$G(x)$ が m 次多項式であるのに対して，$m_b - 1 < m$ を満足すれば $(m_b - 1)$ 次多項式 $E_b(x)$ は $G(x)$ で割り切れない．すなわち

$$x^j \bmod G(x) \neq 0, \quad E_b(x) \bmod G(x) \neq 0$$

から，m [bits] 以下のバースト誤りが発生したときの $C'(x)$ は $G(x)$ で割り切れないため，誤りが検出される．

これは，**図 11.11** のように $C'(x) = C(x) + x^j E_b(x)$ を右方向に j 回巡回置換した符号 $\tilde{C}_j(x)$ からも説明できる．巡回置換をすることで，m [bits] のバースト誤りは $\tilde{C}_j(x)$ の検査ビット m [bits] のなかにのみあることになる．この検査ビットは $\tilde{C}_j(x)$ の情報ビットを符号化して得られた検査ビットとはエラーによって異なるものになる．このことから，$\tilde{C}_j(x)$ は符号語にならない．巡回符号において，$C(x)$ が符号語であればこれを巡回置換した符号も符号語となるはずであるから，$\tilde{C}_j(x)$ が符号語でないため $\tilde{C}(x)$ は符号語でなく，誤りが検出される．

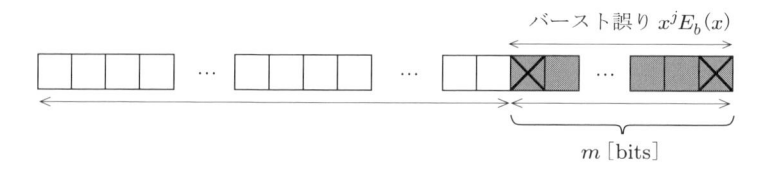

バースト誤り $x^j E_b(x)$

m [bits]

図 11.11 バースト誤りの巡回置換

$G(x) = x^3 + x + 1$ で $m = 3$ bits の情報ビットを付加するハミング $(7,4)$ 符号は，符号長 $n = 7$ で符号語間の最小ハミング距離 $d_{\min} = 3$ の符号である．このことから，1 bit 誤り x^j $(j = 0, 1, \ldots, 6)$ を訂正できる符号として使えるが，誤り訂正しない場合には 2 bits のランダム誤り $x^i + x^j$ $(i, j = 0, 1, \ldots, 6, i > j)$ を検出できる．さらに，巡回符号であることから，3 bits 以下のバースト誤り $x^j(e_2 x^2 + e_1 x + e_0)$ $(j = 0, 1, \ldots, 4)$ を検出できる．e_2, e_1, e_0 はそれぞれ 0 または 1 である．

$_7 C_2 = 21$ 通りある 2 bits ランダム誤り $x^i + x^j = x^j(x^{i-j} + 1)$ は，x^j と $x^{i-j} + 1$ のいずれも $G(x) = x^3 + x + 1$ で割り切れないことから，誤り検出される．これに対して 3 bits 以上のランダム誤りでは，$E(x) = x^3 + x + 1$ などのように誤りパターン多項式 $E(x) = Q(x)G(x)$（$Q(x)$ は最大 m 次の多項式で，$Q(x) \neq 0$）の場合に $C'(x) = C(x) + E(x)$ が $G(x)$ で割り切れ，誤りを検出できずに見逃す．

3 bits のバースト誤り $x^j(e_2 x^2 + e_1 x + e_0)$ は $G(x)$ で割り切れず，誤りとして検出される．一方で，$E(x) = x^j(x^3 + x + 1)$ は 3 bits ランダム誤りであるとともに，第 j ビットから第 $(j+4)$ ビットにわたる 4 bits のバースト誤りとみることができる．この $E(x)$ は $G(x)$ で割り切れるため，検出できない．

　巡回符号による誤り検出は **CRC**（cyclic redundancy check）とよばれ，広く使われている．符号は送受で同一のものを用いるため，標準化されている符号が多く使われる．標準化機関である ITU-T（国際電気通信連合電気通信標準化部門：international telecommunication union telecommunication standardization sector）では，いくつかの長さの CRC 符号が標準化されている．もっとも短い CRC-1 は生成多項式 $G(x) = x + 1$ の偶数パリティ符号であり，次に CRC-4 の $G(x) = x^4 + x + 1$ が続き，種々の長さのものが標準化されている．よく使われる CRC-16 は $G(x) = x^{16} + x^{12} + x^5 + 1 = (x+1)(x^{15} + x^{14} + x^{13} + x^{12} + x^4 + x^3 + x^2 + x + 1)$ である．これは 16 bits 以下のバースト誤りはすべて検出できる．第 j ビットから始まる 17 bits のバースト誤り $x^j E_b(x)$（$E_b(x)$ は 16 次多項式で，x^{16} と x^0 の係数は 1 となる）のうち，$x^1 \sim x^{15}$ の係数が $E_b(x)$ と $G(x)$ で一致して $E_b(x) = G(x)$ となり，誤りの見逃し確率は 2^{-15} となる．すなわち，17 bits バースト誤りのうちの $(1 - 2^{-15}) \times 100 = 99.9969\%$ は検出される．また，$G(x)$ の因数 $x + 1$ をかけていることから，偶数パリティ検査符号として機能し，奇数個の誤りはすべて検出される．

$$=========== 演　習　問　題 ===========$$

11.1　$A(x) = x^3 + x$ を生成多項式 $G(x) = x^3 + x + 1$ のハミング $(7,4)$ 符号で非組織符号化，組織符号化せよ．

11.2　記号 0 を符号 (000) に，記号 1 を符号 (111) に符号化する $(3,1)$ 符号について，生成行列 **G**，検査行列 **H**，生成多項式 $G(x)$ を示せ．

11.3　$G(x) = x + 1$ を生成多項式とする任意の符号長 n の符号は巡回符号であることと，この符号が奇数個の誤りを検出できることを示せ．

11.4　$A(x) = x^3 + 1$ を生成多項式 $G(x) = x^3 + x + 1$ により非組織符号化，組織符号化せよ．また，$C'(x) = x^6 + x^5 + x^3 + x^2 + x$ をハミング $(7,4)$ 符号で復号せよ．

第12講　巡回符号の復号と生成多項式の根

　　受信多項式を生成多項式で割ったときの剰余であるシンドロームを算出することで，巡回符号を復号できることを前講で示した．本講では，この剰余を剰余定理で求めることから議論を進める．剰余定理では，受信多項式に生成多項式の根 α を代入することにより剰余を求める．この根 α はこれまで検討してきたガロア体とよばれる $\{0, 1\}$ の元でなく，これを広げた拡大ガロア体で検討する必要がある．本講ではシンドロームの算出と剰余定理を説明した後，生成多項式の根と拡大ガロア体について述べる．

12.1　シンドローム多項式

　前講で，情報源多項式 $A(x)$ を，生成多項式 $G(x)$ で割り切れる送信符号語多項式 $C(x) = x^m A(x) + x^m A(x) \bmod G(x)$ $(m = n - k)$ に符号化する巡回符号 (n, k) について説明した．ここで，$C(x)$ に誤りパターン多項式 $E(x)$ が加算された受信多項式 $C'(x) = C(x) + E(x)$ が受信される．復号器では，$C'(x)$ をもとに算出したシンドローム多項式 $S(x)$ から復号パターン多項式 $\hat{E}(x)$ を求めて，$\hat{C}(x) = C'(x) + \hat{E}(x)$ として誤りを訂正する．

　ここで，受信多項式を生成多項式で割った剰余多項式

$$S(x) = C'(x) \bmod G(x)$$

をシンドローム多項式とする．誤りがなく $E(x) = 0$, $C'(x) = C(x)$ の場合は $S(x) = 0$ となり，誤りがある場合は $E(x) \bmod G(x) = 0$ でないかぎり $S(x) \neq 0$ となる．

　$(2^m - 1)$ bits の符号長で 1 bit 以下の誤りパターンは，誤りなしを含めて 2^m 個となる．$G(x)$ は m 次の多項式であるため，剰余である $S(x)$ は 2^m 個ある．1 bit 誤り訂正符号の場合，1 bit 以下のすべての誤りパターン多項式に対して，シンドローム $S(x) = C'(x) \bmod G(x)$ が異なる必要がある．

$$C'(x) = C(x) + E(x) = a'_3 x^6 + a'_2 x^5 + a'_1 x^4 + a'_0 x^3 + c'_2 x^2 + c'_1 x + c'_0$$

を受信したときのシンドローム多項式は，そのまま除算を行えば

$$S(x) = C'(x) \bmod G(x)$$
$$= (a'_3 + a'_2 + a'_1 + c'_2)x^2 + (a'_2 + a'_1 + a'_0 + c'_1)x + (a'_3 + a'_2 + a'_0 + c'_0)$$

$$s = c'H^{\mathrm{T}} = (a'_3, a'_2, a'_1, a'_0, c'_2, c'_1, c'_0) \begin{bmatrix} 1 & 0 & 1 \\ 1 & 1 & 1 \\ 1 & 1 & 0 \\ 0 & 1 & 1 \\ 1 & 0 & 0 \\ 0 & 1 & 0 \\ 0 & 0 & 1 \end{bmatrix}$$

$$\begin{aligned} S(x) &= C'(x) \bmod G(x) \\ &= (a'_3 + a'_2 + a'_1 + c'_2)x^2 \\ &\quad + (a'_2 + a'_1 + a'_0 + c'_1)x \\ &\quad + (a'_3 + a'_2 + a'_0 + c'_0) \end{aligned}$$

図 12.1 シンドロームの行列演算と多項式演算の比較

となる．なお，ベクトル表現と比較すると，図 **12.1** のようになる．

12.2 剰余定理

シンドローム多項式 $S(x) = C'(x) \bmod G(x)$ の算出には前述のように除算を行えばよいが，剰余のみを得る場合は，剰余定理の利用により計算を簡易化できる．剰余定理とは，多項式 $A(x)$ を $(x - \alpha)$ で割った剰余 r が

$$r = A(x) \bmod (x - \alpha) = A(\alpha)$$

となるというもので，商多項式を $Q(x)$ としたとき，$A(x) = (x - \alpha)Q(x) + r$ に $x = \alpha$ を代入し，$A(\alpha) = (\alpha - \alpha)Q(\alpha) + r = r$ で証明される．

これをシンドローム多項式の算出に適用するため，方程式

$$G(x) = 0$$

の根を α とすると，$G(x) = (x - \alpha)G'(x)$ と因数分解ができ，$C(x)$ が $G(x)$ で割り切れることから $C(x) = Q(x)G(x)$ とおくと，

$$C'(x) = C(x) + E(x) = Q(x)G(x) + E(x) = Q(x)(x - \alpha)G'(x) + E(x)$$

となる．ここで $x = \alpha$ を代入すると，右辺第 1 項が $Q(\alpha)(\alpha - \alpha)G'(\alpha) = 0$ となることから，

$$C'(\alpha) = E(\alpha) \tag{12.1}$$

となる．すなわち，受信符号多項式に $x = \alpha$ を代入することで，誤りパターン多項式が得られる．そのために，以下では $G(x) = 0$ の根 α について考える．

さて，$G(x) = x^3 + x + 1$ であることから $G(0) \neq 0$，$G(1) \neq 0$ であり，0，1 ともに生成多項式の根 α でないことがわかる．これまで 0，1 のみの範囲で検討を進めてき

たが，この範囲では根がなく議論が進まない．そこで，数の領域を拡大する．

　この拡大は，実数から複素数に拡大する場合と類似している．実数の範囲では方程式 $x^2 + 1 = 0$ の根がない．そこで根 j を定義することで，$x^2 + 1 = (x - j)(x + j)$ と因数分解することが可能となる．この際に，数の領域が実数から複素数に拡大される．同様に，これまでの $0, 1$ のみの数の領域から $G(x) = 0$ の根 α を定義することで，領域を拡大する．まず，$0, 1$ のみからなる数の領域を**ガロア体**（Galois field）GF(2) とよぶ．この名称はフランスの数学者エヴァリスト・ガロア（Évariste Galois, 1811–1832）に由来する．これは有限の元からなる有限体で，体のなかで演算が定義される．GF(2) は，元は二つで $\{0, 1\}$ なる集合である．このなかでの演算として，**表 12.1** に示す加算，乗算および逆演算である減算，除算が定義される．

表 12.1　ガロア体の演算

(a) 加算

+	0	1
0	0	1
1	1	0

(b) 乗算

×	0	1
0	0	0
1	0	1

12.3　拡大ガロア体

　表 12.2 のように，実数にない $x^2 + 1 = 0$ の根 j を定義することで，複素数 $a + jb$ に拡大される．このとき，係数 a, b は実数となる．同様に，ガロア体 GF(2) のなかにない $G(x) = x^3 + x + 1 = 0$ の根を α として定義すると，**拡大ガロア体** GF(2^3) とよばれる有限体に拡大される．生成多項式 $G(x)$ が 3 次多項式であることから，拡大ガロア体 GF(2^3) の有限個の元は $a_0 + a_1\alpha + a_2\alpha^2$ となる．a_0, a_1, a_2 はガロア体 GF(2) の元 $\{0, 1\}$ のいずれかとなるため，拡大ガロア体 GF(2^3) の元は有限で 8 個になる．

　ここで，根 α のべき乗の性質を調べる．α, α^2 に続く α^3 を $a_0 + a_1\alpha + a_2\alpha^2$ の形式で表現する．α が $G(x) = 0$ の根であることから，$G(\alpha) = \alpha^3 + \alpha + 1 = 0$ となる．ここで $\alpha + 1$ を右辺に移項すると $\alpha^3 = -\alpha - 1$ となり，加算と減算が等価

表 12.2　ガロア体の拡大

拡大前	実数	ガロア体 GF(2) = $\{0, 1\}$
⇩ 導入する根	$x^2 + 1 = 0$ の根 j	$G(x) = x^3 + x + 1 = 0$ の根 α
拡大後	複素数 $a + jb$ （a, b：実数）	拡大ガロア体 GF(2^3) $a_0 + a_1\alpha + a_2\alpha^2$ （a_0, a_1, a_2：GF(2)）

であることから，$\alpha^3 = \alpha + 1$ を得る．次に，$\alpha^4 = \alpha^3 \alpha$ から $\alpha^4 = \alpha^2 + \alpha$ となる．
$\alpha^3 = \alpha + 1$ であることから，$\alpha^5 = \alpha^2 \alpha^3 = \alpha^2(\alpha + 1) = \alpha^3 + \alpha^2 = \alpha^2 + \alpha + 1$ である．
また，$\alpha^6 = (\alpha^3)^2 = (\alpha + 1)^2 = \alpha^2 + 2\alpha + 1 = \alpha^2 + 1$ となる．さらに，$\alpha^7 = \alpha^6 \alpha = \alpha(\alpha^2 + 1) = \alpha^3 + \alpha = \alpha + 1 + \alpha = 1$ となり，$\alpha^7 = \alpha^0 = 1$ と戻る．これをまとめると表 **12.3** のようになる．

表 12.3　拡大ガロア体 $\mathrm{GF}(2^3)$ の元の表示

べき乗表示	展開表示	ベクトル表示
α^0	1	$(0, 0, 1)$
α^1	α	$(0, 1, 0)$
α^2	α^2	$(1, 0, 0)$
α^3	$\alpha + 1$	$(0, 1, 1)$
α^4	$\alpha^2 + \alpha$	$(1, 1, 0)$
α^5	$\alpha^2 + \alpha + 1$	$(1, 1, 1)$
α^6	$\alpha^2 \quad + 1$	$(1, 0, 1)$

これら 7 個の元に 0 を加え，拡大ガロア体 $\mathrm{GF}(2^3)$ は $\{0, \alpha^0, \alpha^1, \alpha^2, \alpha^3, \alpha^4, \alpha^5, \alpha^6\}$ の 8 個を元にもつ．

12.4　拡大ガロア体を用いた巡回符号の復号

拡大ガロア体を準備できたところで，剰余定理を用いたシンドローム算出を検討する．生成多項式 $G(x)$ で割り切れる送信符号語多項式を $C(x) = G(x)Q(x)$ とする．

受信符号多項式は $C'(x) = C(x) + E(x) = G(x)Q(x) + E(x)$ となる．これに $x = \alpha$ を代入すると，$G(\alpha) = 0$ であることから，次式が成り立つ．

$$C'(\alpha) = E(\alpha)$$

このことから，復号器では受信した $C'(x)$ に $x = \alpha$ を代入し，$\mathrm{GF}(2^3)$ での演算で $C'(\alpha)$ を得る．誤り訂正可能なビット数であれば，$C'(\alpha) = E(\alpha)$ となる．

ハミング $(7, 4)$ 符号の場合であれば，$C'(x)$，$E(x)$ は x の最大で 6（$= n - 1$）次の多項式である．これに対して，$C'(\alpha)$，$E(\alpha)$ は拡大ガロア体 $\mathrm{GF}(2^3)$ の元 8 個のいずれかであり，表 12.3 に示す最大で 2 次の α の多項式に展開される．$E(x)$ は 0〜7 bits 誤りのすべての誤りパターンである 2^7 個あるのに対して，$E(\alpha)$ は 0〜1 bit 誤りの 8 個の誤りパターンに対応している．誤りが 1 bit のみ発生し，$E(x) = x^i$（$i = 0, 1, \ldots, 6$）であるとき，べき乗表示で $E(\alpha) = \alpha^i$ となる．誤りがないときは $E(\alpha) = 0$ である．このことから，復号器では $C'(\alpha) = \alpha^i$ を得たとき，$\hat{E}(x) = x^i$ とし，第 i ビットを訂正し，復号多項式 $\hat{C}(x) = C'(x) + x^i$ を得る．これにより，1 bit 誤りは正しく訂正さ

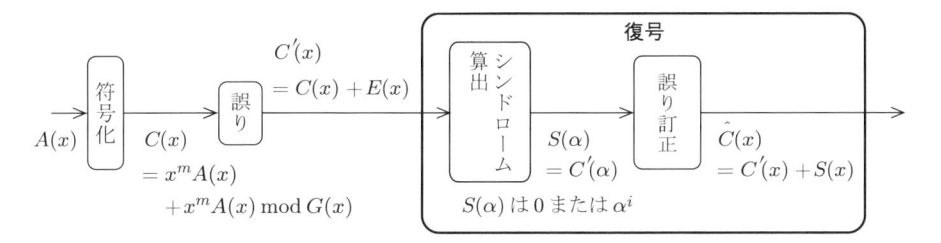

図 12.2　多項式表現での符号化・復号の流れ

れる．復号の流れは図 **12.2** のようになる．

　しかし，第 i，第 j の 2 ビット誤りの場合は $E(x) = x^i + x^j$ となり，$E(\alpha) = \alpha^i + \alpha^j$ は GF(2^3) での演算結果として 8 個の元 $\{0,\ \alpha^0,\ \alpha^1,\ \alpha^2,\ \alpha^3,\ \alpha^4,\ \alpha^5,\ \alpha^6\}$ のいずれかとなる．この結果をもとに誤りビットを判定するため，誤訂正となる．たとえば，$E(x) = x^3 + x^5$ のときは $E(\alpha) = \alpha^3 + \alpha^5 = (\alpha + 1) + (\alpha^2 + \alpha + 1) = \alpha^2$ となり，第 2 ビットを誤訂正する．

例題 12.1　$G(x) = x^3 + x + 1,\ A(x) = x^3 + 1,\ E(x) = x^5$ のとき，$S(\alpha)$ を求めよ．

解答　まず $A(x)$ を符号化し，$C(x)$ を得る．

$$C(x) = x^3 A(x) + x^3 A(x) \bmod G(x)$$

　ここでは，剰余多項式 $R(x) = x^3 A(x) \bmod G(x)$ を GF(2^3) における剰余定理で求めることにする．

$$R(\alpha) = \alpha^3 A(\alpha) = \alpha^6 + \alpha^3 = (\alpha^2 + 1) + (\alpha + 1) = \alpha^2 + \alpha$$

　剰余多項式は最大で 2 次の多項式であることから，GF(2^3) の展開表示とする．$R(\alpha)$ が求まったところで α を x に置き換えると，

$$R(x) = x^2 + x$$

となる．したがって，次のようになる．

$$C(x) = x^3 A(x) + R(x) = x^6 + x^3 + x^2 + x$$

　次に，$E(x) = x^5$ より

$$C'(x) = C(x) + E(x) = x^6 + x^5 + x^3 + x^2 + x$$

となり，このシンドロームは，$C'(x)$ に $x = \alpha$ を代入すると，表 12.3 を参照して次のようになる．

$$
\begin{aligned}
S(\alpha) = C'(\alpha) &= \alpha^6 + \alpha^5 + \alpha^3 + \alpha^2 + \alpha \\
&= (\alpha^2 + 1) + (\alpha^2 + \alpha + 1) + (\alpha + 1) + \alpha^2 + \alpha \\
&= 1 + \alpha + \alpha^2 \\
&= \alpha^5
\end{aligned}
$$

このことから
$$\hat{E}(x) = S(x) = x^5$$
と判断し，誤り訂正結果として
$$\hat{C}(x) = C'(x) + \hat{E}(x) = (x^6 + x^5 + x^3 + x^2 + x) + x^5$$
$$= x^6 + x^3 + x^2 + x$$
$$= C(x)$$

を得る．

================= 演 習 問 題 =================

12.1　$G(x) = x^2 + x + 1 = 0$ の根を α とする拡大ガロア体を GF(2^2) とする．GF(2^2) のすべての元と乗算，加算の表を示せ．

12.2　符号長 15 のハミング符号の生成多項式を求めよ．このときの拡大ガロア体の元を示せ．なお，$x^{15} + 1$ を mod 2 で因数分解すると，
$$x^{15} + 1 = (x+1)(x^2+x+1)(x^4+x+1)(x^4+x^3+1)(x^4+x^3+x^2+x+1)$$

となる．ここで，これ以上因数分解できないことから，各因数を**既約多項式**（irreducible polynomial）とよぶ．

12.3　生成多項式 $G(x) = x^4 + x^2 + x + 1 = 0$ の根を α とする．このときの巡回符号の符号長 n はいくらか．また，0 および α^i（i は 0 以上の整数）を元とする集合において，その元の個数はいくらか．

第13講　各種誤り制御と実現回路

　巡回符号であるハミング符号の拡大ガロア体での解析は通信路符号化の基本であり，さらにこの考え方を拡張してさまざまな誤り制御が開発されている．これらについて，本講の前半で拡大ハミング符号，BCH 符号，RS 符号とインターリーブについて概要を示す．また，符号器，復号器を装置として実現するためには，これまでの述べてきた算出手順を論理回路で実現する必要がある．本講の後半では，線形符号の符号化や誤りと判定されたビットの訂正回路，巡回符号の符号化やシンドローム算出のための乗算や除算回路の構成法について説明する．

13.1　誤り制御の拡張

　これまで，単一ビット誤り検出偶数パリティ符号を 1 bit 誤り訂正ハミング符号に発展させた．このハミング符号は巡回符号であるが，巡回符号のバースト誤り検出に適用する CRC も紹介した．また，ハミング距離が大きくなれば誤り訂正・検出能力が向上することも原理的に示した．ここからはさらに発展した符号として，符号語間の最小ハミング距離を大きくし，1 bit 誤り訂正・2 bits 誤り検出できる拡大ハミング符号，複数ビットを訂正できる BCH（Bose-Chaudhuri-Hocquenghem）符号を紹介する．さらに，複数ビットを一つのバイトとして扱い，バイト単位で誤り訂正を行う RS（Reed-Solomon）符号を紹介する．バイト誤り訂正符号では，1 バイト中で複数ビットが誤っても訂正できる．

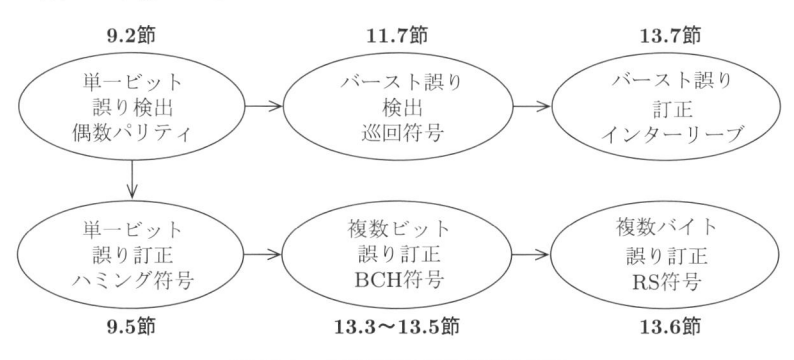

図 13.1　本講で扱う誤り制御の拡張

　一方，CRC はバースト誤りを検出できるが，訂正することはできない．そこで，バースト誤りをランダム化することでランダム誤り訂正符号により訂正する手法であるインターリーブについて紹介する．図 **13.1** に示すこれらの拡張を，13.7 節まで説明する．また，複数の符号を効果的に利用する手法として，組合せ符号（13.8 節）や符号化率可変誤り訂正（13.9 節）についても述べる．

13.2　拡大ハミング符号

　ハミング (n,k) 符号は $m = n - k$ [bits] の冗長ビット付加により，1 bit 誤りを訂正できる最小ハミング距離 $d_{\min} = 3$ の符号であり，2 bits の誤りでは誤訂正となる．一方，偶数パリティ $(n, n-1)$ 符号は，1 bit の冗長ビット付加で $d_{\min}$ を 1 だけ増して $d_{\min} = 2$ とした 1 bit 誤り検出符号である．

　これらに対して，ハミング符号を偶数パリティ符号の考え方で拡大して $d_{\min} = 4$ を実現する符号を**拡大ハミング符号**（extended Hamming code）とよぶ．$d_{\min} = 4$ であることから，1 bit 誤り訂正・2 bits 誤り検出が可能で，**SEC/DED**（single error correction and double error detection code）とよばれ，計算機の主記憶装置などに使われている．

　ハミング符号と拡大ハミング符号は**表 13.1** のように比較できる．

表 13.1　ハミング符号と拡大ハミング符号

符号		ハミング符号	拡大ハミング符号
符号長	n	$2^m - 1$	2^m
情報ビット数	k	$2^m - 1 - m$	$2^m - 1 - m$
冗長ビット数	m	$n - k$	$n - k + 1$
最小ハミング距離	$d_{\min}$	3	4

　ハミング $(7,4)$ 符号の符号化とシンドローム算出は行列演算で式 (10.4), (10.8) で表すことができた．一方，偶数パリティ符号の符号化を行列で表現するならば，$c_1 = a_1 \oplus a_2 \oplus \cdots \oplus a_n$ であることから，$\boldsymbol{a}_P = (a_1, a_2, \ldots, a_n)$ に対して $\boldsymbol{c}_P = (a_1, a_2, \ldots, a_n, a_1 \oplus a_2 \oplus \cdots \oplus a_n)$ を生成する行列 $\boldsymbol{G}_P$ は $n = 7$ を例とすると，

$$\boldsymbol{c}_P = \boldsymbol{a}\boldsymbol{G}_P = (a_1, a_2, a_3, a_4, a_5, a_6, a_7) \begin{bmatrix} 1 & 0 & 0 & 0 & 0 & 0 & 0 & 1 \\ 0 & 1 & 0 & 0 & 0 & 0 & 0 & 1 \\ 0 & 0 & 1 & 0 & 0 & 0 & 0 & 1 \\ 0 & 0 & 0 & 1 & 0 & 0 & 0 & 1 \\ 0 & 0 & 0 & 0 & 1 & 0 & 0 & 1 \\ 0 & 0 & 0 & 0 & 0 & 1 & 0 & 1 \\ 0 & 0 & 0 & 0 & 0 & 0 & 1 & 1 \end{bmatrix}$$

$$= (a_1, a_2, a_3, a_4, a_5, a_6, a_7, a_1 \oplus a_2 \oplus a_3 \oplus a_4 \oplus a_5 \oplus a_6 \oplus a_7)$$

また，シンドロームベクトル s_P は次のようになる．

$$s_P = cH_P{}^{\mathrm{T}} = (a_1, a_2, a_3, a_4, a_5, a_6, a_7, c_1) \begin{bmatrix} 1 \\ 1 \\ 1 \\ 1 \\ 1 \\ 1 \\ 1 \\ 1 \end{bmatrix}$$

$$= [a_1 \oplus a_2 \oplus a_3 \oplus a_4 \oplus a_5 \oplus a_6 \oplus a_7 \oplus c_1]$$

1 行 1 列の行列 $s_P = [1]$ のとき，すなわち受信多項式における 1 の個数の計数結果 $a_1 \oplus a_2 \oplus a_3 \oplus a_4 \oplus a_5 \oplus a_6 \oplus a_7 \oplus c_1 = 1$ のとき，誤りとして検出される．

拡大ハミング符号 c_E は，ハミング符号をさらに偶数パリティ符号化しているものとみなすと，4 bits の情報ビット $a = (a_1, a_2, a_3, a_4)$ に対して c_E は次のようになる．

$$c_E = aG_H G_P$$

$$= (a_1, a_2, a_3, a_4) \begin{bmatrix} 1 & 0 & 0 & 0 & 1 & 0 & 1 \\ 0 & 1 & 0 & 0 & 1 & 1 & 1 \\ 0 & 0 & 1 & 0 & 1 & 1 & 0 \\ 0 & 0 & 0 & 1 & 0 & 1 & 1 \end{bmatrix} \begin{bmatrix} 1 & 0 & 0 & 0 & 0 & 0 & 0 & 1 \\ 0 & 1 & 0 & 0 & 0 & 0 & 0 & 1 \\ 0 & 0 & 1 & 0 & 0 & 0 & 0 & 1 \\ 0 & 0 & 0 & 1 & 0 & 0 & 0 & 1 \\ 0 & 0 & 0 & 0 & 1 & 0 & 0 & 1 \\ 0 & 0 & 0 & 0 & 0 & 1 & 0 & 1 \\ 0 & 0 & 0 & 0 & 0 & 0 & 1 & 1 \end{bmatrix}$$

$$= (a_1, a_2, a_3, a_4, a_1 \oplus a_2 \oplus a_3, a_2 \oplus a_3 \oplus a_4, a_1 \oplus a_2 \oplus a_4) G_P$$

$$= (a_1, a_2, a_3, a_4, c_1, c_2, c_3) G_P$$

$$= (a_1, a_2, a_3, a_4, c_1, c_2, c_3, a_1 \oplus a_2 \oplus a_3 \oplus a_4 \oplus c_1 \oplus c_2 \oplus c_3)$$

ここで，偶数パリティとして付加されるビットを c_P とすると

$$c_P = a_1 \oplus a_2 \oplus a_3 \oplus a_4 \oplus c_1 \oplus c_2 \oplus c_3$$

$$= a_1 \oplus a_2 \oplus a_3 \oplus a_4 \oplus (a_1 \oplus a_2 \oplus a_3) \oplus (a_2 \oplus a_3 \oplus a_4) \oplus (a_1 \oplus a_2 \oplus a_4)$$

$$= a_1 \oplus a_3 \oplus a_4$$

となり，これは次のように表される．

$$c_E = aG_H G_P$$

$$= (a_1, a_2, a_3, a_4) \begin{bmatrix} 1 & 0 & 0 & 0 & 1 & 0 & 1 \\ 0 & 1 & 0 & 0 & 1 & 1 & 1 \\ 0 & 0 & 1 & 0 & 1 & 1 & 0 \\ 0 & 0 & 0 & 1 & 0 & 1 & 1 \end{bmatrix} \begin{bmatrix} 1 & 0 & 0 & 0 & 0 & 0 & 1 \\ 0 & 1 & 0 & 0 & 0 & 0 & 1 \\ 0 & 0 & 1 & 0 & 0 & 0 & 1 \\ 0 & 0 & 0 & 1 & 0 & 0 & 1 \\ 0 & 0 & 0 & 0 & 1 & 0 & 1 \\ 0 & 0 & 0 & 0 & 0 & 1 & 1 \\ 0 & 0 & 0 & 0 & 0 & 0 & 1 \end{bmatrix}$$

$$= (a_1, a_2, a_3, a_4) \begin{bmatrix} 1 & 0 & 0 & 0 & 1 & 0 & 1 & 1 \\ 0 & 1 & 0 & 0 & 1 & 1 & 1 & 0 \\ 0 & 0 & 1 & 0 & 1 & 1 & 0 & 1 \\ 0 & 0 & 0 & 1 & 0 & 1 & 1 & 1 \end{bmatrix}$$

$$= (a_1, a_2, a_3, a_4, a_1 \oplus a_2 \oplus a_3, a_2 \oplus a_3 \oplus a_4, a_1 \oplus a_2 \oplus a_4, a_1 \oplus a_3 \oplus a_4)$$

ここで，10.5 節で述べた

$$\boldsymbol{G} = [\boldsymbol{I} \,|\, \boldsymbol{F}], \quad \boldsymbol{H}^T = \begin{bmatrix} \boldsymbol{F} \\ \boldsymbol{I} \end{bmatrix}, \quad \boldsymbol{H} = [\boldsymbol{F}^T \,|\, \boldsymbol{I}]$$

（$\boldsymbol{I}$ はそれぞれの大きさの単位行列）

から

$$\boldsymbol{H} = \begin{bmatrix} 1 & 1 & 1 & 0 & 1 & 0 & 0 & 0 \\ 0 & 1 & 1 & 1 & 0 & 1 & 0 & 0 \\ 1 & 1 & 0 & 1 & 0 & 0 & 1 & 0 \\ 1 & 0 & 1 & 1 & 0 & 0 & 0 & 1 \end{bmatrix}$$

となる．

拡大ハミング符号の復号には

$$\boldsymbol{s} = \boldsymbol{c}' \boldsymbol{H}^{\mathrm{T}}$$

を求め，

① $\boldsymbol{s} = \boldsymbol{0}$ であれば誤りなし

② $\boldsymbol{s}$ が $\boldsymbol{H}$ の第 j 列に一致すれば第 j ビットを訂正

③ $\boldsymbol{s} \neq \boldsymbol{0}$ で $\boldsymbol{H}$ のいずれの列にも一致しない場合，訂正できないが誤り検出を行う

とすればよい．

　拡大ハミング符号の符号語は**表 13.2** のようになる．表を見るとわかるように，全ビットが 0 である符号語以外の符号語の最小ハミング重みは 4 である．したがって，最小ハミング距離は $d_{\min} = 4$ となることから，2 bits 誤りは必ず検出される．さらに，ハミング重みがすべて偶数であることから，誤り個数が奇数の場合は必ず検出される．

　また，拡大ハミング符号は巡回符号ではない．たとえば，2 番目の符号語 $(0, 1, 0, 0, 1, 1, 1, 0)$ を巡回置換した $(0, 0, 1, 0, 0, 1, 1, 1)$ は符号語になっていない．これは，この

表13.2　拡大ハミング符号の符号語

記号	a_1	a_2	a_3	a_4	c_1	c_2	c_3	c_P	w_H
0	0	0	0	0	0	0	0	0	0
1	1	0	0	0	1	0	1	1	4
2	0	1	0	0	1	1	1	0	4
3	1	1	0	0	0	1	0	1	4
4	0	0	1	0	1	1	0	1	4
5	1	0	1	0	0	1	1	0	4
6	0	1	1	0	0	0	1	1	4
7	1	1	1	0	1	0	0	0	4
8	0	0	0	1	0	1	1	1	4
9	1	0	0	1	1	1	0	0	4
10	0	1	0	1	1	0	0	1	4
11	1	1	0	1	0	0	1	0	4
12	0	0	1	1	1	0	1	0	4
13	1	0	1	1	0	0	0	1	4
14	0	1	1	1	0	1	0	0	4
15	1	1	1	1	1	1	1	1	8

符号の符号長は $n = 8$ であるのに対して，もとになるハミング符号の生成多項式 $G(x)$ は $(x^7 - 1)$ の因数であり，$(x^8 - 1)$ の因数でないためである．

例題 13.1　3 bits の情報源多項式 $A(x)$ に対して符号 $C(x) = A(x)(x^3 + x + 1)(x + 1)$ の誤り訂正・検出能力はいくらか．

解答　この符号は，生成多項式 $G(x) = (x^3 + x + 1)(x + 1) = x^4 + x^3 + x^2 + 1$ が4次であるため，4 bits の冗長ビットが付加される $(7, 3)$ 符号となる．また，ハミング $(7, 4)$ 符号の生成多項式 $(x^3 + x + 1)$ と偶数パリティ符号の生成多項式 $(x + 1)$ がかけられている．

最大で2次の多項式である $A(x)$ は 8 個あり，それぞれに対応する $C(x)$ は

$$0 \cdot (x^4 + x^3 + x^2 + 1) = 0$$
$$1 \cdot (x^4 + x^3 + x^2 + 1) = x^4 + x^3 + x^2 + 1$$
$$x \cdot (x^4 + x^3 + x^2 + 1) = x^5 + x^4 + x^3 + x$$
$$(x + 1) \cdot (x^4 + x^3 + x^2 + 1) = x^5 + x^2 + x + 1$$
$$x^2 \cdot (x^4 + x^3 + x^2 + 1) = x^6 + x^5 + x^4 + x^2$$
$$(x^2 + 1) \cdot (x^4 + x^3 + x^2 + 1) = x^6 + x^5 + x^3 + 1$$
$$(x^2 + x) \cdot (x^4 + x^3 + x^2 + 1) = x^6 + x^3 + x^2 + x$$
$$(x^2 + x + 1) \cdot (x^4 + x^3 + x^2 + 1) = x^6 + x^4 + x + 1$$

となる．これらからわかるように，この符号は巡回符号になっている．これは，生成多項

式 $G(x) = (x^3 + x + 1)(x + 1)$ が $x^n + 1 = x^7 + 1 = (x^3 + x + 1)(x^3 + x^2 + 1)(x + 1)$ の因数になっているからである.

$C(x)$ は $A(x)(x^3 + x + 1)$ に $(x + 1)$ をかけていることから偶数パリティ符号であり, ハミング重みは 0 または 4 となっている. $C(x)$ は $A(x)(x + 1)$ にハミング $(7, 4)$ 符号の生成多項式 $x^3 + x + 1$ をかけたものであり, この符号の符号語はハミング符号 $(7, 4)$ の符号語となっている. したがって, この $(7, 3)$ 符号の符号語はハミング $(7, 4)$ 符号の符号語のなかからハミング重みが偶数のもののみを抽出したものとなっている. 全ビットが 0 である符号語以外の符号語の最小ハミング重みは $w_H = d_{\min} = 4$ であり, 1 bit 誤り訂正・2 bits 誤り検出ができる符号である.

1 bit 誤りが発生した場合は, ハミング $(7, 4)$ 符号と同じように $S(x) = C'(x) \bmod (x^3 + x + 1)$ により訂正が可能である. また, 2 bits 誤りが発生した場合, たとえば, $C(x) = x^4 + x^3 + x^2 + 1$ に $E(x) = x^6 + 1$ が加わっても, $C(x) = x^6 + x^5 + x^4 + x^2$ に $E(x) = x^5 + x^3$ が加わっても, 同じ非符号語である $C'(x) = x^6 + x^4 + x^3 + x^2$ になるように訂正はできないが, 検出はできる.

この場合のシンドロームは $S(\alpha) = \alpha^6 + 1 = (1 + \alpha^2) + 1 = \alpha^2$ となり, $C'(x) + S(x) = (x^6 + x^4 + x^3 + x^2) + x^2 = x^6 + x^4 + x^3$ はハミング重みが奇数の非符号語になり, 訂正不能となる.

以上のように, この符号は 1 bit 誤り訂正・2 bits 誤り検出能力をもつ符号である.

13.3 BCH 符号

BCH 符号は複数ビットを訂正できる巡回符号として広く利用されている符号である. 名称は 3 人の発明者 Bose, Chaudhuri, Hocquenghem に由来している. 符号長 $n = 2^m - 1$ に対して, $x^n + 1$ の因数を生成多項式として設計できる.

$n = 7$ の場合では, $x^7 + 1 = (x^3 + x + 1)(x^3 + x^2 + 1)(x + 1)$ となる.

ここで, $G_1(x) = x^3 + x + 1$, $G_3(x) = x^3 + x^2 + 1$ として, $G_1(x) = 0$ の根を α とおく. α はすでに述べたように, **表 13.3** に従う.

$G_1(x) = 0$ の根が α であることから, $G_1(x)$ は $x - \alpha = x + \alpha$ を因数にもつ. また,

$$\begin{aligned}
(a + bx + cx^2 + \cdots)^2 &= a(a + bx + cx^2 + \cdots) + bx(a + bx + cx^2 + \cdots) \\
&\quad + cx^2(a + bx + cx^2 + \cdots) + \cdots \\
&= (\underline{a^2} + \underline{abx} + \underline{acx^2} + \cdots) \\
&\quad + (\underline{abx} + \underline{b^2x^2} + \underline{bcx^3} + \cdots) \\
&\quad + (\underline{acx^2} + \underline{bcx^3} + \underline{c^2x^4} + \cdots) + \cdots
\end{aligned}$$

$$= (a^2 + 2abx + 2acx^2 + \cdots) + (b^2x^2 + 2bcx^3 + \cdots)$$
$$+ (c^2x^4 + \cdots) + \cdots$$
$$= a^2 + b^2x^2 + c^2x^4 + \cdots \quad (\because 2x = (1+1)x = 0)$$
$$= a + bx^2 + cx^4 + \cdots$$
$$(\because a = 0,\ 1 \text{ に対して } 0 \times 0 = 0,\ 1 \times 1 = 1 \text{ より } a^2 = a)$$

から $\{G(x)\}^2 = G(x^2)$ となり，α が根であるとき α^2 も根となる．したがって，$G_1(x) = (x + \alpha)(x + \alpha^2)(x + \alpha^4)$ となる．なお，α^2 が根であることから α^4 も根であり，$\alpha^8 = (\alpha^4)^2$ は α^2 に等しい．

表13.3 $G_1(x) = x^3 + x + 1 = 0$ の根 α による拡大ガロア体の元（0以外）

べき乗表示	展開表示
α^0	1
α^1	α
α^2	α^2
α^3	$\alpha + 1$
α^4	$\alpha^2 + \alpha$
α^5	$\alpha^2 + \alpha + 1$
α^6	$\alpha^2 \quad\ + 1$

また，$G_3(\alpha^3) = (\alpha^3)^3 + (\alpha^3)^2 + 1 = \alpha^7\alpha^2 + (1 + \alpha^2) + 1 = 0$ であるため α^3 が $G_3(x) = 0$ の根となり，$G_3(x) = (x + \alpha^3)(x + \alpha^6)(x + \alpha^{12})$ となる．

ここで，0次の多項式 $A(x) = a_0$，すなわち 0 または 1 の値をとる 1 bit に対して，
$$C(x) = A(x)G_1(x)G_3(x)$$
となる符号を考える．$G_1(x)G_3(x)$ は 6 次の多項式であるので，$C(x)$ は 6 次の多項式で $n = 7$ となる．$G_1(x)G_3(x)$ は $x^7 + 1$ の因数であることから，$C(x)$ は巡回符号である．

受信符号 $C'(x)$ のシンドロームとしては，$G_1(x)$ および $G_3(x)$ の根 α，α^3 を代入した
$$S_1(\alpha) = C'(\alpha), \quad S_3(\alpha) = C'(\alpha^3) \tag{13.1}$$
を用いる．

なお，この符号は生成多項式 $G_1(x)G_3(x)$ が 6 次であるので，$(7,1)$ 符号となる．$(x^3 + x + 1)(x^3 + x^2 + 1) = x^6 + x^5 + x^4 + x^3 + x^2 + x + 1$ であるので，実際には (0000000) と (1111111) からなる $d_{\min} = 7$ の 3 bits 誤り訂正多数決符号とできるが，ここでは BCH 符号の考え方を学ぶため，シンドローム S_1，S_3 から 2 bits 誤りを訂正する方法について議論を進める．

13.4　BCH符号の復号

　ここでは，2 bits誤り訂正 BCH $(7,1)$ 符号の復号について説明する．2 bits誤りが $E(x) = x^i + x^j$ $(i,\ j = 0,\ 1,\ \ldots,\ 6)$ のとき

$$S_1 = \alpha^i + \alpha^j, \quad S_3 = \alpha^{3i} + \alpha^{3j}$$

となる．S_1, S_3 は受信符号多項式 $C'(x)$ から $C'(\alpha)$, $C'(\alpha^3)$ として求まるので，この連立方程式から i, j を求めることにより，そのビットの誤りを訂正できる．

　この符号の場合，

$$\alpha^i \alpha^j = \frac{S_1{}^3 + S_3}{S_1}, \qquad \alpha^i + \alpha^j = S_1$$

と整理できるので，それぞれの右辺を求めた後，表 **13.4** に示す加算・乗算の表から両方を満たす i, j の組合せを探せばよいことになる．

表 13.4　拡大ガロア体 $\mathbf{GF(2^3)}$ の演算

(a) 加算

+	0	α^0	α^1	α^2	α^3	α^4	α^5	α^6
0	0	α^0	α^1	α^2	α^3	α^4	α^5	α^6
α^0	α^0	0	α^3	α^6	α^1	α^5	α^4	α^2
α^1	α^1	α^3	0	α^4	α^0	α^2	α^6	α^5
α^2	α^2	α^6	α^4	0	α^5	α^1	α^3	α^0
α^3	α^3	α^1	α^0	α^5	0	α^6	α^2	α^4
α^4	α^4	α^5	α^2	α^1	α^6	0	α^0	α^3
α^5	α^5	α^4	α^6	α^3	α^2	α^0	0	α^1
α^6	α^6	α^2	α^5	α^0	α^4	α^3	α^1	0

(b) 乗算

×	0	α^0	α^1	α^2	α^3	α^4	α^5	α^6
0	0	0	0	0	0	0	0	0
α^0	0	α^0	α^1	α^2	α^3	α^4	α^5	α^6
α^1	0	α^1	α^2	α^3	α^4	α^5	α^6	α^0
α^2	0	α^2	α^3	α^4	α^5	α^6	α^0	α^1
α^3	0	α^3	α^4	α^5	α^6	α^0	α^1	α^2
α^4	0	α^4	α^5	α^6	α^0	α^1	α^2	α^3
α^5	0	α^5	α^6	α^0	α^1	α^2	α^3	α^4
α^6	0	α^6	α^0	α^1	α^2	α^3	α^4	α^5

　たとえば，$E(x) = x^3 + x^5$ のとき

$$S_1 = C'(\alpha) = \alpha^3 + \alpha^5 = (\alpha + 1) + (\alpha^2 + \alpha + 1) = \alpha^2$$

$$S_3 = C'(\alpha^3) = \alpha^9 + \alpha^{15} = \alpha^2 + \alpha = \alpha^4$$

$$\alpha^i \alpha^j = \frac{S_1{}^3 + S_3}{S_1} = (\alpha^6 + \alpha^4)\alpha^{-2} = \alpha^3 \alpha^{-2} = \alpha$$

$$\alpha^i + \alpha^j = S_1 = \alpha^2$$

となり，表から $\alpha^i \alpha^j = \alpha$ と $\alpha^i + \alpha^j = \alpha^2$ の両方を満たす i, j の組合せは 3, 5 となる．

　このように，訂正可能なビット数が $t = 2$ の場合は比較的簡単に復号できるが，t が大きくなるに従って復号処理は複雑になる．

13.5 符号長の長い BCH 符号

ここまで述べた $(7,1)$ 符号は，実際には $3\,\mathrm{bits}$ 誤り訂正多数決符号となるので，符号長 $n = 7$ の BCH 符号は使われない．実際に使われる BCH 符号は，符号長が長く，効率のよい符号である．

符号長 $n = 15$ の BCH 符号は，$x^{15} + 1 = (x^4 + x + 1)(x^4 + x^3 + x^2 + x + 1)(x^2 + x + 1)(x^4 + x^3 + 1)(x + 1)$ の因数分解から設計する．$x^4 + x + 1 = 0$ の根を α $(\mathrm{GF}(2^4) = \{0, 1, \alpha, \alpha^2, \dots, \alpha^{14}\}$ の元$)$ とすると，α は $x^{15} + 1 = 0$ の根でもあるので，$\alpha^{15} = 1$ であることと，α が根のとき α^2 も根になることを考えると，

$$G_1(x) = x^4 + x + 1$$
$$= (x + \alpha)(x + \alpha^2)(x + \alpha^4)(x + \alpha^8)$$
$$G_3(x) = x^4 + x^3 + x^2 + x + 1$$
$$= (x + \alpha^3)(x + \alpha^6)(x + \alpha^{12})(x + \alpha^9) \qquad (\alpha^{24} = \alpha^9)$$
$$G_5(x) = x^2 + x + 1$$
$$= (x + \alpha^5)(x + \alpha^{10}) \qquad\qquad\qquad (\alpha^{20} = \alpha^5)$$
$$G_7(x) = x^4 + x^3 + 1$$
$$= (x + \alpha^7)(x + \alpha^{14})(x + \alpha^{13})(x + \alpha^{11}) \quad (\alpha^{28} = \alpha^{13},\ \alpha^{56} = \alpha^{11})$$

となる．α^5 を根にもつ $G_5(x)$ は $\alpha^{20} = \alpha^5$ となることから，2 次多項式になっている．

符号長 15 の $t\,[\mathrm{bits}]$ 誤り訂正 BCH 符号は，表 **13.5** のようになる．ここで，$t = 1$ の場合はハミング符号となる．

表 13.5　符号長 15 のハミング符号，BCH 符号

(n, k)	$d_{\min}$	t	$G(x)$
$(15, 11)$	3	1	$x^4 + x + 1$
$(15, 7)$	5	2	$(x^4 + x + 1)(x^4 + x^3 + x^2 + x + 1)$
$(15, 5)$	7	3	$(x^4 + x + 1)(x^4 + x^3 + x^2 + x + 1)(x^2 + x + 1)$
$(15, 1)$	15	7	$(x^4 + x + 1)(x^4 + x^3 + x^2 + x + 1)(x^2 + x + 1)(x^4 + x^3 + 1)$

$(15, 1)$ 符号は全ビットが 0，全ビットが 1 の二つの符号語をもつ多数決符号となり，$7\,\mathrm{bits}$ 訂正符号になる．$G_5(x)$ が 2 次多項式であることから，$(15, 7)$ 符号と比較して $(15, 5)$ 符号は $2\,\mathrm{bits}$ の冗長ビット増加で訂正可能なビット数 t を $1\,\mathrm{bit}$ 増やしている．このような場合も含めて，BCH 符号におけるビット数の関係は表 **13.6** のようになる．

$1\,\mathrm{bit}$ 誤り訂正ハミング符号と $2\,\mathrm{bits}$ 誤り訂正 BCH 符号の符号長 n と符号化率 η の関係は，表 **13.7** のようになる．ただし，$(7,1)$ 符号は $3\,\mathrm{bits}$ 訂正符号であるので表に

表13.6　BCH符号におけるビット数

符号長	$n = 2^m - 1$
情報ビット数	$k \geqq 2^m - 1 - mt$
冗長ビット数	$n - k \leqq mt$
最小距離	$d_{\min} \geqq 2t + 1$

表13.7　1, 2 bits 訂正符号の符号化率

n	m	$t=1$		$t=2$	
		k	η	k	η
7	3	4	57%	—	—
15	4	11	73%	7	47%
31	5	26	84%	21	68%
63	6	57	90%	51	81%
127	7	120	94%	113	89%
255	8	247	97%	239	94%
511	9	502	98%	493	96%

記載していない．実用的には，符号長の長い符号を設計する必要がある．巡回符号である BCH 符号では $x^n + 1$ の因数分解で生成多項式を求めることができ，n の大きな符号でも設計しやすいという特徴がある．

たとえば，符号長 255 の符号であれば，

$$x^{255} + 1 = (x+1)(x^2 + x + 1)(x^4 + x + 1)(x^4 + x^3 + 1)$$
$$\times (x^4 + x^3 + x^2 + x + 1)(x^8 + x^4 + x^3 + x + 1)$$
$$\times \underline{(x^8 + x^4 + x^3 + x^2 + 1)}(x^8 + x^5 + x^3 + x + 1)$$
$$\times (x^8 + x^5 + x^3 + x^2 + 1)(x^8 + x^5 + x^4 + x^3 + 1)$$
$$\times (x^8 + x^5 + x^4 + x^3 + x^2 + x + 1)(x^8 + x^6 + x^3 + x^2 + 1)$$
$$\times (x^8 + x^6 + x^4 + x^3 + x^2 + x + 1)(x^8 + x^6 + x^5 + x + 1)$$
$$\times (x^8 + x^6 + x^5 + x^2 + 1)(x^8 + x^6 + x^5 + x^3 + 1)$$
$$\times (x^8 + x^6 + x^5 + x^4 + 1)\underline{(x^8 + x^6 + x^5 + x^4 + x^2 + x + 1)}$$
$$\times (x^8 + x^6 + x^5 + x^4 + x^3 + x + 1)(x^8 + x^7 + x^2 + x + 1)$$
$$\times (x^8 + x^7 + x^3 + x + 1)(x^8 + x^7 + x^3 + x^2 + 1)$$
$$\times (x^8 + x^7 + x^4 + x^3 + x^2 + x + 1)(x^8 + x^7 + x^5 + x + 1)$$
$$\times (x^8 + x^7 + x^5 + x^3 + 1)(x^8 + x^7 + x^5 + x^4 + 1)$$
$$\times (x^8 + x^7 + x^5 + x^4 + x^3 + x^2 + 1)(x^8 + x^7 + x^6 + x + 1)$$
$$\times (x^8 + x^7 + x^6 + x^3 + x^2 + x + 1)$$
$$\times (x^8 + x^7 + x^6 + x^4 + x^2 + x + 1)(x^8 + x^7 + x^6 + x^4 + x^3 + x^2 + 1)$$
$$\times (x^8 + x^7 + x^6 + x^5 + x^2 + x + 1)$$
$$\times (x^8 + x^7 + x^6 + x^5 + x^4 + x + 1)(x^8 + x^7 + x^6 + x^5 + x^4 + x^2 + 1)$$
$$\times (x^8 + x^7 + x^6 + x^5 + x^4 + x^3 + 1)$$

と因数分解できる．ここで，下線を引いた因数を

$$G_1(x) = x^8 + x^4 + x^3 + x^2 + 1$$

$$G_3(x) = x^8 + x^6 + x^5 + x^4 + x^2 + x + 1$$

としたときの $G(x) = G_1(x)G_3(x)$ を生成多項式とする 2 bits 誤り訂正 BCH 符号ができる. α を $G_1(x) = 0$ の根とすると, $G_1(\alpha) = 0$, $G_3(\alpha^3) = 0$ となる. 一例として, この符号は固定マイクロ波中継で使われている.

13.6 RS 符号

Reed と Solomon によって発明された **RS（Reed–Solomon）符号**はバイト誤り訂正符号であり, 情報源をビット単位ではなく, 複数ビットの集まりであるバイト（byte）単位で演算を行う. ここで, 一つのバイトは 8 bits とはかぎらない. 符号化効率に対して誤り訂正能力が高いため, 処理時間を許容できるシステムである地上波デジタル放送, 衛星通信, ADSL（asymmetric digital subscriber line：非対称デジタル加入者線）や CD, DVD, BD などの記録媒体, QR コードの誤り訂正に応用されている. ほかの誤り訂正と組み合わせて使われる場合もある.

BCH 符号では, $A(x) = a_{k-1}x^{k-1} + a_{k-2}x^{k-2} + \cdots + a_1x + a_0$ において a_i $(i = 0, 1, \ldots, k-1)$ は 0 または 1, すなわち $a_i \in \mathrm{GF}(2)$ である. これに対して, RS 符号は $a_i \in \mathrm{GF}(2^b)$ としている. したがって, a_i は拡大ガロア体 $\mathrm{GF}(2^b)$ の 2^b 個ある元のいずれかであり, b [bits] で表すことができる. ここで, b [bits] を一つのバイトとよぶ. $b = 8$ bits とする場合が多いが, ほかの値でもかまわない. この符号では $2^b > n$ である必要がある. $t = (n-k)/2$ bytes 誤りを訂正できる.

符号は図 **13.2** のような構成となり,

$$C(x) = a_{k-1}x^{n-1} + a_{k-2}x^{n-2} + \cdots + a_0x^{n-k} + c_{n-k-1}x^{n-k-1} + \cdots + c_1x + c_0$$

となる.

図は $b = 8$ とした場合で, 8 次の多項式, たとえば $x^8 + x^4 + x^3 + x^2 + 1$ による拡大

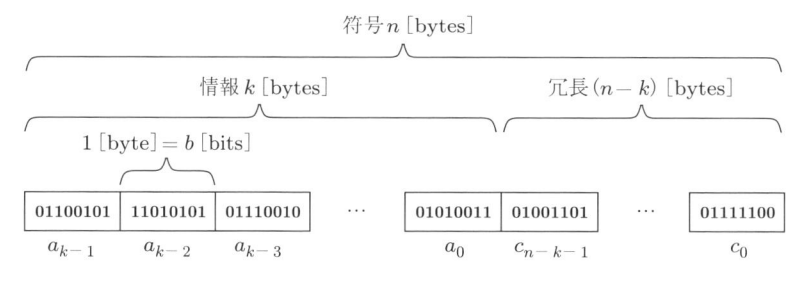

図 13.2　RS 符号の構成

ガロア体 $GF(2^8) = \{0, 1, \alpha, \alpha^2, \ldots, \alpha^{254}\}$ の 256 個の元のいずれかを a_i, c_i とする．
t [bytes] 誤り訂正の場合の生成多項式 $G(x)$ は

$$G(x) = (x-1)(x-\alpha)(x-\alpha^2)\cdots(x-\alpha^{2t-1})$$

となる．なお，ここでは拡大ガロア体での計算になるため，GF(2) の場合と違い，加算と減算は同じではない．この $G(x)$ を用いてハミング符号や BCH 符号と同様に，巡回符号として，次のように

$$C(x) = x^{n-k}A(x) - x^{n-k}A(x) \bmod G(x)$$

に従って符号化する．

13.7　インターリーブ

　これまで説明してきたブロック符号を用いた誤り訂正はランダム誤り訂正符号とよばれ，1 ブロック中で訂正能力の限界までのビット数の誤りが発生した場合には訂正されるが，それを超えた場合，訂正できず誤訂正で誤りを増やすことがある．

　一方，パルス波の混信を受けた場合や無線伝搬路の状況が一時的に劣化した場合，CD など記録媒体表面の傷が影響する場合などに集中して発生するバースト誤りも多くある．

　図 **13.3** に示す例では，全体では同じビット数の誤りであるが，ランダム誤りの場合は 1 ブロック中における誤りビットが 1 bit で訂正されるが，バースト誤りの場合は 1 ブロックに多数のビットが誤るため訂正されない．

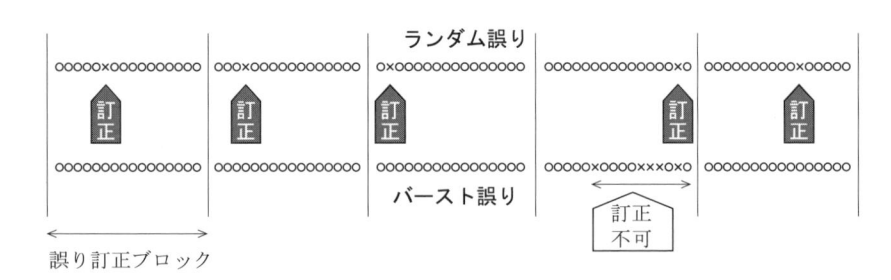

図 13.3　誤り訂正ブロックにおけるランダム誤りとバースト誤り

　そこで図 **13.4** に示すように，送信側でバースト誤りをランダム化する処理を行う．この処理を**インターリーブ**（interleave）といい，インターリーブを行う回路をインターリーバという．また，受信側ではインターリーバの逆操作により，符号のビット順序を元に戻す**デインターリーブ**（deinterleave）という処理を行う．これにより，復

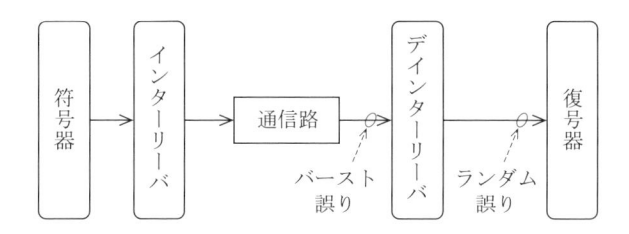

図 13.4 インターリーブによるバースト誤りのランダム化

号器で訂正することができる．バースト誤りはデインターリーバのみ通過し，誤りの順序を変換されランダム化される．

　ビット順序を入れ替えるために，いったん各ビットをメモリに入力してから順序を替えて出力する．**図 13.5** のように縦横に配列したメモリに横方向に入力し，縦方向に出力する．受信側ではこの逆の入出力を行う．単純な操作であるという長所をもつため，非常に多くのシステムで採用されている．一方で，バースト誤り長，ブロック長などで決まる遅延時間が送受双方でかかるため，最終ビットが記憶されてから出力するまでに遅延時間が長くなるなどの短所がある．

01 02 03 04 05 06 07 08 09 10 11 12 13 14 15 16 17 18 19 20 21 22 23 24 25 26 27 28 29 30

01 02 03 04 05 06 →　　01 02 03 04 05 06
07 08 09 10 11 12 →　　07 08 09 10 11 12
13 14 15 16 17 18 →　　13 14 15 16 17 18
19 20 21 22 23 24 →　　19 20 21 22 23 24
25 26 27 28 29 30 →　　25 26 27 28 29 30

インターリーバ入力　　　インターリーバ出力

01 07 13 19 25 02 ✗ ✗ ✗ 26 03 09 15 21 27 04 10 16 22 28 05 11 17 23 29 06 12 18 24 30

バースト誤り

01 02 03 04 05 06　　　01 02 03 04 05 06 →
07 ✗ 09 10 11 12　　　07 ✗ 09 10 11 12 →
13 ✗ 15 16 17 18　　　13 ✗ 15 16 17 18 →
19 ✗ 21 22 23 24　　　19 ✗ 21 22 23 24 →
25 26 27 28 29 30　　　25 26 27 28 29 30 →

デインターリーバ入力　　　デインターリーバ出力

01 02 03 04 05 06 07 ✗ 09 10 11 12 13 ✗ 15 16 17 18 19 ✗ 21 22 23 24 25 26 27 28 29 30

訂正　　　訂正　　　訂正

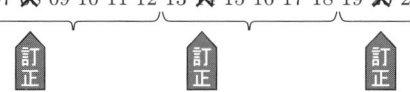

図 13.5 インターリーバ，デインターリーバの入出力

13.8　組合せ符号

　二つ以上の符号を組み合わせることによって，誤り訂正能力を大きくする手法がある．符号長が短いほど設計はしやすいため，短い符号を組み合わせることで，符号長の長い一つの符号を設計するよりも容易に，回路規模も小さく設計できる．また，それぞれの符号の特長を活かすことができる．積符号，連接符号があり，近年ではさらに高度なターボ符号が実用化されている．

　積符号（product code）は**図 13.6**に示すように情報ビットを縦横に並べ，各列を (n_1, k_1) 符号化した後，各行を (n_2, k_2) 符号化することで $(n_1 n_2, k_1 k_2)$ の符号とするものである．

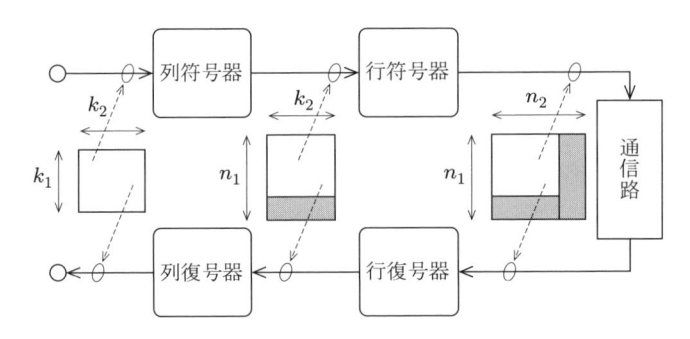

図 13.6　積符号の符号化・符号の構成

　各 (n_1, k_1), (n_2, k_2) 符号の符号語間の最小距離を $d_{\min 1}$, $d_{\min 2}$ とすると，積符号の最小距離はそれらの積 $d_{\min} = d_{\min 1} d_{\min 2}$ となる．

　垂直水平パリティ符号は，それぞれ $d_{\min} = 2$ の 1 bit 誤り検出符号を積符号にしたものであり，$d_{\min} = 4$ となる．9.3 節におけるハミング符号の導入で述べた符号は偶数パリティ $(3, 2)$ 符号を縦横に並べているが，右下のビットを使わない $(8, 4)$ 符号にしているため，積符号ではなく，2 bits 誤りを検出できない．**図 13.7**のように符号長を $n_1 n_2$ にすれば，1 bit 訂正に加えて 3 bits 誤りまで検出できる．$t = 3$ bits 誤り検出ができることから，$d_{\min} = t + 1 = 4$ であることがわかる．

　連接符号（concatenated code）は**図 13.8**に示すように，符号化を 2 段階に施すものである．この符号も積符号と同様に，ハミング距離をそれぞれの符号のハミング距離の積以上にすることができる．それぞれの符号は内符号，外符号とよばれる．外符号で符号化された符号は情報ビット，冗長ビットともに内符号で符号化される．通信路での誤りは内符号で訂正された後，それでも訂正されなかった誤りが外符号での復号で訂正されることが期待できる．通信路での誤りのうち，内符号の 1 ブロック中に

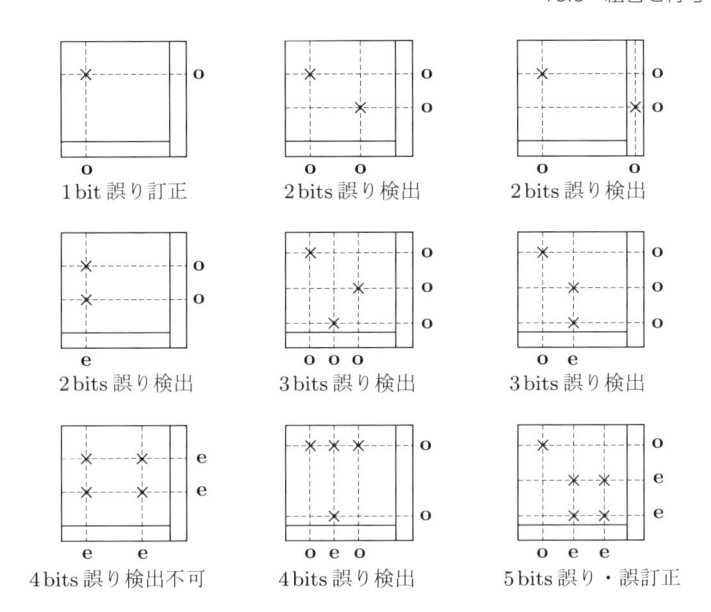

1 bit 誤り訂正　　　2 bits 誤り検出　　　2 bits 誤り検出

2 bits 誤り検出　　　3 bits 誤り検出　　　3 bits 誤り検出

4 bits 誤り検出不可　　　4 bits 誤り検出　　　5 bits 誤り・誤訂正

図 13.7　積符号による誤りの訂正・検出

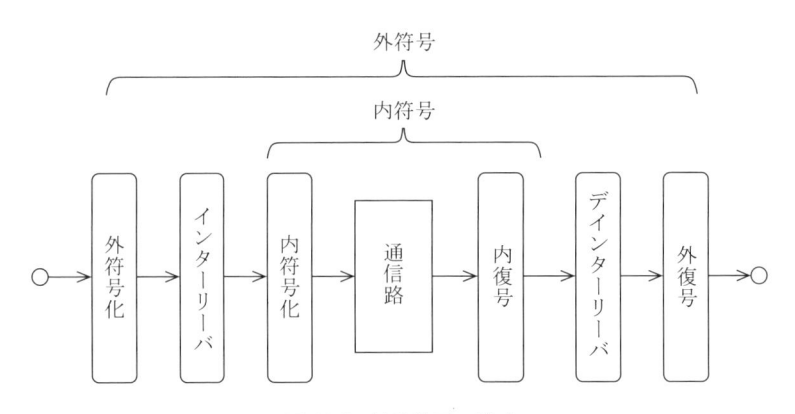

図 13.8　連接符号の構成

ある誤りビットの数が訂正可能な個数以下の場合は訂正されるが, これを超えた場合には残留する. さらに, 誤訂正により誤りがいっそう増えるため, 結果としてバースト誤りのように誤りビットが集中して生じる. このため, 外符号で誤りを訂正するには, 誤りを分散させる必要がある. このため, 通常は内符号と外符号の間にインターリーブを用いる.

　デジタル衛星放送では外符号に RS 符号, 内符号に次講で述べる畳み込み符号を用いている. 記録媒体の CD では, 内符号・外符号ともに RS 符号を用いている.

　符号の組合せはさらに研究が進められて，ターボ符号やLDPC（低密度パリティ検査符号：low density parity check code）へ発展している．ターボ符号は衛星通信や移動通信分野などで使われている．

　連接符号は内符号と外符号は別々に復号しているが，それぞれの復号結果を利用することにより，さらに大きな訂正能力を発揮できる．**ターボ符号**（turbo code）では，図**13.9**のように情報ビットを二つの符号でそれぞれ符号化し，各符号化による冗長ビットを情報ビットとともに送信する．受信側ではそれぞれの符号で復号した後，もう一つの符号で再度復号する．これを10〜20回程度繰り返し，誤りを低減していく．これにより，シャノン限界とよばれる理論値に誤り率を近づけている．繰り返し復号を行うため，遅延時間が問題となる．

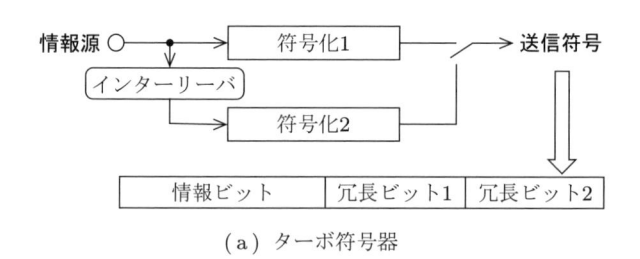

（a）ターボ符号器

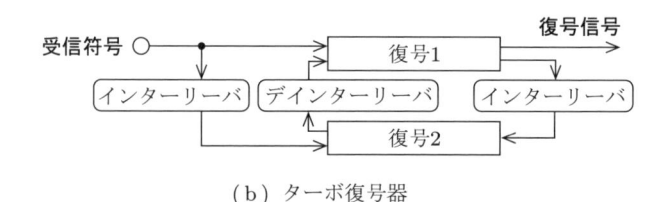

（b）ターボ復号器

図 13.9　ターボ符号の構成

13.9　符号化率可変誤り訂正

　誤り訂正符号では，訂正能力が低ければ符号化効率は上がるが，訂正後の誤り率が上がり通信品質は下がる．逆に，誤り率を下げるため冗長ビット数を増やすと，符号化効率が下がり，伝送速度が低下する．一方，誤り検出符号を用いたARQ（自動再送要求）を用いると，誤り率は非常に低く抑えることができるが，通信路で誤りが発生すると再送による遅延時間が大きくなる．このようなトレードオフを解決するために，状況に応じて通信路符号化を可変にする**符号化率可変誤り訂正**が用いられている．

　無線LANなどで用いられているリンクアダプテーションとよばれる技術は，その

一例である．無線 LAN の通信路で発生する誤り率はアクセスポイントとユーザ端末の距離など伝搬路の状況で変化する．リンクアダプテーション（link adaptation）では，伝送速度と誤り率に影響する誤り訂正符号化率と変調方式を切り替える．具体的には，**図 13.10** のように，通信距離が短く誤りが少ない場合には符号化効率を上げて，通信速度を上げる．逆に，通信距離が長く誤りが多い場合には符号化効率を下げて誤り訂正能力を上げる．

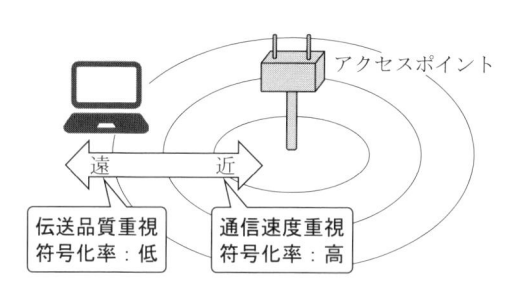

図 13.10 無線 LAN の伝送距離と符号化率

無線 LAN の標準規格 IEEE 802.11 の各種システムでは，**表 13.8** にある変調方式・符号化効率のなかで適当なものが自動的に選択される．ここで，変調方式は BPSK，QPSK，16QAM，64QAM の順に伝送速度は高くなるが，雑音に対する誤り率も高くなる．符号は，次講で述べる畳み込み符号を採用している．

表 13.8 無線 LAN リンクアダプテーション

変調方式	符号化効率	送信レート [Mbps]
BPSK	1/2	6
	3/4	9
QPSK	1/2	12
	3/4	18
16QAM	1/2	24
	3/4	36
64QAM	2/3	48
	3/4	54

このほか，用途によって ARQ のあり・なしを使い分ける場合がある．コンピュータ通信機能の階層モデルである OSI（open systems interconnection）参照モデルで第 3 層（ネットワーク層）IP（internet protocol）の上位プロトコルである第 4 層（トランスポート層）には，TCP（transmission control protocol）と UDP（user datagram protocol）がある．TCP は通信の信頼性を確保するため，ARQ が用いられている．一方，UDP は ARQ がないため遅延時間が短く，リアルタイム通信に適している．こ

れらはアプリケーションがリアルタイム性を必要とするか，低い誤り率を必要とするかなどで使い分けられる．

13.10　誤り訂正回路

これまでは誤り訂正の原理について数式を用いて説明してきたが，実際には回路として実現する必要がある．ここでは，個別の回路を用いて符号化・復号や巡回符号で用いた多項式の乗算・除算といった演算回路をどのように構成できるかを示す．

まず，基本となる論理演算回路として，排他的論理和，論理積，否定の回路素子を以下に示す．論理演算回路は 0，1 の値を電圧の高低などに対応させ，入力電圧に対応する値から演算される計算値に対応する電圧を出力するものである．

排他的論理和はガロア体 GF(2) の加算，論理積は GF(2) の乗算となる．図 **13.11** に示すように表記方法は 2 種類あるが，本講では左側のものを使う．

符号化の回路は図 **13.12** のとおりである．ハミング (7,4) 符号を例に挙げている．

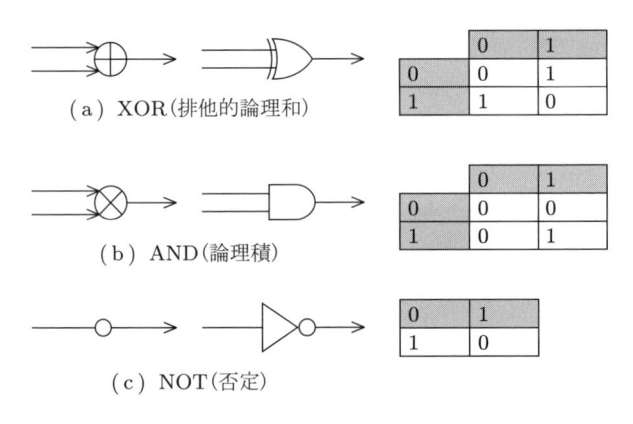

図 13.11　論理回路素子

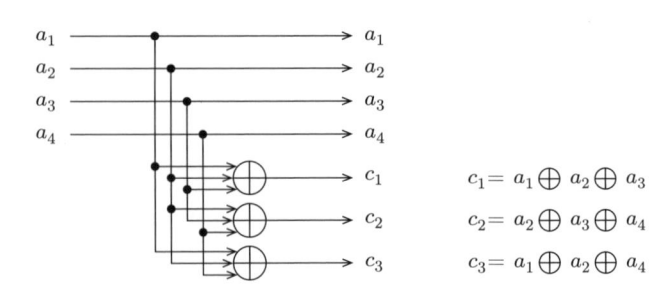

$$c_1 = a_1 \oplus a_2 \oplus a_3$$
$$c_2 = a_2 \oplus a_3 \oplus a_4$$
$$c_3 = a_1 \oplus a_2 \oplus a_4$$

図 13.12　符号化回路

組織符号において，情報ビットはそのまま a_1, a_2, a_3, a_4 として出力される．冗長ビット $c_1 = a_1 \oplus a_2 \oplus a_3$ は，a_1, a_2, a_3 を入力とする 3 入力の排他的論理和回路で実現できる．

シンドローム算出と誤り訂正回路は，**図13.13** のようになる．たとえば，シンドローム $s_1 = c_1' \oplus a_1' \oplus a_2' \oplus a_3'$ は図のような排他的論理和回路で実現できる．

また，シンドローム s_1, s_2, s_3 から誤りビットを判定して反転する．たとえば**図13.14** のように，$(s_1, s_2, s_3) = (0, 1, 1)$ の場合には a_4' を誤りビットとして判定する．そのために図 13.13 の一番右にある論理積回路において $\bar{s}_1, s_2, s_3$ を入力する．$(s_1, s_2, s_3) = (0, 1, 1)$ の場合のみ出力が 1 となり，後段の排他的論理和回路で訂正する．

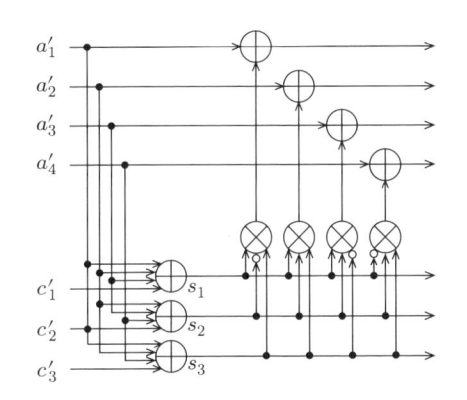

図 13.13　シンドローム算出回路と誤り訂正回路　　　　図 13.14　誤り判定回路

次に，多項式の乗算・除算回路を示す．ここで多項式
$$A(x) = a_{n-1}x^{n-1} + a_{n-2}x^{n-2} + \cdots + a_1 x + a_0$$
は時間的に $a_0, a_1, \ldots, a_{n-1}$ の順に周期 T [s] で出力される．回路全体が周期 T [s] で同期しており，時刻 iT の信号が入出力信号となる．

基本的な回路としてシフトレジスタがある（**図13.15**）．これは単一ビットのメモリで T [s] 周期のクロック信号のタイミングで入力された信号を記憶し，次のクロック信号のタイミングで前のタイミングに入力された信号を出力する．すなわち，クロック信号により時間 T [s] の遅延回路として動作する．多項式表現で次数が高い項ほど後に出力されることから，シフトレジスタに a が入力されたとき，ax が出力される．

シフトレジスタを用いた乗算回路は，**図13.16** のように構成される．図はハミング $(7,4)$ 符号の生成多項式 $G(x) = x^3 + x + 1$ を $A(x) = a_3 x^3 + a_2 x^2 + a_1 x + a_0$ に乗算して $A(x)G(x)$ を出力する回路の例である．

$A(x)$ は情報ビットによって変化するが，符号によって決まる多項式 $G(x)$ は回路に

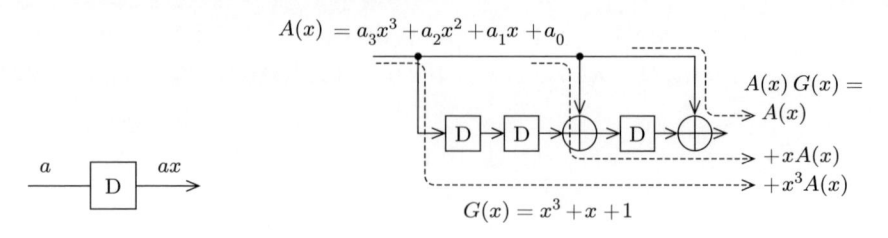

図 13.15　シフトレジスタ　　　　　　図 13.16　乗算回路

よって固定される．入力から出力の経路は 3 本あり，それぞれ 0, 1, 3 個のシフトレジスタを通過するため，$A(x)$, $xA(x)$, $x^3A(x)$ となり出力端子に至り，これらが加算されていることにより，出力は $A(x)G(x) = A(x) + xA(x) + x^3A(x)$ となる．

　除算回路は図 **13.17** のような構成となる．図の例は入力多項式を $G(x) = x^3 + x + 1$ で除算する回路である．三つあるシフトレジスタは，最初に 0 となっている．右から入力される $A(x) = x^6 + x^5 + x^3$ を $G(x)$ で割った商 $x^3 + x^2 + x + 1$ が左から出力され，シフトレジスタに剰余 1 が残る．図の左側にある筆算と同様のことが回路でも行われている．一番左のシフトレジスタから 1 が出力されるのは，商に 1 が出力されるときである．このとき，図の破線の楕円にあるように，それまでの剰余多項式から除算する多項式を減算する．これを除算回路のフィードバック部で実現している．フィードバック先は除算する多項式 $G(x)$ で回路に固定されている．フィードバックはそれまでの剰余に送られて減算される．これを繰り返すことで商多項式 $B(x)$ が出力され，このとき，シフトレジスタに剰余多項式 $A(x) \bmod G(x)$ が残る．

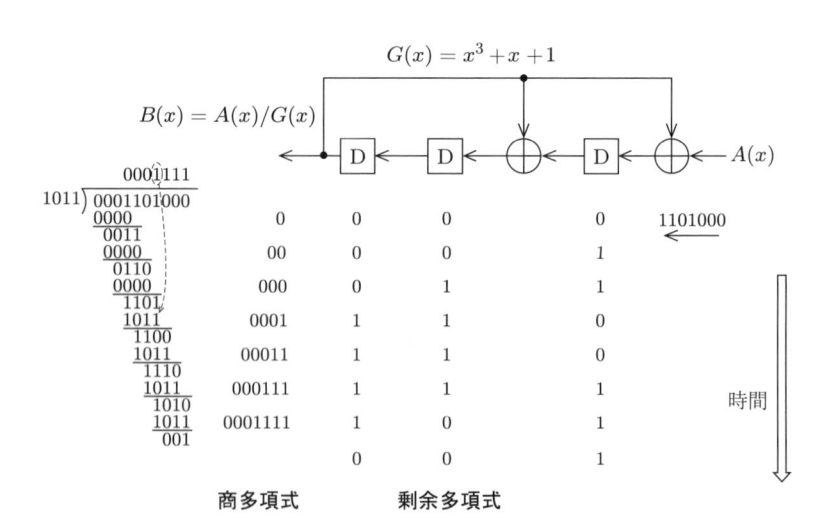

図 13.17　除算回路

演 習 問 題

13.1　符号長 15 の 2 bits 誤り訂正 BCH 符号の生成多項式を求めよ.

13.2　ハミング $(7,4)$ 符号のパリティ検査行列は

$$\boldsymbol{H} = \begin{bmatrix} 1 & 1 & 1 & 0 & 1 & 0 & 0 \\ 0 & 1 & 1 & 1 & 0 & 1 & 0 \\ 1 & 1 & 0 & 1 & 0 & 0 & 1 \end{bmatrix}$$

であり, 拡大ガロア体が**表 13.9** のように表されることから, ベクトル表示を

$$\alpha^0 = \begin{bmatrix} 0 \\ 0 \\ 1 \end{bmatrix}, \quad \alpha^1 = \begin{bmatrix} 0 \\ 1 \\ 0 \end{bmatrix}, \quad \alpha^2 = \begin{bmatrix} 1 \\ 0 \\ 0 \end{bmatrix}, \quad \alpha^3 = \begin{bmatrix} 0 \\ 1 \\ 1 \end{bmatrix}$$

$$\alpha^4 = \begin{bmatrix} 1 \\ 1 \\ 0 \end{bmatrix}, \quad \alpha^5 = \begin{bmatrix} 1 \\ 1 \\ 1 \end{bmatrix}, \quad \alpha^6 = \begin{bmatrix} 1 \\ 0 \\ 1 \end{bmatrix}$$

と表すと, $\boldsymbol{H}$ はこれらの列ベクトルを並べた行列として, $\boldsymbol{H} = [\alpha^6 \, \alpha^5 \, \alpha^4 \, \alpha^3 \, \alpha^2 \, \alpha^1 \, \alpha^0]$ と表すことができる.

表 13.9

べき乗表示	展開表示	ベクトル表示
α^0	1	$(0,0,1)$
α^1	α	$(0,1,0)$
α^2	α^2	$(1,0,0)$
α^3	$\alpha + 1$	$(0,1,1)$
α^4	$\alpha^2 + \alpha$	$(1,1,0)$
α^5	$\alpha^2 + \alpha + 1$	$(1,1,1)$
α^6	$\alpha^2 \quad + 1$	$(1,0,1)$

　同様に, $G(x) = G_1(x)G_3(x) = (x^4 + x + 1)(x^4 + x^3 + x^2 + x + 1) = x^8 + x^7 + x^6 + x^4 + 1$ を生成多項式とする BCH 符号について, $G_1(x) = (x^4 + x + 1) = 0$ の根を α として, これを用いたパリティ検査行列を示せ.

13.3　$G(x) = x^3 + x^2 + 1$ を乗算する回路を示せ. また, その回路に $A(x) = x^3 + x + 1$ が入力されたときの出力 $C(x)$ を示せ.

第 14 講　畳み込み符号

　これまで説明してきたハミング符号をはじめ，BCH 符号や RS 符号などは，符号長を単位として，そのなかで符号化を行うブロック符号である．これに対して，ブロックで区切らない符号化として畳み込み符号がある．符号器に情報ビットが順次入力され，同時に符号ビットが順次出力される．ブロック符号のほうがより代数的研究が進められているが，畳み込み符号も実用的に広く使われている符号である．畳み込み符号化された符号系列は，尤度・メトリックを用いてもっとも確からしい系列を求める最尤復号により復号されるが，これを現実的な回路規模で可能としたビタビ復号が用いられる．本講では，畳み込み符号器とこれを復号するビタビ復号器について説明する．

14.1　畳み込み符号の構成

　畳み込み符号では，送信したい情報が順次符号器に入力される．このとき，時間的に並ぶビットの列を系列とよぶことにする．同時に，符号器からは符号化された系列が出力される．このとき，ブロック符号のように符号語が区切られることはない．畳み込み符号器は，図 **14.1** に示すように周期 T [s] ごとに k [bits] の情報が並列に符号器に入力され，同時に n [bits] $(n > k)$ の符号化された系列が出力される．この場合，符号化率 $\eta = k/n$ である．符号器の内部は，排他的論理和回路とシフトレジスタで構成される．

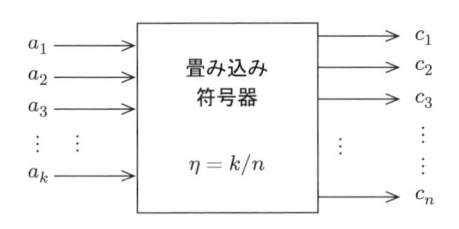

図 14.1　畳み込み符号器の入出力

　符号の構成方法としては，図 **14.2** に示す組織符号と非組織符号とがある．図で D はシフトレジスタを，$\oplus$ は排他的論理和回路を表す．このように，組織符号では入力された系列はそのまま出力されるとともに，入力系列をもとに演算された冗長系列が出力される．非組織符号の場合，出力符号はいずれも入力とは異なる信号となる．図

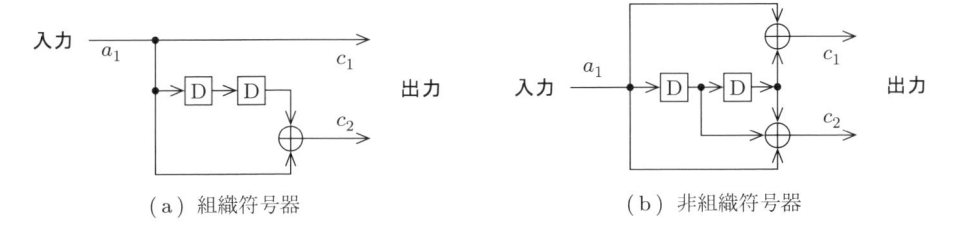

（a）組織符号器　　　　　　　　　　（b）非組織符号器

図14.2　畳み込み符号器の構成

はどちらも符号化率 $\eta = 1/2$ の符号である．シフトレジスタの段数によって，過去どれだけの時間の信号を用いるかが決まる．これを**拘束長**（constraint length）とよぶ．図の場合，3 単位時間の信号を使っているので，拘束長は $K = 3$ となる．あるいは，シフトレジスタの段数 $\nu = 2$ を用いて表す場合もある．$K = \nu + 1$ の関係にある．

図の符号を，遅延演算子 D を用いて以下の式で表示することができる．

組織符号の場合：$G_1(D) = 1$

$$G_2(D) = 1 + D^2$$

非組織符号の場合：$G_1(D) = 1 + D^2$

$$G_2(D) = 1 + D + D^2$$

これらの畳み込み符号のパラメータと特性の関係としては，符号化率 η が小さいほど誤り訂正能力は高いが，伝送効率は低くなる．また，拘束長 K が大きいほど誤り訂正能力は高くなるが，復号器の回路規模が大きくなる．

符号器のなかにあるシフトレジスタはそれぞれ単一ビットのメモリであり，その記憶内容を符号器の "状態" とよぶ．直前の状態は符号器入力によって時々刻々と次の状態に遷移する．この状態の数を**状態数** s_t とよび，$s_t = 2^\nu$ となる（$\nu = K - 1$）．

図 **14.3** に畳み込み符号器から復号器までの流れを示す．符号器・復号器が同期して

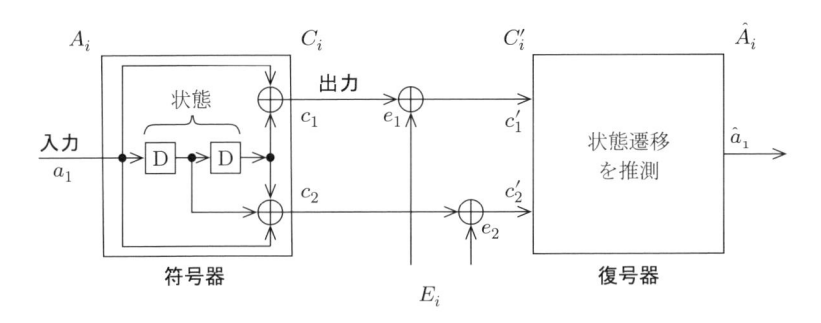

図14.3　畳み込み符号器と復号器

いる単位時間 T [s] ごとの時刻 iT（i は整数）に，情報系列 A_i が符号器に順次入力される．送信符号語系列 C_i が符号器から出力される．これに通信路での誤り系列 E_i が加わった受信符号系列

$$C_i' = C_i + E_i \tag{14.1}$$

が復号器に入力される．復号器からは，復号系列 $\hat{A}_i$ が出力される．

ここで，入出力を整理する（**表 14.1**）．

表 14.1　系列の名称

記号	名称
A_i	情報系列
C_i	送信符号語系列
E_i	誤り系列
C_i'	受信符号系列
$\hat{A}_i$	復号系列

14.2　状態遷移

復号器では，受信符号系列 C_i' を用いて符号器内の状態遷移を推測し，その結果から符号器に入力される情報系列 A_i を求める．そのために，符号器の入出力と状態の関係が必要となる．ここで，符号器の状態とは，その内部のシフトレジスタに記憶されている内容を意味する．

まず，**図 14.4**(a) の符号器の入出力とその際の状態遷移図を図 (b) に示す．図は

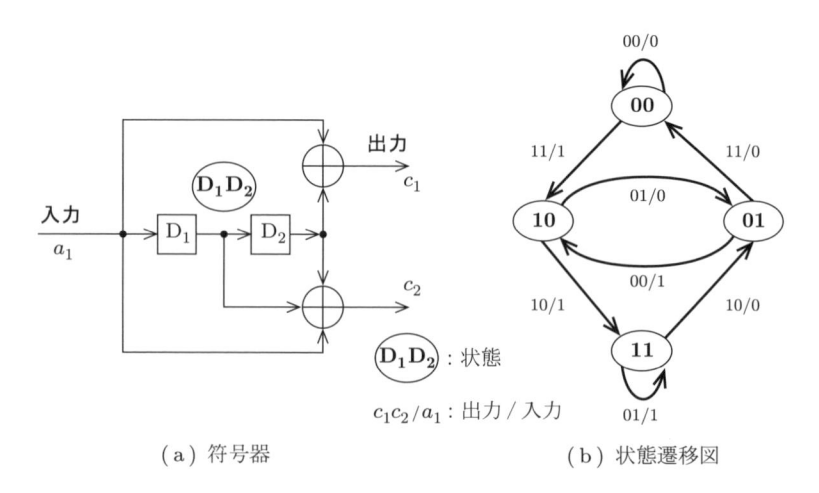

（a）符号器　　　　　　　　　　　（b）状態遷移図

図 14.4　符号器の状態遷移図

$\nu = 2$ の例で，二つあるシフトレジスタにあわせて 2 bits が記憶されているため，状態数は $2^\nu = 4$ である．

図 (b) で，矢印は状態の遷移を示す．状態 00 から状態 10 への遷移を示す矢印に 11/1 と書かれているのは，状態 00 において $a_1 = 1$ が入力されると，$(c_1, c_2) = (1, 1)$ が出力されて，状態 10 へ遷移することを示す．

図 14.5 は状態遷移の一例である．(D_1, D_2) に $(0, 1)$ が記憶されている状態に，それぞれ $a_1 = 0$ または 1 が入力された場合を示す．新たに D_1 に符号器入力 a_1 の値が記憶され，新しい D_2 として以前の D_1 の値が記憶される．同時に，符号器出力 c_1 として $a_1 \oplus D_2$ が，c_2 として $a_1 \oplus D_1 \oplus D_2$ が出力される．

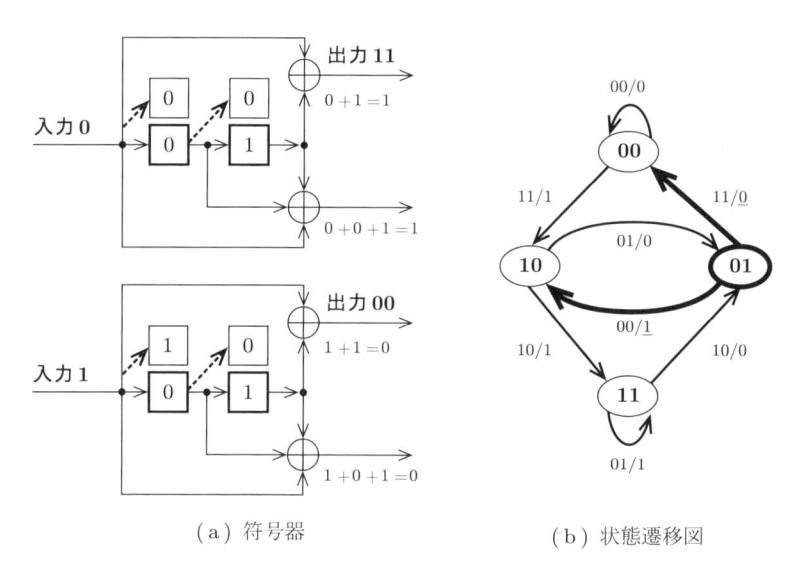

（a）符号器 （b）状態遷移図

図 14.5 状態遷移の例

入力系列は次々と入力され，これにより状態は順次遷移し，同時に符号化された系列が出力される．この遷移の様子を時系列順に表した**トレリス線図**（trellis diagram）を**図 14.6** に示す．$(D_1, D_2) = (0, 0)$, $(1, 0)$, $(0, 1)$, $(1, 1)$ の各状態を S_{00}, S_{10}, S_{01}, S_{11} とおく．図は，S_{00} から始まる状態の遷移を示している．

ある単位時間の状態から次の単位時間における状態を結ぶ線分を**ブランチ**（branch：枝）とよぶ．ブランチには対応する符号器入出力が定まっている．入力 1 に対応するブランチを実線で，入力 0 に対応するブランチを破線で示す．複数の単位時間にわたる遷移の様子は，複数の連続するブランチをつなげたものとして示される．これは初期状態と以降の入力によって決まるもので，**パス**（path）とよばれる．

たとえば $(D_1, D_2) = (0, 0)$ である状態 S_{00} において 1 が入力された場合，$c_1 = a_1 \oplus$

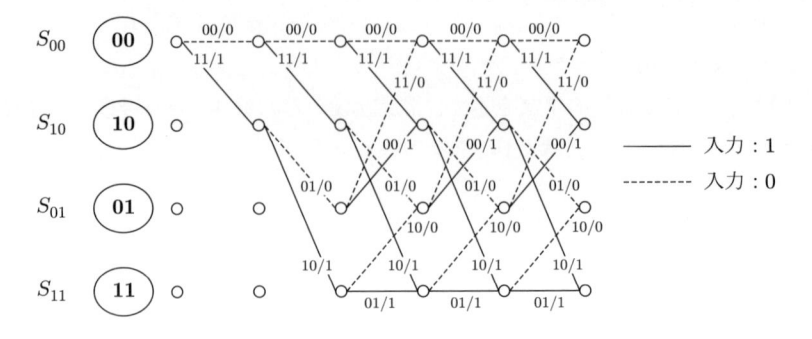

S_{00} 〔00〕

S_{10} 〔10〕

S_{01} 〔01〕

S_{11} 〔11〕

—— 入力：1
------- 入力：0

図14.6　トレリス線図

$D_2 = 1$, $c_2 = a_1 \oplus D_1 \oplus D_2 = 1$ が出力され，状態 S_{10} に遷移する．これを $S_{00} \to S_{10}$ の実線 11/1 として示す．この 11/1 は出力 $(c_1, c_2) = (1, 1)$ で入力 $a_1 = 1$ であることを意味する．入力が 0 の場合は，$c_1 = 0$, $c_2 = 0$ となり，$S_{00} \to S_{00}$ の破線 00/0 として示される．

　図からもわかるように，D_1 の内容が次の単位時間の D_2 に記憶されるので，たとえば状態 S_{00} から S_{01} や S_{11} に遷移することはない．送信される符号語と送信されない非符号語があるように，あり得るパスとあり得ない状態の遷移がある．このことから，復号器はあり得るパスのなかで，もっとも確率が高い，すなわち**確からしさ（尤度）**の高いパスを選ぶことにより復号ができる．

例題 14.1　時系列を $T_1, T_2, \ldots$ としたとき，時刻 T_2, T_3 においてそれぞれ $(c_1, c_2) = (0, 0)$ が図 14.4 の符号器から出力された．時刻 T_4 において出力される可能性のある出力 (c_1, c_2) を示せ．

解答　時刻 T_1 と T_2 を結ぶ 8 本のブランチのなかで，出力 $(c_1, c_2) = (0, 0)$ に対応するのは**図 14.7** からわかるように状態 $S_{00} \to S_{00}$ を結ぶブランチと，$S_{01} \to S_{10}$ を結ぶブランチの二つである．$S_{01} \to S_{10}$ のブランチでは，時刻 T_2 において状態 S_{10} となるので，時刻 T_3 における出力は $(0, 1)$ または $(1, 0)$ になる．このことから，時刻 T_2, T_3 において $(c_1, c_2) = (0, 0)$ が符号器から出力されたのであれば，$T_1 \to T_2 \to T_3$ における状態の遷移は $S_{00} \to S_{00} \to S_{00}$ となる．時刻 T_3 における状態が S_{00} であることから，時刻 T_4 において出力される可能性のある出力 (c_1, c_2) は $(0, 0)$ または $(1, 1)$ となる．

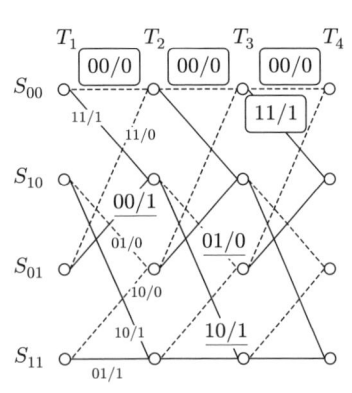

図 14.7　例題におけるトレリス線図

例題 14.1 において，符号器の出力は通信路を通して復号器に入力される．もし $(c_1', c_2') = (0,0)$，$(0,0)$ の次に $(0,1)$ または $(1,0)$ が受信されたとすると，通信路で誤りがあったことがわかる．そのような場合，複数のあり得るパスに対応する符号器出力と受信系列を比較し，もっとも確からしいパスを選ぶことができる．畳み込み符号では，このような原理を利用して復号を行う．

14.3 最小自由距離

ブロック符号では，符号に誤りが生じて受信符号が送信符号語より隣接符号語のほうにハミング距離で近くなった場合に，誤訂正になる．同じように，パスを選択する畳み込み符号では，受信系列が送信系列とは異なるパスに近くなった場合に誤りとなる．そこで，ブロック符号の符号語間の最小ハミング距離と同様に，畳み込み符号では隣接パスとの最小距離が誤り訂正能力を示すことになる．**図 14.8** は全 0 のパスとこれにもっとも近いパスを太線で示すものである．この間の二つのパスの状態と入出力は，**表 14.2** のようになる．二つのパスに対応する符号器出力 $(00,00,00)$ と $(11,01,11)$ のハミング距離は 5 である．この隣接パスとの距離を**最小自由距離** d_{free} とよぶ．

仮にこの前後に誤りがなく，$T_1 \sim T_4$ の間に誤りがあり，送信された全 0 パスより隣接パスのほうが受信系列に近くなると，符号後の誤りが発生する．$d_{\text{free}} = 5$ であることから，たとえば全 0 のパスに対応する出力 $(00,00,00)$ が 2 bits 誤って $(10,00,01)$

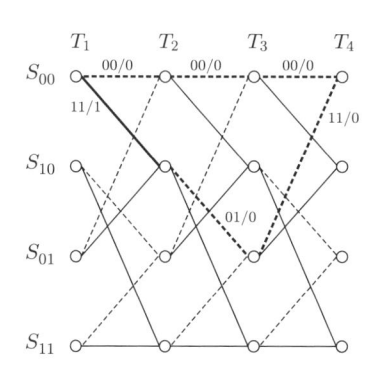

図 14.8　パス間の最小自由距離

表 14.2　隣接パスとの入出力の比較

	T_1	$T_1 \to T_2$	T_2	$T_2 \to T_3$	T_3	$T_3 \to T_4$	T_4
全 0 パス	S_{00}	00/0	S_{00}	00/0	S_{00}	00/0	S_{00}
隣接パス	S_{00}	11/1	S_{10}	01/0	S_{01}	11/0	S_{00}

になっても, 復号器は正しいパスを選択する. しかし, 3 bits が誤って $(10, 01, 01)$ となった場合には隣接パスを選択して誤訂正となる.

14.4 メトリック

ここまで述べたように, 復号器では受信信号をもとに, 送信側の符号器であり得る状態の遷移のなかでもっとも確からしいパスを選ぶことで復号を行う. この確からしさの指標を**メトリック** (metric) とよぶ. パスに対応する符号器出力と受信器入力のハミング距離は, メトリックとして用いることができる. パスは複数のブランチをつなげたものであるため, 個々のブランチのメトリックを加算したものがパスのメトリックとなる. ここで, それぞれを**ブランチメトリック**, **パスメトリック**とよぶ.

図 **14.9** のように, ブランチメトリックは復号器入力 c_1', c_2' によって各ブランチそれぞれにハミング距離によって決められる. たとえば, 復号器入力 $(c_1', c_2') = (0, 0)$ の場合, 符号器出力 $(c_1, c_2) = (0, 0)$ に対応する状態遷移 $S_{00} \to S_{00}$, $S_{01} \to S_{10}$ のブランチメトリックは 0, $(c_1, c_2) = (1, 1)$ に対応する状態遷移 $S_{00} \to S_{10}$, $S_{01} \to S_{00}$ のブランチメトリックは 2, そのほかの 4 本のブランチはメトリックが 1 となる. 図はこのブランチメトリックを各ブランチに ( ) で記載したものである. ハミング距離をブランチメトリックとする場合, これが小さいほど確からしいことになる.

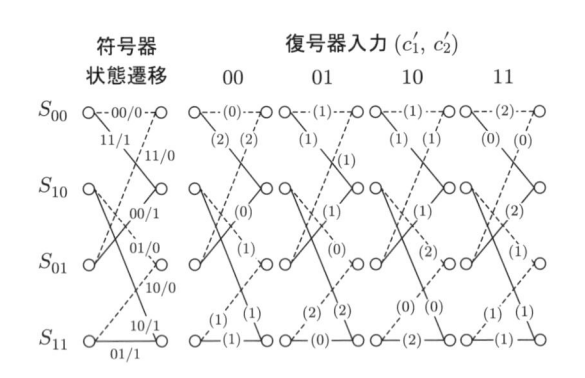

	00	01	10	11
00	(0)	(1)	(1)	(2)
01	(1)	(0)	(2)	(1)
10	(1)	(2)	(0)	(1)
11	(2)	(1)	(1)	(0)

符号器出力と復号器入力のハミング距離

図 14.9　ブランチメトリック

次に, ブランチメトリックを加算してパスメトリックを算出する. 図 **14.10** のように, 最初に S_{00} から符号化が開始されたとする. 情報系列が $A_i = (0, 1, 0, 1, 0, 0)$ の場合, 送信符号系列は $C_i = (00, 11, 01, 00, 01, 11)$ となる. これに 2 bits の誤り系列 $E_i = (00, 01, 00, 10, 00, 00)$ があった場合, 受信信号系列は $C_i' = (00, 10, 01, 10, 01, 11)$ となる. 復号器では C_i' をもとにブランチメトリックを合計したパスメトリックを算出

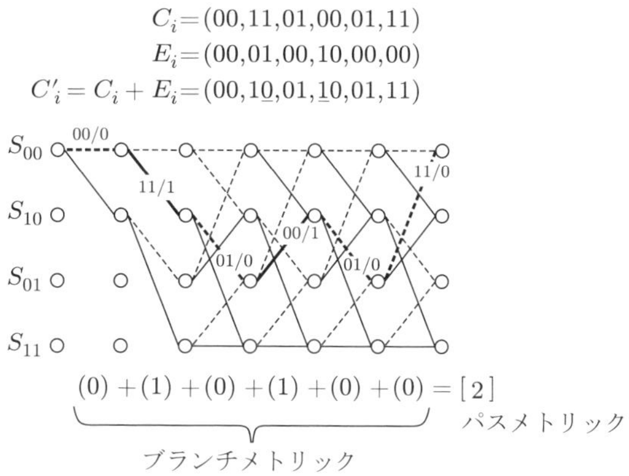

$$C_i = (00, 11, 01, 00, 01, 11)$$
$$E_i = (00, 01, 00, 10, 00, 00)$$
$$C'_i = C_i + E_i = (00, \underline{10}, 01, \underline{10}, 01, 11)$$

$$(0) + (1) + (0) + (1) + (0) + (0) = [\,2\,]$$

図 14.10　パスメトリック算出例

する．図のように，正しいパスでは誤りがあったブランチのブランチメトリックのみ 1 となり，パスメトリックは 2 となる．このようにしてパスメトリックをすべてのパスに対して算出し，もっとも確からしいパスを選択する方法を，**最尤復号**（maximum likelihood decoding）とよぶ．図 14.10 の例の場合，C_i に対するパスメトリック 2 が一番小さいため正しいパス C_i が選択され，誤りは訂正される．$d_{\mathrm{free}} = 5$ のため，隣接パスの C'_i に対するパスメトリックは 3 となる．しかし，パスの数は 1 単位時間ごとに倍に増えていくため，計算量が膨大になる．そこで，もっとも確からしいパスを選択するための実用的な復号方法として，ビタビ（A. J. Viterbi）の発案によるビタビ復号法がある．これを次節で説明する．

14.5　ビタビ復号

　ビタビ復号（Viterbi decoding）は，時系列が進むたびに倍増するパス数を同時に半減することでパス数を増加させず，現実的な計算量で最尤復号を行う方法である．パスメトリックの比較により状態ごとに一つのパスを選択する．これにより，常に状態数と同じ数のパスのみについてメトリック演算を進めていく．この節ではその詳細を示す．
　図 **14.11** に，例として $C'_i = (00, 10, 01, 10, 01, 11)$ が入力された場合を示す．
　ここでは，符号は時刻 T_0 において初期状態 S_{00} から開始するものとする．$T_0 \to T_1$ において $(c'_1, c'_2) = (0, 0)$ がビタビ復号器に入力され，$S_{00} \to S_{00}$, $S_{00} \to S_{10}$ のブランチはそれぞれ符号器出力 $(0, 0)$, $(1, 1)$ に対応しているので，ブランチメトリックはそれぞれ 0, 2 となる．図ではブランチメトリックを ( ) で示している．これを，この段階で，各状態までのパスのメトリックとして記憶する．図ではパスメトリックを [ ] で

示している.

　次に, $T_1 \rightarrow T_2$ において $(c_1', c_2') = (1, 0)$ が入力されると, S_{00}, S_{10} からの四つのブランチにそれぞれブランチメトリックが求まる. このブランチメトリックを $T_0 \rightarrow T_1$ までのパスメトリックに加算(Add)し, $T_0 \rightarrow T_2$ のパスメトリックとする. ここで, 初期状態 S_{00} から時刻 T_2 における各状態までの四つのパス $S_{00} \rightarrow S_{00} \rightarrow S_{00}$, $S_{00} \rightarrow S_{00} \rightarrow S_{10}$, $S_{00} \rightarrow S_{10} \rightarrow S_{01}$, $S_{00} \rightarrow S_{10} \rightarrow S_{11}$ とそれぞれのパスのパスメトリックを記憶する. 各状態に対応するパスとパスメトリックを記憶すれば, ブランチメトリックや以前の T_1 までのパスメトリックは記憶する必要がない. パスは, これに含まれるブランチに対応する符号器入力各 1 bit の系列 A_i として記憶すればよい.

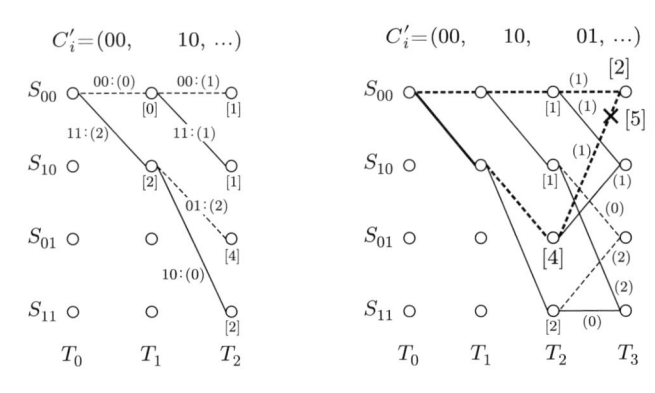

図14.11　ビタビ復号 (Add)　　　図14.12　ビタビ復号 (Compare)

　その後, $T_2 \rightarrow T_3$ に $(c_1', c_2') = (0, 1)$ が入力される. 時刻 T_2 における四つの状態からそれぞれ 2 本, 合計 8 本のパスが $T_2 \rightarrow T_3$ に現れる. 8 本のうち 2 本のパス $S_{00} \rightarrow S_{00} \rightarrow S_{00} \rightarrow S_{00}$ と $S_{00} \rightarrow S_{10} \rightarrow S_{01} \rightarrow S_{00}$ が, 時刻 T_3 において S_{00} で併合 (マージ:merge) している. この 2 本のパスのパスメトリックはそれぞれ 2, 5 である. この二つを図 14.12 において比較 (Compare) し, この段階で二つのパスのうち確からしいパスを選択 (Select) し, そのパスとパスメトリックのみ記憶 (Path Memory) する. ほかのパスについては記憶から外す.

　同様に, 図 14.13 において各状態にマージするそれぞれ 2 本のパスから 1 本ずつを選択する. 生き残りパスは状態数 2^ν と同じになる. これを繰り返すことにより, 生き残りパス数は状態数より増えることがない.

　図 14.14 のようにこの手順を繰り返し, 十分な長さのパスを記憶すると, パスの前方が絞られていく. 図ではすべての生き残りパスにおける $T_0 \rightarrow T_1$ での状態遷移が $S_{00} \rightarrow S_{00}$ となる. この遷移に対応する符号器入力である 0 が, 復号結果となる. このように, 時刻 T_6 の段階で $T_0 \rightarrow T_1$ にさかのぼって出力し, その後, 時刻 T_7 では

$$C_i = (00, \quad 11, \quad 01, \quad 00, \quad 01, \quad 11)$$
$$C_i' = (00, \quad 10, \quad 01, \quad 10, \quad 01, \quad 11)$$

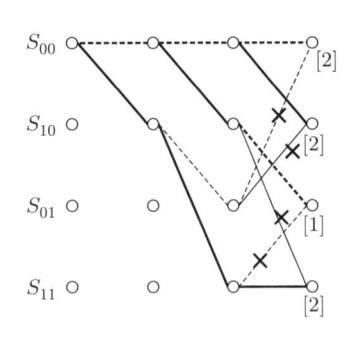

図 14.13　ビタビ復号（Select）

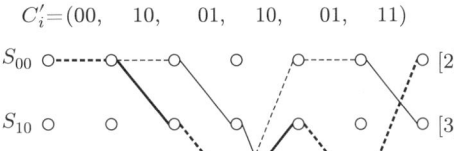

$$A_i = (0, \quad 1, \quad 0, \quad 1, \quad 0, \quad 0)$$

図 14.14　ビタビ復号（パスの判定）

$T_1 \to T_2$ へと順次出力される.

　実際の回路では, 記憶するパスの長さを定め, 生き残りパスのなかでもっとも確からしいパスをさかのぼり, 復号結果を出力する. 図 14.14 の例では, パスメトリックが 2 であるパスをさかのぼる. この記憶するパスの長さをパスメモリ長とよび, 十分な長さになるように設計される.

14.6　ビタビ復号回路の構成

　ここまで述べたビタビ復号は, 実際の回路として実現されている. 図 **14.15** にビタビ復号回路の構成図を示す.

　受信信号をもとにブランチメトリックを算出する. ブランチメトリックは, 符号器出力ビット数を n とすると, 出力の取り得る値に相当する 2^n にそれぞれに対応して算出される.

　ACS（Adder, Comparator, Selector）回路は, 生き残りパスのパスメトリックにブランチメトリックを加算（Add）して更新する. 更新されたパスメトリックを比較（Compare）して, 新たな生き残りパスを選択（Select）する. パスは状態数 s_t と同じ数だけ生き残るので, ACS 回路は s_t 個並列に用意される. BMG（branch metric generator）と ACS の結線は, 状態遷移のパターンによって決まる.

　パスメモリは ACS で選ばれたパスを更新・記憶する. パスは状態ごとに入力ビット数分の信号を記憶する. 十分に誤り率を低減させるために, 記憶するパスの長さであるパスメモリ長は, 通常は拘束長 $K = \nu + 1$（ν：レジスタの段数）の 5〜6 倍程度必要となる. したがって, パスメモリの記憶ビット数 M_p は次のようになり, ビタビ復号のなかで大きな回路規模を占める.

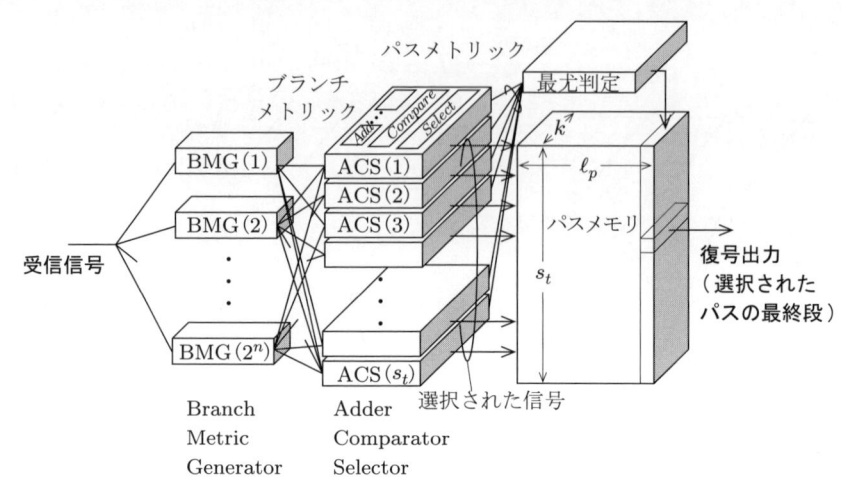

n：符号化ビット数
（符号器出力数）

図 14.15　ビタビ復号回路の構成

$$M_p = k s_t \ell_p \tag{14.2}$$

k：情報ビット数（符号器入力ビット数）

$s_t = 2^\nu$：状態数

ℓ_p：パスメモリ長

　最尤判定部で選択されたパスメモリ最終段の信号が，復号出力となる．最尤判定部は ACS 回路からパスメトリックを受けて，もっとも確からしいパスを選択する．

================== 演 習 問 題 ==================

14.1　図 **14.16** の畳み込み符号化回路で符号化された符号として，受信系列が $(11, 00, 00, 01, 10, 00)$ であった．ビタビ復号により，送信符号 $g_1^{(1)} g_1^{(2)}$ および情報源記号 f_1 を求めよ．なお，符号器の初期状態は 00 とする．

14.2　前問の受信系列 $(11, 00, 00, 01, 10, 00)$ のいくつかのビットが消失して $(11, 0x, x0, 01,$

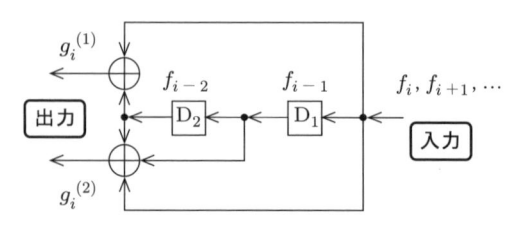

図 14.16

1x, x0) となったとする．これをもとに，ビタビ復号により送信符号 $g_i^{(1)}$ $g_i^{(2)}$ および情報源記号 f_i を求めよ．なお，符号器の初期状態は 00 とする．

14.3 前問と同じ条件で，2 bits の消失と下線に示す 1 bit の誤りがある受信系列 (11, 0x, 00, 0<u>0</u>, 1x, 00) を受信したときの復号結果を示せ．

演習問題解答

第 2 章

2.1 日本語のほうが多くの情報量を送ることができる.（理由）英語の場合のアルファベットは大文字と小文字に各 26 種類.日本語はひらがなとカタカナに各 46 種類あるほか,漢字も用いられていて,文字の種類が英語より多い.したがって,出現頻度の違いはあっても各文字の生起確率は低くなるため,情報量が大きくなる.

2.2 チーム X が勝つ確率は $p_X = 128/256 = 1/2$ であり,自己情報量は

$$I_X = -\log_2 \frac{1}{2} = 1\,\text{bit}$$

である.チーム X の勝ち,引き分け,負けそれぞれの確率 p_X, p_d, p_Y は,それぞれ

$$p_X = \frac{1}{2}, \quad p_d = \frac{7}{64}, \quad p_Y = \frac{25}{64}$$

であるので,チーム X の勝敗に関するエントロピーは次のようになる.

$$H(X) = -\frac{1}{2}\log_2 \frac{1}{2} - \frac{7}{64}\log_2 \frac{7}{64} - \frac{25}{64}\log_2 \frac{25}{64} = 2.37\,\text{bits}$$

同様に,

$$H(Y) = -\frac{25}{64}\log_2 \frac{25}{64} - \frac{7}{64}\log_2 \frac{7}{64} - \frac{1}{2}\log_2 \frac{1}{2} = 2.37\,\text{bits}$$

となる.

2.3 各曜日に催しが行われる確率は 1/7 である.したがって,情報を聞く前のあいまいさは事前エントロピーで表され,

$$H_b = -\log_2 \frac{1}{7} = 2.81\,\text{bits}$$

となる.平日に行われるという情報 A を得た後は月〜金のいずれかになり,各曜日に行われる確率は 1/5 となるので,そのときのあいまいさは事後エントロピー

$$H_a = -\log_2 \frac{1}{5} = 2.32\,\text{bits}$$

で表される.したがって,情報 A の情報量を I とすると,次のように求められる.

$$I = H_b - H_a = 0.49\,\text{bit}$$

情報 B により曜日は確定され,あいまいさ（エントロピー）は 0 になるので,情報 B の情報量は,情報 A を聞く前では

$$I_b = H_b - 0 = 2.81\,\text{bits}$$

情報 A を聞いた後では

$$I_a = H_a - 0 = 2.32\,\text{bits}$$

となる.

第 3 章

3.1　$s = r(1-p_0) + (1-r)p_1$,　$1 - s = rp_0 + (1-r)(1-p_1)$ であることから,

$$(s, 1-s) = (r, 1-r) \begin{bmatrix} 1-p_0 & p_0 \\ p_1 & 1-p_1 \end{bmatrix}$$

ここで, 通信路行列として

$$\boldsymbol{P} = \begin{bmatrix} 1-p_0 & p_0 \\ p_1 & 1-p_1 \end{bmatrix}$$

とおくと,

$$\boldsymbol{s} = \boldsymbol{r}\boldsymbol{P}$$

となる.

3.2　通信路 P の入出力における 0, 1 の生起確率を $\boldsymbol{r} = (r, 1-r)$, $\boldsymbol{s} = (s, 1-s)$, 通信路 Q の出力における 0, e, 1 の生起確率を $\boldsymbol{t} = (t, x, 1-t-x)$ とすると, それぞれの通信路行列 $\boldsymbol{P}$, $\boldsymbol{Q}$ は次のようになる.

$$\boldsymbol{s} = \boldsymbol{r}\boldsymbol{P} \quad \text{ただし,} \quad \boldsymbol{P} = \begin{bmatrix} 1-p & p \\ p & 1-p \end{bmatrix}$$

$$\boldsymbol{t} = \boldsymbol{s}\boldsymbol{Q} \quad \text{ただし,} \quad \boldsymbol{Q} = \begin{bmatrix} 1-q & q & 0 \\ 0 & q & 1-q \end{bmatrix}$$

したがって, $\boldsymbol{t} = \boldsymbol{r}\boldsymbol{P}\boldsymbol{Q}$ である.

P, Q をつなげた通信路の通信路行列は次のようになる.

$$\begin{aligned}
\boldsymbol{P}\boldsymbol{Q} &= \begin{bmatrix} 1-p & p \\ p & 1-p \end{bmatrix} \begin{bmatrix} 1-q & q & 0 \\ 0 & q & 1-q \end{bmatrix} \\
&= \begin{bmatrix} (1-p)(1-q) & (1-p)q+pq & p(1-q) \\ p(1-q) & pq+(1-p)q & (1-p)(1-q) \end{bmatrix} \\
&= \begin{bmatrix} (1-p)(1-q) & q & p(1-q) \\ p(1-q) & q & (1-p)(1-q) \end{bmatrix}
\end{aligned}$$

第 4 章

4.1　チーム X の勝敗がわかればチーム Y の勝敗を完全に知ることができるので, 相互情報量は, $I(X;Y) = H(X) = H(Y) = 2.37$ となる.

4.2
$$P_X(1) = P_X(2) = 1/8 + 1/8 + 1/4 = 1/2$$
$$P_Y(1) = P_Y(2) = 1/8 + 1/8 = 1/4$$
$$P_Y(3) = 1/4 + 1/4 = 1/2$$
$$H(X) = -(1/2)\log_2(1/2) - (1/2)\log_2(1/2) = 1$$
$$H(Y) = -(1/4)\log_2(1/4) - (1/4)\log_2(1/4) - (1/2)\log_2(1/2) = 1.5$$
$$H(X,Y) = -2 \times (1/4)\log_2(1/4) - 4 \times (1/8)\log_2(1/8) = 2.5$$
$$P_{X|Y}(1\,|\,1) = P_{X|Y}(2\,|\,1) = P_{X|Y}(1\,|\,2) = P_{X|Y}(2\,|\,2) = P_{X|Y}(1\,|\,3)$$
$$= P_{X|Y}(2\,|\,3) = 1/2$$

であることから,

$$H(X\,|\,Y) = 1$$
$$P_{Y|X}(1\,|\,1) = P_{Y|X}(1\,|\,2) = P_{Y|X}(2\,|\,1) = P_{Y|X}(2\,|\,2) = 1/4$$
$$P_{Y|X}(3\,|\,1) = P_{Y|X}(3\,|\,2) = 1/2$$
$$H(Y\,|\,X) = (1/2)\{-(1/4)\log_2(1/4) - (1/4)\log_2(1/4) - (1/2)\log_2(1/2)\} \times 2$$
$$= 1.5$$
$$I(X;Y) = H(X) - H(X\,|\,Y) = H(Y) - H(Y\,|\,X) = 0$$

表 4.6 のように, 生起確率 $P(X)$ は Y によらないことから, Y から X の情報はまった く得ることができず, $I(X;Y) = 0$ であることがわかる.

4.3 (1) $p(x_1) = \dfrac{3}{8}$, (2) $p(x_0\,|\,y_0) = \dfrac{8}{9}$, (3) $H(X) = \mathscr{H}_f\left(\dfrac{5}{8}\right) = 0.954$

(4) $H(Y) = \mathscr{H}_f\left(\dfrac{9}{16}\right) = 0.99$, (5) $H(X\,|\,y_0) = \mathscr{H}_f\left(\dfrac{1}{9}\right) = 0.51$

(6) $H(X\,|\,Y) = p(y_0)H(X\,|\,y_0) + p(y_1)H(X\,|\,y_1) = 0.66$

(7) $I(X;Y) = H(X) - H(X\,|\,Y) = 0.29$

4.4 解表 **4.1** のとおり.

解表 4.1

$P(X,Y)$	y_0(晴)	y_1(雨)
x_0(晴)	0.7	0
x_1(雨)	0	0.3

$P(X,Z)$	z_0(晴)	z_1(雨)
x_0(晴)	0.35	0.35
x_1(雨)	0.15	0.15

$H(X) = 0.88$
$I(X;Y) = 0.88$
$I(X;Z) = 0$

$P(X\,|\,Y)$	y_0(晴)	y_1(雨)
x_0(晴)	1	0
x_1(雨)	0	1

$P(X\,|\,Z)$	z_0(晴)	z_1(雨)
x_0(晴)	0.7	0.7
x_1(雨)	0.3	0.3

第 5 章

5.1 状態遷移図は**解図 5.1** のようになる.

状態 S_0 はくじが 3 枚入っている状態で あり, そのときに○, ×を引く確率 $p_{00} = p(0\,|\,0)$, $p_{10} = p(1\,|\,0)$ は

解図 5.1

$$p(0\,|\,0) = \frac{1}{3}, \quad p(1\,|\,0) = \frac{2}{3}$$

となる. 状態 S_1 はくじが 2 枚入っている状 態であり, そのときに○, ×を引く確率 $p_{01} = p(0\,|\,1)$, $p_{11} = p(1\,|\,1)$ は

$$p(0\,|\,1) = \frac{1}{2}, \quad p(1\,|\,1) = \frac{1}{2}$$

となる.

状態 S_0 となるのは, 前の状態が S_0 で○が出た場合と前の状態が S_1 であった場合なの で, その確率 $p(S_0)$ は

$$p(S_0) = p(0\,|\,0)p(S_0) + p(S_1) = \frac{p(S_0)}{3} + p(S_1)$$

となる．同様に，状態 S_1 となるのは，前の状態が S_0 で×が出た場合なので，その確率 $p(S_1)$ は

$$p(S_1) = p(1\,|\,0)p(S_0) = \frac{2p(S_0)}{3}$$

となる．ここで，$p(S_1) + p(S_0) = 1$ より

$$p(S_0) = \frac{3}{5}, \quad p(S_1) = \frac{2}{5}$$

となる．

アタリのくじを引く確率 p_0 は

$$p_0 = p(0\,|\,0)p(S_0) + p(0\,|\,1)p(S_1) = \frac{1}{3} \cdot \frac{3}{5} + \frac{1}{2} \cdot \frac{2}{5} = \frac{2}{5}$$

である．このくじのエントロピーは記憶のある情報源のエントロピーレートであり，条件付きエントロピーとして求められる．すなわち，$H = \mathscr{H}_f(2/5) = 0.97$ となる．

5.2　(1) 解図 **5.2** のとおり．

(2) コイン X を投げる確率 $P(X)$ は式 (5.1) の $w = b/(a+b)$ より

$$p(X) = \frac{2}{3} \cdot \frac{1}{1 - x + 2/3}$$

$$= \frac{2}{5 - 3x}$$

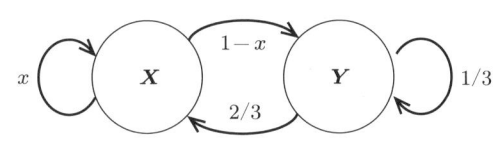

解図 5.2

$$p_i(\text{表}) = p(X)p(X = \text{表}) + p(Y)p(Y = \text{表}) = \frac{1 + x}{5 - 3x}$$

$p_i(\text{表}) = p_{i-1}(\text{表})$ ならば，$p_i(\text{表}) = p_1(\text{表}) = x$. $3x^2 - 4x + 1 = (3x - 1)(x - 1) = 0$ より，$x = 1/3$.

5.3　(1) $w = \dfrac{b}{a+b} = \dfrac{2}{3}$, 　(2) $H(X) = \mathscr{H}_f(2/3) = 0.91$, 　(3) $H_2(X) = 0.91 \times 2 = 1.82$

(4) $p(0, 0) = \dfrac{7}{12}$, $p(0, 1) = \dfrac{1}{12}$, $p(1, 0) = \dfrac{1}{12}$, $p(1, 1) = \dfrac{1}{4}$

(5) $\begin{aligned}H(X_1, X_2) &= -p(0,0)\log_2 p(0,0) - p(0,1)\log_2 p(0,1) \\ &\quad -p(1,0)\log_2 p(1,0) - p(1,1)\log_2 p(1,1) \\ &= 1.55\end{aligned}$

(6) $p(0\,|\,0) = \dfrac{7}{8}$, $p(1\,|\,0) = \dfrac{1}{8}$, $p(0\,|\,1) = \dfrac{1}{4}$, $p(1\,|\,1) = \dfrac{3}{4}$

(7) 式 (4.5) より，$\begin{aligned}H(X_2\,|\,X_1) &= -p(0,0)\log_2 p(0\,|\,0) - p(1,0)\log_2 p(0\,|\,1) \\ &\quad -p(0,1)\log_2 p(1\,|\,0) - p(1,1)\log_2 p(1\,|\,1) \\ &= 0.63\end{aligned}$

*問 (5) の $H(X_1, X_2)$ と問 (7) の $H(X_2\,|\,X_1)$ で「ある日」と「翌日」の順序が逆であることに注意．

(8) $H(\boldsymbol{X}) = H(X_2\,|\,X_1) = 0.63$

5.4　$P(C\,|\,B) = 1$ となることから，

$$P(A) = P(A)P(A\,|\,A) + P(C)P(A\,|\,C)$$

$$P(B) = P(A)P(B \mid A)$$
$$P(C) = P(A)P(C \mid A) + P(B)$$

これより，

$$P(C) = P(A)P(C \mid A) + P(A)P(B \mid A)$$
$$P(A) + P(B) + P(C)$$
$$= P(A) + P(A)P(B \mid A) + P(A)P(C \mid A) + P(A)P(B \mid A)$$
$$= P(A)\{1 + P(B \mid A) + P(C \mid A) + P(B \mid A)\} = 1$$

したがって，次のようになる．

$$P(A) = \frac{1}{1 + 2P(B \mid A) + P(C \mid A)}$$

第 6 章

6.1　符号の木は解図 **6.1** のようになる．

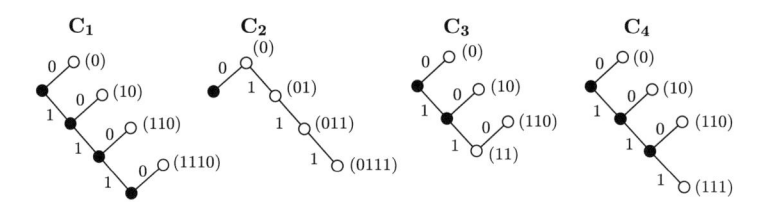

解図 6.1

したがって，一意復号性と瞬時性を満たすのは C_1 と C_4 である．

6.2　$H = -\displaystyle\sum_i p_i \log p_i$

$$= -\frac{1}{16} \log_2 \frac{1}{16} - \frac{3}{16} \log_2 \frac{3}{16} - \frac{5}{16} \log_2 \frac{5}{16} - \frac{7}{16} \log_2 \frac{7}{16}$$
$$= 1.75$$

解図 **6.2** より，ハフマン符号は A(000)，B(001)，C(01)，D(1) となり，平均符号長は

	符号	符号長 L_i
A(1/16)	000	3
B(3/16)	001	3
C(5/16)	01	2
D(7/16)	1	1

解図 6.2

$$L = 3 \times \frac{1}{16} + 3 \times \frac{3}{16} + 2 \times \frac{5}{16} + 1 \times \frac{7}{16} = 1.81$$

となる.

6.3 (1) $H = -p_0 \log_2 p_0 - p_1 \log_2 p_1 = 0.465 \, \text{bit}$

(2) $p_{000} = 0.9^3 = 0.729$

$p_{001} = p_{010} = p_{100} = 0.9^2 \times 0.1 = 0.081$

$p_{011} = p_{101} = p_{110} = 0.9 \times 0.1^2 = 0.009$

$p_{111} = 0.1^3 = 0.001$

(3) $H_3 = -p_{000} \log_2 p_{000} - 3p_{001} \log_2 p_{001} - 3p_{011} \log_2 p_{011} - p_{111} \log_2 p_{111}$

$= -p_0{}^3 \log_2 p_0{}^3 - 3p_0{}^2 p_1 \log_2 p_0{}^2 p_1 - 3p_0 p_1{}^2 \log_2 p_0 p_1{}^2 - p_1{}^3 \log_2 p_1{}^3$

$= (-3p_0{}^3 - 6p_0{}^2 p_1 - 3p_0 p_1{}^2) \log_2 p_0 + (-3p_0{}^2 p_1 - 6p_0 p_1{}^2 - 3p_1{}^3) \log_2 p_1$

$= 3(-p_0 \log_2 p_0 - p_1 \log_2 p_1) \qquad \because p_0{}^2 + 2p_0 p_1 + p_1{}^2 = (p_0 + p_1)^2 = 1$

$= 3H = 1.395 \, \text{bits}$

あるいは，たがいに独立な n ビットで構成されるブロックのエントロピーは 1 ビットのエントロピーの n 倍であることから，$H_3 = 3H$.

(4) 解図 **6.3** により，$\{000, 001, 010, 100, 011, 101, 110, 111\}$ のブロックハフマン符号は $\{0, 100, 101, 110, 11100, 11101, 11110, 11111\}$ となる.

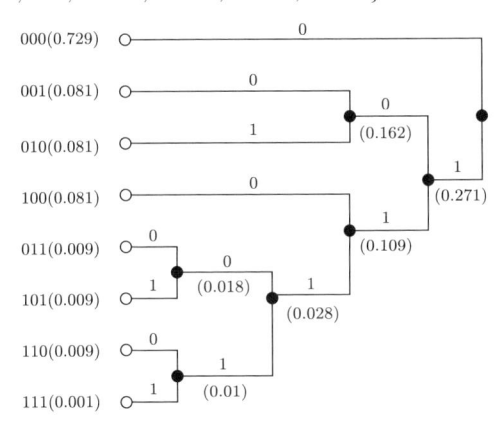

解図 6.3

(5) 平均符号長 L は次のようになる.

$$L = 1 \times 0.729 + 3 \times 0.081 + 3 \times 0.081 + 3 \times 0.081 + 5 \times 0.009$$

$$+ 5 \times 0.009 + 5 \times 0.009 + 5 \times 0.001$$

$$= 1.598$$

第 7 章

7.1 訂正前の 7 bits に誤りがない確率 p_0 は

$$p_0 = (1 - p_b)^7$$

訂正前に 1 bit の誤りがある確率 p_1 は

$$p_1 = {}_7\mathrm{C}_1(1-p_b)^6 p_b$$

である．訂正前に 2 bits 以上誤りがある場合に復号結果に誤りがあり，その確率 p は次のようになる．

$$p = 1 - p_0 - p_1 = 1 - (1-p_b)^7 - 7(1-p_b)^6 p_b$$

訂正後のビット誤り率は式 (7.5) にあるとおり，

$$p_a = \sum_{i=t+1}^{n} {}_n\mathrm{C}_i {p_b}^i (1-p_b)^{n-i} \frac{i+t}{n}$$

$$= \sum_{i=2}^{7} {}_7\mathrm{C}_i {p_b}^i (1-p_b)^{7-i} \frac{i+1}{7}$$

となる．

7.2 受信符号が (001) の場合：

$$p_{00} = p_{01} = p_{10} = (1-p)^2 p = 0.999 \times 0.999 \times 0.001 = 0.000998001$$
$$\fallingdotseq 1 \times 10^{-3}$$
$$p_{11} = p^3 = 1 \times 10^{-9}$$

受信符号が (111) の場合：

$$p_{00} = p^3 = 1 \times 10^{-9}$$
$$p_{01} = p_{10} = p_{11} = (1-p)^2 p \fallingdotseq 1 \times 10^{-3}$$

この $(3,2)$ 符号は 1 bit 誤り検出符号であり，(001)，(111) のいずれも誤りが検出されるが，確率の高い送信符号語が同じ確率で複数あり，どの符号語が誤ったものか判定して誤り訂正することはできない．

7.3 受信符号 3 bits 中の誤り数について分類すると**解表 7.1** のようになる．

解表 7.1

誤り数	0	1	2	3
誤り訂正	誤りなし	誤りなし	復号誤り	復号誤り
誤り検出	誤りなし	誤り検出	誤り検出	復号誤り
確率	$(1-p)^3$	$3p(1-p)^2$	$3p^2(1-p)$	p^3

$(3,1)$ 符号を誤り訂正符号として用いた場合，受信符号 3 bits 中 2 bits または 3 bits 誤った場合に復号結果が誤りとなる．したがって，誤り訂正後の誤り率 p_C は

$$p_C = {}_3\mathrm{C}_2 p^2(1-p) + p^3 = 3p^2(1-p) + p^3$$

となる．この符号を誤り検出符号とすると，誤り訂正後の誤り 3 bits 誤りがあり，誤りを見逃した場合なので，その確率 p_D は

$$p_D = p^3$$

となる．1 bit または 2 bits 誤りの場合には誤り検出のみとなる．

第 8 章

8.1　各受信符号と符号語とのハミング距離は**解表 8.1** のようになる.

　　したがって，受信符号が (010) または (100) の場合は符号語 (000) に，受信符号が (110) の場合は符号語 (111) に訂正するよう復号し，受信符号が (011) または (101) の場合には誤りを検出するが訂正しない. 最小ハミング距離 $d_{\min}$ は (000) と (001) とのハミング距離であり，$d_{\min} = 1$ となる. (000) が (001)，あるいはその逆の誤りは検出できない. 符号空間は**解図 8.1** に示すとおり.

解表 8.1

受信符号 ＼ 符号語	(000)	(001)	(111)
(010)	1	2	2
(011)	2	1	1
(100)	1	2	2
(101)	2	1	1
(110)	2	3	1

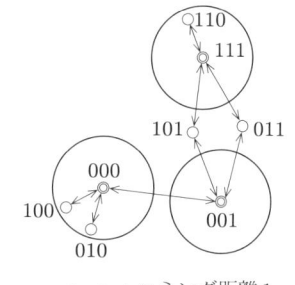

⟵⟶ : ハミング距離 1

解図 8.1

8.2　1 bit 誤り訂正であることから，いずれも $d_{\min} = 3$. 符号化率 $\eta = k/n$ である.

　　また，n [bits] の受信符号のうち，誤りが 1 bit のみの場合に誤りが訂正される. ビット誤り率 p_b に対して 1 bit 誤りが発生する確率 p_1 は

$$p_1 = {}_nC_1 p_b (1 - p_b)^{n-1}$$

となる.

　　同様に，誤り受信符号に誤りがない確率 p_0 は

$$p_0 = (1 - p_b)^n$$

であるので，復号後に符号に誤りが残る確率 p は次のようになる.

$$p = 1 - p_0 - p_1$$

　　これらをまとめると，**解表 8.2** のようになる. 同じ $d_{\min}$ であっても，符号長 n が大きい符号は符号化率 η が大きくなる. 一方，η が小さい符号は復号後の誤り率が小さくなる.

解表 8.2

m	n	k	η	p
3	7	4	0.57	2×10^{-7}
4	15	11	0.73	1×10^{-6}
5	31	26	0.84	5×10^{-6}
6	63	57	0.90	2×10^{-5}
7	127	120	0.94	8×10^{-5}
8	255	247	0.97	3×10^{-4}
9	511	502	0.98	1×10^{-3}

8.3　1 bit 訂正符号であることから，$d_{\min} = 3$. したがって，7 bits 中に 1 が 1 bit または 2 bits の符号は，(0000000) からのハミング距離が 1 bit または 2 bits になるので非符号語となる. 同様に，1 が 5 bits または 6 bits の符号は，(1111111) からのハミング距離が 2 bits または 1 bit になるので非符号語となる. したがって，(0000000), (1111111) 以外の符号語においては，1 の数は 3 bits または 4 bits となる.

第9章

9.1 冗長ビット c_1, c_2, c_3 は

$$c_1 = a_1 \oplus a_2 \oplus a_3 = 0 \oplus 1 \oplus 1 = 0$$
$$c_2 = a_2 \oplus a_3 \oplus a_4 = 1 \oplus 1 \oplus 0 = 0$$
$$c_3 = a_1 \oplus a_2 \oplus a_4 = 0 \oplus 1 \oplus 0 = 1$$

より，送信符号は次のようになる．

$$(a_1, a_2, a_3, a_4, c_1, c_2, c_3) = (0, 1, 1, 0, 0, 0, 1)$$

a_3 に誤りがあった場合，受信符号は

$$(a'_1, a'_2, a'_3, a'_4, c'_1, c'_2, c'_3) = (0, 1, 0, 0, 0, 0, 1)$$

より，シンドロームは

$$s_1 = a'_1 \oplus a'_2 \oplus a'_3 \oplus c'_1 = 0 \oplus 1 \oplus 0 \oplus 0 = 1$$
$$s_2 = a'_2 \oplus a'_3 \oplus a'_4 \oplus c'_2 = 1 \oplus 0 \oplus 0 \oplus 0 = 1$$
$$s_3 = a'_1 \oplus a'_2 \oplus a'_4 \oplus c'_3 = 0 \oplus 1 \oplus 0 \oplus 1 = 0$$

となる．図 9.9 のエラーテーブルから，a'_3 に誤りがあることが受信側で判定できる．

9.2

$$(a'_1, a'_2, a'_3, a'_4, c'_1, c'_2, c'_3) = (1, 1, 0, 1, 1, 1, 0)$$
$$s_1 = a_1 \oplus a_2 \oplus a_3 \oplus c_1 = 1 \oplus 1 \oplus 0 \oplus 1 = 1$$
$$s_2 = a_2 \oplus a_3 \oplus a_4 \oplus c_2 = 1 \oplus 0 \oplus 1 \oplus 1 = 1$$
$$s_3 = a_1 \oplus a_2 \oplus a_4 \oplus c_3 = 1 \oplus 1 \oplus 1 \oplus 0 = 1$$

このことから，エラーテーブルで $(s_1, s_2, s_3) = (1, 1, 1)$ に対応する a'_2 が誤っていることがわかる．したがって，$(1, 0, 0, 1, 1, 1, 0)$ と復号される．

9.3 たがいに反転した符号語の表を比較してすべての符号語について確認すると，**解表 9.1** に示すように，符号語を反転した符号が符号語になっていることがわかる．

また，冗長ビットは次のように演算される．

$$c_1 = a_1 \oplus a_2 \oplus a_3, \qquad c_2 = a_2 \oplus a_3 \oplus a_4, \qquad c_3 = a_1 \oplus a_2 \oplus a_4$$

これに対して a_1 の反転を $a_1 \oplus 1$ と表すと，

$$(a_1 \oplus 1) \oplus (a_2 \oplus 1) \oplus (a_3 \oplus 1) = (a_1 \oplus a_2 \oplus a_3) \oplus 1 = c_1 \oplus 1$$

と c_1 を反転したものになる．c_2, c_3 も同様であり，全情報ビットを反転すると，冗長ビットも反転したものとなる．

第10章

10.1

$$\boldsymbol{s} = \boldsymbol{c}'\boldsymbol{H}^{\mathrm{T}} = (1, 1, 0, 1, 1, 1, 0) \begin{bmatrix} 1 & 0 & 1 \\ 1 & 1 & 1 \\ 1 & 1 & 0 \\ 0 & 1 & 1 \\ 1 & 0 & 0 \\ 0 & 1 & 0 \\ 0 & 0 & 1 \end{bmatrix} = (1, 1, 1)$$

解表 9.1

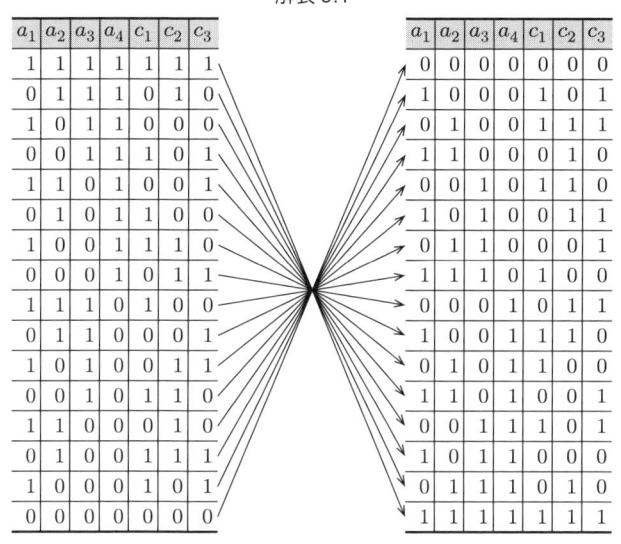

a_1	a_2	a_3	a_4	c_1	c_2	c_3
1	1	1	1	1	1	1
0	1	1	1	0	1	0
1	0	1	1	0	0	0
0	0	1	1	1	0	1
1	1	0	1	0	0	1
0	1	0	1	1	0	0
1	0	0	1	1	1	0
0	0	0	1	0	1	1
1	1	1	0	1	0	0
0	1	1	0	0	0	1
1	0	1	0	0	1	1
0	0	1	0	1	1	0
1	1	0	0	0	1	0
0	1	0	0	1	1	1
1	0	0	0	1	0	1
0	0	0	0	0	0	0

a_1	a_2	a_3	a_4	c_1	c_2	c_3
0	0	0	0	0	0	0
1	0	0	0	1	0	1
0	1	0	0	1	1	1
1	1	0	0	0	1	0
0	0	1	0	1	1	0
1	0	1	0	0	1	1
0	1	1	0	0	0	1
1	1	1	0	1	0	0
0	0	0	1	0	1	1
1	0	0	1	1	1	0
0	1	0	1	1	0	0
1	1	0	1	0	0	1
0	0	1	1	1	0	1
1	0	1	1	0	0	0
0	1	1	1	0	1	0
1	1	1	1	1	1	1

式 (10.10) より，a'_2 に誤りがある．したがって，

$$\hat{\boldsymbol{c}} = (1,0,0,1,1,1,0)$$

と復号される．

10.2　(1) $\boldsymbol{H} = [\boldsymbol{F}^{\mathrm{T}} \,|\, \boldsymbol{I}_4]$ とすると

$$\boldsymbol{F}^{\mathrm{T}} = \boldsymbol{F} = \begin{bmatrix} 0 & 1 & 1 & 1 \\ 1 & 0 & 1 & 1 \\ 1 & 1 & 0 & 1 \\ 1 & 1 & 1 & 0 \end{bmatrix}$$

したがって，次のようになる．

$$\boldsymbol{G} = [\boldsymbol{I}_4 \,|\, \boldsymbol{F}] = \begin{bmatrix} 1 & 0 & 0 & 0 & 0 & 1 & 1 & 1 \\ 0 & 1 & 0 & 0 & 1 & 0 & 1 & 1 \\ 0 & 0 & 1 & 0 & 1 & 1 & 0 & 1 \\ 0 & 0 & 0 & 1 & 1 & 1 & 1 & 0 \end{bmatrix}$$

(2) $\boldsymbol{a} = (0,0,0,0), (0,0,0,1), (0,0,1,0), (0,0,1,1), (0,1,0,0), (0,1,0,1), (0,1,1,0),$
$(0,1,1,1), (1,0,0,0), (1,0,0,1), (1,0,1,0), (1,0,1,1), (1,1,0,0), (1,1,0,1),$
$(1,1,1,0), (1,1,1,1)$

に対して，$\boldsymbol{c} = \boldsymbol{aG}$ は次のようになる．

$(0,0,0,0,\ 0,0,0,0), (0,0,0,1,\ 1,1,1,0), (0,0,1,0,\ 1,1,0,1), (0,0,1,1,\ 0,0,1,1),$
$(0,1,0,0,\ 1,0,1,1), (0,1,0,1,\ 0,1,0,1), (0,1,1,0,\ 0,1,1,0), (0,1,1,1,\ 1,0,0,0),$
$(1,0,0,0,\ 0,1,1,1), (1,0,0,1,\ 1,0,0,1), (1,0,1,0,\ 1,0,1,0), (1,0,1,1,\ 0,1,0,0),$
$(1,1,0,0,\ 1,1,0,0), (1,1,0,1,\ 0,0,1,0), (1,1,1,0,\ 0,0,0,1), (1,1,1,1,\ 1,1,1,1)$

(3) すべてのビットが 0 である符号以外の符号語の最小ハミング重みと同じ値である符号
語間の最小ハミング距離は $d_{\min} = 4$ であり，これは 1 bit 誤り訂正と 2 bits 誤り検出がで
きる符号である．

第 11 章

11.1 非組織符号化の場合：

$$C(x) = A(x)G(x) = (x^3 + x)(x^3 + x + 1) = x^6 + x^3 + x^2 + x$$

組織符号化の場合：

$$x^3 A(x) = x^3(x^3 + x) = x^6 + x^4$$
$$R(x) = x^m A(x) \bmod G(x) = (x^6 + x^4) \bmod (x^3 + x + 1)$$
$$= x + 1 \quad (\text{解図 } \mathbf{11.1} \text{ 参照})$$

したがって，

$$C(x) = x^m A(x) + x^m A(x) \bmod G(x)$$
$$= x^6 + x^4 + x + 1$$

となる．

$$
\begin{array}{r}
x^3 +1 \\
x^3 + x + 1 \overline{)\, x^6 + x^4 } \\
\underline{x^6 + x^4 + x^3 } \\
+x^3 \\
\underline{+x^3 + x + 1} \\
x + 1
\end{array}
$$

解図 11.1

11.2 $\boldsymbol{G} = (1, 1, 1)$

$\boldsymbol{a}_0 = (0)$ のとき，$\boldsymbol{c}_0 = \boldsymbol{a}_0 \boldsymbol{G} = (0)(1,1,1) = (0,0,0)$
$\boldsymbol{a}_1 = (1)$ のとき，$\boldsymbol{c}_1 = \boldsymbol{a}_1 \boldsymbol{G} = (1)(1,1,1) = (1,1,1)$
$\boldsymbol{G} = [\boldsymbol{I} \,|\, \boldsymbol{F}]$ とすると

$$\boldsymbol{F} = (1, 1)$$

$$\boldsymbol{H} = [\boldsymbol{F}^{\mathrm{T}} \,|\, \boldsymbol{I}] = \begin{bmatrix} 1 & 1 & 0 \\ 1 & 0 & 1 \end{bmatrix}$$

なお，符号語 $\boldsymbol{c}_0$，$\boldsymbol{c}_1$ に対してシンドローム $\boldsymbol{s}$ は次のようになる．

$$\boldsymbol{s} = \boldsymbol{c}_0 \boldsymbol{H}^{\mathrm{T}} = \boldsymbol{c}_1 \boldsymbol{H}^{\mathrm{T}} = (0, 0)$$

第 1 ビットが誤った場合，$\boldsymbol{s}_1$ は

$$\boldsymbol{s}_1 = (1, 0, 0) \begin{bmatrix} 1 & 1 \\ 1 & 0 \\ 0 & 1 \end{bmatrix} = (0, 1, 1) \begin{bmatrix} 1 & 1 \\ 1 & 0 \\ 0 & 1 \end{bmatrix} = (1, 1)$$

第 2 ビットが誤った場合，$\boldsymbol{s}_2$ は

$$\boldsymbol{s}_2 = (0, 1, 0) \begin{bmatrix} 1 & 1 \\ 1 & 0 \\ 0 & 1 \end{bmatrix} = (1, 0, 1) \begin{bmatrix} 1 & 1 \\ 1 & 0 \\ 0 & 1 \end{bmatrix} = (1, 0)$$

第 3 ビットが誤った場合，$\boldsymbol{s}_3$ は

$$\boldsymbol{s}_3 = (0, 0, 1) \begin{bmatrix} 1 & 1 \\ 1 & 0 \\ 0 & 1 \end{bmatrix} = (1, 1, 0) \begin{bmatrix} 1 & 1 \\ 1 & 0 \\ 0 & 1 \end{bmatrix} = (0, 1)$$

となり，シンドロームから誤りビットを訂正できる．

(000) と (111) を符号語とするこの (3, 1) 符号は，符号語を巡回置換しても符号語となる巡回符号である．符号長 3 であることから，$x^3 + 1$ を因数分解すると次のようになる．

$$x^3 + 1 = (x + 1)(x^2 + x + 1)$$

2 bits の冗長ビットを付加するため，$G(x) = x^2 + x + 1$ となる．

記号が 0 で $A_0(x) = 0$ のとき $C_0(x) = 0$，すなわち $\boldsymbol{c}_0 = (0, 0, 0)$

記号が 1 で $A_1(x) = 1$ のとき $C_1(x) = x^2 + x + 1$，すなわち $\boldsymbol{c}_1 = (1, 1, 1)$

なお，第 1 ビットが誤り $E(x) = 1$ の場合は，

$$S(x) = C'(x) \bmod G(x) = 1 \bmod (x^2 + x + 1)$$
$$= (x^2 + x) \bmod (x^2 + x + 1) = 1$$

第 2 ビットが誤り $E(x) = x$ の場合は，

$$S(x) = C'(x) \bmod G(x) = x \bmod (x^2 + x + 1)$$
$$= (x^2 + 1) \bmod (x^2 + x + 1) = x$$

第 3 ビットが誤り $E(x) = x^2$ の場合は，

$$S(x) = C'(x) \bmod G(x) = x^2 \bmod (x^2 + x + 1)$$
$$= (x + 1) \bmod (x^2 + x + 1) = x + 1$$

となり，$S(x)$ により $E(x)$ を求めることができる．

11.3　符号長 n に対して，生成多項式 $G(x)$ が $N(x) = x^n + 1$ の因数になれば符号は巡回符号になる．

$N(x) = x^n + 1$ を $G(x) = x + 1$ で割った剰余は剰余定理から $N(1) = 1^n + 1 = 0$ であり，$N(x)$ は $G(x)$ で割り切れる．したがって，$G(x) = x + 1$ を生成多項式とする任意の符号長 n の符号は巡回符号である．実際に

$$N(x) = (x + 1)(x^{n-1} + x^{n-2} + \cdots + x + 1)$$
$$= x^n + x^{n-1} + x^{n-2} + \cdots + x^2 + x$$
$$+ x^{n-1} + x^{n-2} + \cdots + x^2 + x + 1 = x^n + 1$$

となり，$G(x) = x + 1$ は $N(x) = x^n + 1$ の因数である．

符号語 $C(x)$ は $x + 1$ を因数とするため，$C(1) = 0$ となる．$C(x)$ の第 $i_1, i_2, \ldots, i_z$ ビットが 1 であり，ほかが 0 であるとき，

$$C(x) = x^{i_1} + x^{i_2} + x^{i_3} + \cdots + x^{i_{z-1}} + x^{i_z}$$
$$C(1) = 1^{i_1} + 1^{i_2} + 1^{i_3} + \cdots + 1^{i_{z-1}} + 1^{i_z} = z \bmod 2$$

であり，$C(1) = 0$ から，$C(x)$ の 1 のビット数 z が偶数であることがわかる．すなわち，$C(x)$ は偶数パリティ検査符号であり，奇数個の誤りを検出できる．

情報源多項式 $A(x)$ に対して，符号語 $C(x)$ は

$$C(x) = xA(x) + R(x)$$

である．$R(x) = xA(x) \bmod (x + 1)$ は剰余定理より，$xA(x)$ に $x = 1$ を代入した $A(1)$ である．したがって $R(x)$ は，$A(x)$ における係数が 1 の項の数が偶数なら 0，奇数ならば 1 となる．そのため，$C(x)$ の 1 のビット数が偶数となり，偶数パリティ検査符号であることがわかる．

11.4 非組織符号化の場合：

$$C(x) = A(x)G(x) = (x^3 + 1)(x^3 + x + 1) = x^6 + x^4 + x + 1$$

組織符号化の場合：

$$C(x) = x^3 A(x) + x^3 A(x) \bmod G(x) = x^6 + x^3 + x^2 + x$$

ハミング $(7,4)$ 符号の符号語は $G(x)$ で割り切れる．$C'(x)$ を $G(x)$ で割った剰余は

$$C'(x) \bmod G(x) = x^2 + x + 1$$

であり，誤りがあることがわかる．

誤りパターン多項式が $E(x) = x^2 + x + 1$ となる $3\,\text{bits}$ 誤りの場合にも $C'(x)$ になるが，ハミング符号は $1\,\text{bit}$ 誤りを訂正する符号であるので，$E(x) = x^i\ (i = 0, 1, 2, \ldots, 6)$ である場合を想定する．

$$x^6 \bmod G(x) = x^2 + 1, \quad x^5 \bmod G(x) = x^2 + x + 1$$
$$x^4 \bmod G(x) = x^2 + x, \quad x^3 \bmod G(x) = x + 1$$
$$x^2 \bmod G(x) = x^2, \qquad x^1 \bmod G(x) = x$$
$$x^0 \bmod G(x) = 1$$

であることから，$C'(x) = C(x) + x^5$ とすれば，

$$C'(x) \bmod G(x) = (C(x) + x^5) \bmod G(x) = x^2 + x + 1$$

となる．すなわち，$1\,\text{bit}$ 誤り $\hat{E}(x) = x^5$ と判定し，$C'(x)$ からハミング距離 1 の符号語

$$\hat{C}(x) = x^6 + x^3 + x^2 + x$$

に復号される．

第12章

12.1

$$\alpha^2 + \alpha + 1 = 0 \text{ より } \alpha^2 = \alpha + 1$$
$$\alpha^3 = \alpha(\alpha + 1) = \alpha^2 + \alpha$$
$$= (\alpha + 1) + \alpha = 1$$

以上より，$\mathrm{GF}(2^2)$ の元は**解表 12.1** のようになる．

$\alpha + 1 = \alpha^2,\ \alpha^2 + \alpha = 1,\ \alpha^2 + 1 = \alpha$ より，

加算は**解表 12.2**(a) のように，$\alpha^3 = 1$ より，乗算は解表 (b) のようになる．

解表 12.1

べき乗表示	展開表示	ベクトル表示
0	0	$(0,0)$
1	1	$(0,1)$
α	α	$(1,0)$
α^2	$\alpha + 1$	$(1,1)$

解表 12.2

(a) 加算

$+$	0	1	α	α^2
0	0	1	α	α^2
1	1	0	α^2	α
α	α	α^2	0	1
α^2	α^2	α	1	0

(b) 乗算

$\times$	0	1	α	α^2
0	0	0	0	0
1	0	1	α	α^2
α	0	α	α^2	1
α^2	0	α^2	1	α

12.2 符号長 $n=15$ のハミング符号は $(15,11)$ 符号であり，その生成多項式は既約多項式のうちの 4 次の多項式であることから，x^4+x+1, x^4+x^3+1, $x^4+x^3+x^2+x+1$ が候補に挙がる．$G(x)=0$ の根を α とし，GF(2^4) の 16 個の元ができればよい．ここで，

$$x^5+1$$
$$=(x+1)(x^4+x^3+x^2+x+1)$$

となることに注意すると，$x^4+x^3+x^2+x+1=0$ の根を α_5 としたとき，$\alpha_5{}^5=1$ となることから，この根による 16 個の元が用意できないため，この多項式を生成多項式として用いることができない．

したがって，符号長 15 のハミング符号 $(15,11)$ の生成多項式として用いることができるのは，x^4+x+1 または x^4+x^3+1 となる．このような既約多項式を**原始多項式**とよぶ．

$x^4+x+1=0$ の根を α としたときの拡大ガロア体 GF(2^4) の元は**解表 12.3**のとおりである．

解表 12.3

べき乗表示	展開表示	ベクトル表示
0	0	$(0,0,0,0)$
α^0	1	$(0,0,0,1)$
α^1	α	$(0,0,1,0)$
α^2	α^2	$(0,1,0,0)$
α^3	α^3	$(1,0,0,0)$
α^4	$\alpha+1$	$(0,0,1,1)$
α^5	$\alpha^2+\alpha$	$(0,1,1,0)$
α^6	$\alpha^3+\alpha^2$	$(1,1,0,0)$
α^7	$\alpha^3+\alpha+1$	$(1,0,1,1)$
α^8	α^2+1	$(0,1,0,1)$
α^9	$\alpha^3+\alpha$	$(1,0,1,0)$
α^{10}	$\alpha^2+\alpha+1$	$(0,1,1,1)$
α^{11}	$\alpha^3+\alpha^2+\alpha$	$(1,1,1,0)$
α^{12}	$\alpha^3+\alpha^2+\alpha+1$	$(1,1,1,1)$
α^{13}	$\alpha^3+\alpha^2+1$	$(1,1,0,1)$
α^{14}	α^3+1	$(1,0,0,1)$

12.3 $G(x)$ を因数にもつ多項式 x^n+1 を求める．$G(x)$ が 4 次の多項式であることから，5 次以上の多項式を $G(x)$ で割ると

$$x^5+1=x(x^4+x^2+x+1)+(x^3+x^2+x+1)$$
$$x^6+1=(x^2+1)(x^4+x^2+x+1)+(x^2+1)$$
$$x^7+1=(x^3+x+1)(x^4+x^2+x+1)$$

となる．$G(x)$ は $n=7$ の巡回符号の生成多項式となる．α を元とする集合のすべての元は 0, 1, α, α^2, α^3, α^4, α^5, α^6 となる．

$$\alpha^7=\alpha^4+\alpha^2+\alpha$$
$$=\alpha^2+\alpha+1+\alpha^2+\alpha=1$$

となることから，元の数は**解表 12.4**のとおり 8 である．なお，$x^4+x^2+x+1=(x+1)(x^3+x^2+1)$ であり，$G(x)$ は x^7+1 の既約多項式ではない．

解表 12.4

べき乗表示	展開表示
0	0
1	1
α	α
α^2	α^2
α^3	α^3
α^4	$\alpha^2+\alpha+1$
α^5	$\alpha^3+\alpha^2+\alpha$
α^6	$\alpha^3+\alpha+1$

第 13 章

13.1 符号長 $n=15$ の 2 bits 誤り訂正 BCH 符号は $(15,7)$ 符号となる．演習問題 12.2 のとおり，$x^{15}+1$ を mod 2 で因数分解すると，

$$x^{15}+1=(x+1)(x^2+x+1)(x^4+x+1)(x^4+x^3+1)(x^4+x^3+x^2+x+1)$$

となる．ここで，$G_1(x) = x^4 + x + 1 = 0$ の根を α とし，解表 12.3 を得る．α^3 を根とする既約多項式 $G_3(x)$ は $G_3(\alpha^3) = (\alpha^3)^4 + (\alpha^3)^3 + (\alpha^3)^2 + (\alpha^3) + 1 = 0$ より，

$$G_3(x) = x^4 + x^3 + x^2 + x + 1$$

となる．したがって，符号長 15 の 2 bits 誤り訂正 BCH 符号の生成多項式 $G(x)$ は，次のようになる．

$$G(x) = G_1(x)G_3(x) = (x^4 + x + 1)(x^4 + x^3 + x^2 + x + 1)$$

13.2 パリティ検査行列 $\boldsymbol{H}$ は送信符号語ベクトル $\boldsymbol{c}$ に対して $\boldsymbol{c}\boldsymbol{H}^{\mathrm{T}} = \boldsymbol{0}$ となる．ハミング $(7,4)$ 符号では

$$C(x) = c_6 x^6 + c_5 x^5 + c_4 x^4 + c_3 x^3 + c_2 x^2 + c_1 x + c_0$$

が $G(x)$ で割り切れるので，$G(x) = 0$ の根を α としたとき，

$$C(\alpha) = c_6 \alpha^6 + c_5 \alpha^5 + c_4 \alpha^4 + c_3 \alpha^3 + c_2 \alpha^2 + c_1 \alpha + c_0$$

$$= (c_6, c_5, c_4, c_3, c_2, c_1, c_0) \begin{bmatrix} \alpha^6 \\ \alpha^5 \\ \alpha^4 \\ \alpha^3 \\ \alpha^2 \\ \alpha^1 \\ \alpha^0 \end{bmatrix} = 0$$

以上から，$\boldsymbol{H} = [\alpha^6 \, \alpha^5 \, \alpha^4 \, \alpha^3 \, \alpha^2 \, \alpha^1 \, \alpha^0]$ となる．

BCH $(15,7)$ 符号では $C(x)$ は α と α^3 を根とする．したがって

$$\begin{aligned}
C(x) = {} & c_{14}x^{14} + c_{13}x^{13} + c_{12}x^{12} + c_{11}x^{11} + c_{10}x^{10} + c_9 x^9 + c_8 x^8 \\
& + c_7 x^7 + c_6 x^6 + c_5 x^5 + c_4 x^4 + c_3 x^3 + c_2 x^2 + c_1 x + c_0
\end{aligned}$$

が $G(x)$ で割り切れるので，$G(x) = 0$ の根を α としたとき，

$$\begin{aligned}
C(\alpha) = {} & c_{14}\alpha^{14} + c_{13}\alpha^{13} + c_{12}\alpha^{12} + c_{11}\alpha^{11} + c_{10}\alpha^{10} + c_9 \alpha^9 + c_8 \alpha^8 \\
& + c_7 \alpha^7 + c_6 \alpha^6 + c_5 \alpha^5 + c_4 \alpha^4 + c_3 \alpha^3 + c_2 \alpha^2 + c_1 \alpha + c_0 \\
= {} & 0
\end{aligned}$$

$$\begin{aligned}
C(\alpha^3) = {} & c_{14}\alpha^{42} + c_{13}\alpha^{39} + c_{12}\alpha^{36} + c_{11}\alpha^{33} + c_{10}\alpha^{30} + c_9\alpha^{27} + c_8\alpha^{24} \\
& + c_7\alpha^{21} + c_6\alpha^{18} + c_5\alpha^{15} + c_4\alpha^{12} + c_3\alpha^9 + c_2\alpha^6 + c_1\alpha^3 + c_0 \\
= {} & c_{14}\alpha^{12} + c_{13}\alpha^9 + c_{12}\alpha^6 + c_{11}\alpha^3 + c_{10} + c_9\alpha^{12} + c_8\alpha^9 + c_7\alpha^6 \\
& + c_6\alpha^3 + c_5 + c_4\alpha^{12} + c_3\alpha^9 + c_2\alpha^6 + c_1\alpha^3 + c_0 \\
= {} & 0 \quad (\because \alpha^{15} = 1)
\end{aligned}$$

以上から

$$\boldsymbol{H} = \begin{bmatrix} \boldsymbol{F_1} \\ \hline \boldsymbol{F_3} \end{bmatrix} \begin{bmatrix} \alpha^{14} & \alpha^{13} & \alpha^{12} & \alpha^{11} & \alpha^{10} & \alpha^9 & \alpha^8 & \alpha^7 & \alpha^6 & \alpha^5 & \alpha^4 & \alpha^3 & \alpha^2 & \alpha^1 & \alpha^0 \\ \alpha^{12} & \alpha^9 & \alpha^6 & \alpha^3 & \alpha^0 & \alpha^{12} & \alpha^9 & \alpha^6 & \alpha^3 & \alpha^0 & \alpha^{12} & \alpha^9 & \alpha^6 & \alpha^3 & \alpha^0 \end{bmatrix}$$

$$
= \begin{bmatrix}
1 & 1 & 1 & 1 & 0 & 1 & 0 & 1 & 1 & 0 & 0 & 1 & 0 & 0 & 0 \\
0 & 1 & 1 & 1 & 1 & 0 & 1 & 0 & 1 & 1 & 0 & 0 & 1 & 0 & 0 \\
0 & 0 & 1 & 1 & 1 & 1 & 0 & 1 & 0 & 1 & 1 & 0 & 0 & 1 & 0 \\
1 & 1 & 1 & 0 & 1 & 0 & 1 & 1 & 0 & 0 & 1 & 0 & 0 & 0 & 1 \\
1 & 1 & 1 & 1 & 0 & 1 & 1 & 1 & 1 & 0 & 1 & 1 & 1 & 1 & 0 \\
1 & 0 & 1 & 0 & 0 & 1 & 0 & 1 & 0 & 0 & 0 & 1 & 0 & 1 & 0 \\
1 & 1 & 0 & 0 & 0 & 1 & 1 & 0 & 0 & 0 & 1 & 1 & 0 & 0 & 0 \\
1 & 0 & 0 & 0 & 1 & 1 & 0 & 0 & 0 & 1 & 1 & 0 & 0 & 0 & 1
\end{bmatrix}
$$

とすると，$\boldsymbol{cH}^{\mathrm{T}} = \boldsymbol{0}$ となる.

$\boldsymbol{H}^{\mathrm{T}} = [\boldsymbol{F}_1^{\mathrm{T}} \,|\, \boldsymbol{F}_3^{\mathrm{T}}]$ と表すと，$\boldsymbol{cH}^{\mathrm{T}} = [\boldsymbol{cF}_1^{\mathrm{T}} \,|\, \boldsymbol{cF}_3^{\mathrm{T}}] = [C(\alpha) \,|\, C(\alpha^3)]$ となり，ベクトルの前半が $C(x)$ を $G_1(x)$ で割った剰余に，後半が $G_3(x)$ で割った剰余に相当する.

13.3 $G(x) = x^3 + x^2 + 1$ を乗算する回路は，**解図 13.1** のようになる.

入力から出力へ経路としてシフトレジスタ D_3, D_2, D_1 を通るパスを P_3 とし，D_2, D_1 を通るパスを P_2，シフトレジスタを通らずに終段の排他的論理和のみ通るパス P_0 とする.

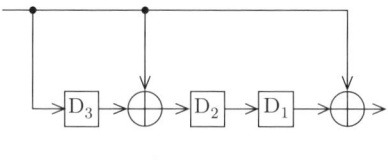

解図 13.1

左側の端子に，$A(x)$ の各項の係数が次数の低い順に入力される. シフトレジスタがリセットされている状態で，$A(x) = x^3 + x + 1$ であることから，x^0 の係数から順に 1, 1, 0, 1 が入力される.

最初の 1 が入力された時刻 T_0 に『1』が出力されるとともに，D_3, D_2 に 1 が記憶され，D_3, D_2, D_1 はそれぞれ『1, 1, 0』となる.

次に，時刻 T_1 に 1 が入力されると，これは出力『1』となるとともに，D_3 に記憶される. また，時刻 T_0 に D_3 に記憶された 1 と入力 1 の排他的論理和 0 が D_2 に記憶される. 時刻 T_0 に D_2 に記憶された 1 は，このとき D_1 に記憶され，D_3, D_2, D_1 はそれぞれ『1, 0, 1』となる.

さらに，時刻 T_2 に 0 が入力されると，時刻 T_1 に D_1 に記憶された 1 と入力 0 の排他的論理和『1』が出力され，D_3, D_2, D_1 はそれぞれ『0, 1, 0』となる.

最後の入力 1 が時刻 T_2 に入力されると，これと D_1 の 0 の排他的論理和『1』が出力され，D_3, D_2, D_1 に『1, 1, 1』が記憶される.

この後は入力はなくなるので，シフトレジスタに記憶されている内容が D_1, D_2, D_3 の順で『1, 1, 1』と出力される.

これをまとめると，時刻 T_0 から順に 1, 1, 1, 1, 1, 1, 1 となり，これは $C(x) = x^6 + x^5 + x^4 + x^3 + x^2 + x + 1$ を表す.

第 14 章

14.1 状態遷移図は**解図 14.1** のようになる. また，トレリス線図は**解図 14.2** のようになる. 図では，ブランチメトリックを ( ) で，パスメトリックを [ ] で示している.

図より，各状態に対応した生き残りパスのうち，パスメトリックが最小な二つのパスのいずれを選択しても，パスをさかのぼって後ろの枝は一つになり，$g_1^{(1)} \, g_1^{(2)}$ は 11，f_1 は 1 となる. このことから，パスメモリ長が十分長ければ，誤りなく出力できる.

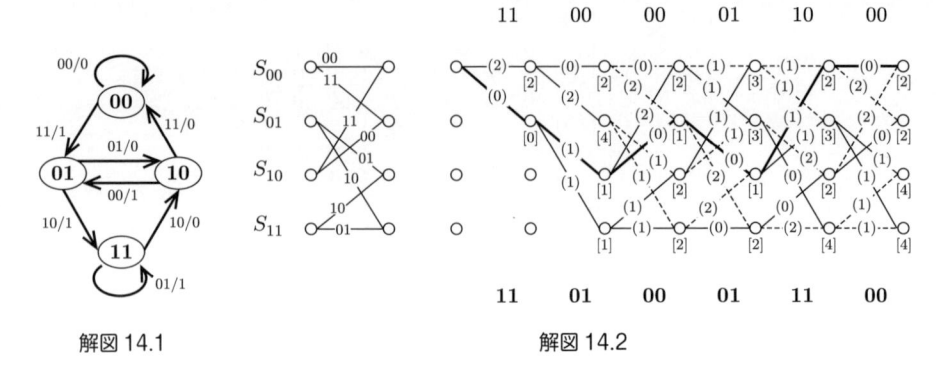

解図 14.1　　　　　　　　　　　　解図 14.2

14.2　消失ビットのハミング距離は 0, 1 いずれに対しても 0.5 とする.

消失のある復号器入力 0x に対して, 符号器出力 00, 01 とのハミング距離は 0.5 とし, 11, 10 に対しては 1.5 とする.

受信系列 (11 0x x0 01 1x x0) から, **解図 14.3** のようになる.

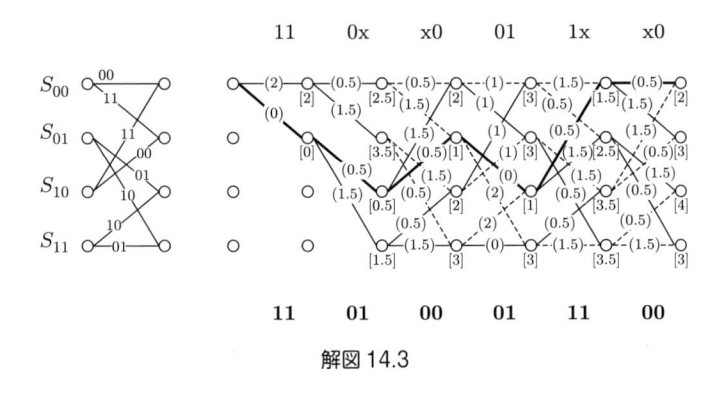

解図 14.3

以上より, $g_i^{(1)}\, g_i^{(2)}$ は (11 01 00 01 11 00), f_i は (101000) となる.

14.3　解図 14.4 のトレリス線図から, 復号結果が得られる. 図の途中でマージするパスのパスメトリックが同じ場合は, ランダムに一つのパスを選択することとする.

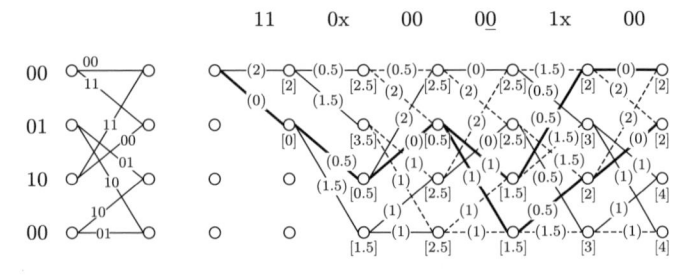

解図 14.4

　このように，いくつかのビットが消失している状態であっても，誤りを訂正できることがわかる．これは，いくつかのビットを送信しなくても，受信側で誤り訂正復号ができることを意味している．

　実際には，符号化系列のうち周期的に決められたビットを削除して送信する**パンクチャド符号化**（punctured code）が用いられる．誤り訂正能力はどのビットを削除するかによって変わり，もとの符号より低くなるが，高符号化率の符号を構成しやすくなる．また，一つの復号器でさまざまな符号化率の符号を復号できるため，通信路状態に合わせて，符号化率を変化させる符号化率可変符号も実現可能となる．

索　引

著 者 略 歴

相河 聡（あいかわ・さとる）

1984 年　横浜国立大学工学部電気工学科卒業
1984 年　日本電信電話公社（現 NTT）入社
　　　　　横須賀電気通信研究所無線伝送研究室配属
1995 年　博士（工学）（東京大学）
2006 年　兵庫県立大学大学院工学研究科
　　　　　電気系工学専攻（現 電子情報工学専攻）教授
　　　　　現在に至る

編集担当　藤原祐介（森北出版）
編集責任　富井　晃（森北出版）
組　　版　三美印刷
印　　刷　同
製　　本　同

情報理論 ―情報量～誤り訂正がよくわかる―　　　　　Ⓒ 相河　聡　*2018*

2018 年 6 月 4 日　第 1 版第 1 刷発行
2023 年 4 月 7 日　第 1 版第 3 刷発行

【本書の無断転載を禁ず】

著　　者　相河　聡
発 行 者　森北博巳
発 行 所　森北出版株式会社
　　　　　東京都千代田区富士見 1-4-11（〒 102-0071）
　　　　　電話 03-3265-8341／FAX 03-3264-8709
　　　　　https://www.morikita.co.jp/
　　　　　日本書籍出版協会・自然科学書協会　会員
　　　　　JCOPY ＜（一社）出版者著作権管理機構　委託出版物＞

落丁・乱丁本はお取替えいたします.

Printed in Japan／ISBN978-4-627-85391-1

MEMO